Helmolt Vittinghoff

PROSKRIPTION UND INTRIGE GEGEN YÜAN-YU-PARTEIGÄNGER

Ein Beitrag zu den Kontroversen nach den Reformen des Wang An-shih, dargestellt an den Biographien des Lu Tien (1042-1102) und des Ch'en Kuan (1057-1124)

WÜRZBURGER SINO-JAPONICA

Herausgegeben von Prof. Dr. Hans Steininger

Band 5

Helmolt Vittinghoff

PROSKRIPTION UND
INTRIGE GEGEN
YÜAN-YU-PARTEIGÄNGER

Ein Beitrag zu den Kontroversen nach den
Reformen des Wang An-shih, dargestellt
an den Biographien des Lu Tien (1042-1102)
und des Ch'en Kuan (1057-1124)

Herbert Lang Bern
Peter Lang Frankfurt/M.
1975

Helmolt Vittinghoff

PROSKRIPTION UND INTRIGE GEGEN YÜAN-YU-PARTEIGÄNGER

Ein Beitrag zu den Kontroversen nach den
Reformen des Wang An-shih, dargestellt
an den Biographien des Lu Tien (1042-1102)
und des Ch'en Kuan (1057-1124)

16.1.85

*Wolfgang Lippert in Freundschaft
vom Verfasser.
H.V.*

Herbert Lang Bern
Peter Lang Frankfurt/M.
1975

ISBN 3 261 00917 9

©

Peter Lang GmbH, Frankfurt/M. (BRD)
Herbert Lang & Cie AG, Bern (Schweiz)
1975. Alle Rechte vorbehalten.

Nachdruck oder Vervielfältigung, auch auszugsweise, in allen Formen
wie Mikrofilm, Xerographie, Mikrofiche, Mikrocard, Offset verboten.

Druck: fotokop wilhelm weihert KG, Darmstadt

Die vorliegende Arbeit hat ihren Ausgangspunkt in zwei für das Sungprojekt geschriebenen Biographien. Die Anregung dazu verdanke ich meinem verehrten Lehrer, Herrn Professor Dr. Hans Steininger. Für seinen steten Rat, den er mir während meines ganzen Studiums zuteil werden ließ, bin ich ihm zu großem Dank verpflichtet.

Herrn Yünam Kwok danke ich für seine ständige Hilfsbereitschaft und sachlichen Hinweise in vielen Einzelfragen.

INHALTSVERZEICHNIS　　　　　　　　　　　　　　　　　Seite

I.　　Einleitung: Gegenstand der Arbeit　　　　　　　　　　1

II.　　Die der Arbeit zugrunde liegenden Quellen　　　　　　6

III.　　Der historische Hintergrund der Proskriptionen　　　11

IV.　　Entstehung und Hintergründe der Yüan-yu-Parteiliste　15

V.　　Analyse der Parteiliste von 1104　　　　　　　　　　35

VI.　　Die Lebensbeschreibungen zweier Mitglieder der Yüan-
　　　yu-Partei: Lu Tien (1042-1102) und Ch'en Kuan (1057-1124)　41
　　　1. Lu Tien　　　　　　　　　　　　　　　　　　　　41
　　　2. Ch'en Kuan

VII.　　Zusammenfassung und Schluß:
　　　Vergleich zwischen Lu Tien und Ch'en Kuan　　　　　90

Anhang

I.　　Übersetzungen　　　　　　　　　　　　　　　　　93
II.　　Anmerkungen zu den Textübersetzungen　　　　　　128
III.　　Chronologischer Lebensabriß des Lu Tien (1042-1102)　148
IV.　　Chronologischer Lebensabriß des Ch'en Kuan (1057-1124)　150
V.　　Stammbaum des Lu Tien　　　　　　　　　　　　153
VI.　　Stammbaum des Ch'en Kuan　　　　　　　　　　154
VII.　　Schematischer Überblick der Parteilisten der Jahre
　　　1102 und 1104　　　　　　　　　　　　　　　　　155
VIII.　　Aufgliederung der Parteiliste des Jahres 1104　　　156
IX.　　Die Parteiliste des Jahres 1104　　　　　　　　　157
X.　　Anmerkungen zur Yüan-yu-Parteiliste (1104)　　　178
XI.　　Liste der wichtigsten Reformanhänger　　　　　　180
XII.　　Abkürzungsverzeichnis　　　　　　　　　　　　184
XIII.　　Literaturverzeichnis　　　　　　　　　　　　　186

	1. Quellen	186
	2. Nachschlagewerke und Indices	187
	3. Literatur in chinesischer und japanischer Sprache	188
	4. Literatur in europäischen Sprachen	189
XIV.	Zeichenindex	195
	1. Personennamen	195
	2. Ortsnamen	204
XV.	Die den Übersetzungen zugrunde liegenden Texte	207

I. EINLEITUNG

Gegenstand der Arbeit

Unter den machtvollen Angriffen der tungusischen Jurchen brach im Jahre 1126 die Dynastie der Nördlichen Sung zusammen, die nach allgemeiner Ansicht[1] trotz ihrer unübersehbaren militärischen Schwächen eine Periode des kulturellen und wirtschaftlichen Glanzes gewesen war. Literatur und Technologie, Naturwissenschaften und Handel waren zu neuen Ufern vorgedrungen, den sozialen und militärischen Erfordernissen hatte man jedoch letztlich nicht entsprechen können. Auf der Suche nach Ursachen und Schuldigen für den Fall der Dynastie hat u.a. die chinesische Historiographie die Kämpfe für und gegen die Reformen des Wang Anshih (1021-1086) und die mit ihnen verbundene wechselhafte Regierungspolitik verantwortlich gemacht. Ts'ai Ching (1046-1126), den sie als letzten Kanzler der Nördlichen Sung zum Schurken schlechthin abstempelte, wurde von ihr in den Mittelpunkt der politischen Auseinandersetzungen gestellt und besonders für die umfangreichen und konsequenten 'Proskriptionen'[2] gebrandmarkt, die am Anfang seiner Regierungszeit standen. Diese Proskriptionen, die einen Höhepunkt der inneren Kämpfe bildeten, werden von modernen Forschern recht unterschiedlich interpretiert. R. Trauzettel sieht hinter ihnen die 'moralische Tendenz' und den Versuch, 'die davon Betroffenen aus der Weltordnung, die mit der sozialen in Einklang steht'[3], herauszunehmen. Meines Erachtens schätzt hier Trauzettel die Motivation des Ts'ai Ching doch allzu wohlwollend

---

1   z.B. Latourette (1946) p. 250 ff.; Fitzgerald (1961) p.439 ff., wo der Malerei ein besonderes Kapitel gewidmet ist; Franke (1968) p. 217 ff.; Needham (1970) p. 134.

2)   Zum Begriff der Proskription, der in der herkömmlichen Literatur stets in Zusammenhang mit den Verfolgungen des Ts'ai Ching verwendet wird, der aber dort nie inhaltlich bestimmt wurde, siehe p. 19.

3)   Trauzettel (1964) p. 56.

ein und berücksichtigt nicht in ausreichendem Maße die Triebkräfte und Geschehnisse, die zu den Proskriptionen führten. In seinem durchaus notwendigen Bemühen, das verdammende Urteil der konfuzianisch und damit sozialreformfeindlich geprägten Geschichtsschreibung zu objektivieren, dürfte Trauzettel mit seinem 'moralischen Ansatz' über das vertretbare Ziel hinausgegangen sein.

Eine den politischen Machtkampf mehr oder minder außer Acht lassende Interpretation der Auseinandersetzungen, die innerhalb kürzester Zeit von politischen Meinungsverschiedenheiten zu persönlichen Feindschaften mit all ihren Intrigen, Verleumdungen etc. degenerierten, versucht Ch'ien Mu (geb. 1895)[4] zu geben[5]. Der chinesische Gelehrte vertritt die Auffassung, daß die Anhänger der Reformen zumeist aus den südlichen Gegenden Chinas gekommen und nach Meinung ihrer Gegner wie Ssu-ma Kuang (1019-1086)[6] und Wang Yen-sou (1042-1092)[7] völlig 'unbrauchbar, verschlagen und leichtsinnig'[8] gewesen wären. Ganz zu Recht habe Ch'en Kuan dem Ts'ai Ching vorgehalten, daß dieser den Norden benachteilige und die Zersplitterung der Führungsschicht hierin ihre Ursache habe[9]. Ch'ien Mu meint dann auch sehr verallgemeinernd, daß die unterschiedlichen Auffassungen in den regionalen Eigenheiten des Nordens und des Südens begründet seien[10]. Leider geht er in keiner Weise näher darauf ein,

---

4   Zur Person des großen Kenners der chinesischen Geschichte und Philosophie siehe BDRC I-368 ff.

5   Mit diesen Problemen setzt er sich im 33. Kapitel des KSTK unter der bezeichnenden Überschrift 'Die Kämpfe zwischen der alten und neuen Partei und die Fähigkeiten der Leute aus dem Norden und dem Süden' auseinander.

6   YYTCP 1.

7   YYTCP 9.

8   KSTK 417-419: pu k'o yung 不可用 ; chiao-hsien 狡險 ; ching-i 輕易.

9   a.a.O. 420. Hier sei nebenbei bemerkt, daß Ch'en Kuan aus der gleichen Provinz Fu-chien stammte, aus der auch Ts'ai Ching kam.

10 Ch'ien Mu stimmt u.a. mit dem historischen Roman Hsüan-ho i-shih Fortsetzung nächste Seite

was er unter 'Norden' und 'Süden' versteht, unter welchen Gesichtspunkten und aus welchen Quellen er regionale Zugehörigkeiten bestimmt, sondern erwähnt lediglich die Herkunft der Hauptprotagonisten, für die seine These Gültigkeit beansprucht. Noch schwerwiegender ist die fehlende Beweisführung für den politischen Ausfluß irgendwelcher geographischer Eigenheiten, ein Problemkreis, der unter dem Schlagwort des 'Regionalismus' eine lange Tradition in der chinesischen Geschichte besitzt. Ein Blick auf die Reformen des Fan Chung-yen (989-1052) zeigt ja deutlich, daß die Thesen des Ch'ien Mu zumindest relativiert werden müßten. Zu jener Zeit waren es gerade die sogenannten Konservativen[11], die Reformen für notwendig erachteten und schnellstens in die Tat umzusetzen versuchten. Auch der Nachweis, daß die Diskrepanz zwischen dem wirtschaftlich besser entwickelten Süden und dem durch häufige kriegerische Auseinandersetzungen geschwächten Norden[12] zwangsläufig zu Reformen führen mußten, scheint mir keineswegs erbracht.

überein, in dem die Leute aus dem Süden Chinas für die Schwierigkeiten und den späteren Fall der Dynastie verantwortlich gemacht werden, wie es auch in einer anekdotischen Ausschmückung veranschaulicht wird: 'Unter dem Kaiser Ying-tsung in der Periode Chih-p'ing (1064-1068) ging Shao K'ang-chieh[13] mit einem Gast auf der Himmelsfurtbrücke spazieren. Plötzlich war die Stimme eines Kuckucks zu hören, worauf K'ang-chieh mit einem Male sehr verstimmt wurde und keinen Gefallen mehr am Spaziergang fand. Auf eine diesbezügliche Frage seines Gastes gab er zur Antwort:"Zwei Jahre werden nicht einmal mehr vergehen, da wird der Kaiser jemand aus dem Süden als Kanzler berufen, was große Änderungen bedeuten wird. Das Reich wird von dieser Zeit an von schwierigen politischen Auseinandersetzungen durcheinandergebracht werden."[14] Das Hsüan-ho i-shih, das die letzten Jahre der Nördlichen Sung eingehend kritisch beschreibt und das in der Entwicklung des Romans und der Kurzgeschichte in China von literaturhistorischer Bedeutung ist, wird derzeit von meiner Frau bearbeitet, der ich für diesen und manch anderen Hinweis an dieser Stelle danke.

11 Als 'Konservative' bezeichne ich ganz allgemein diejenigen, die an der bestehenden geistigen und sozialen Ordnung und ihren überkommenen Wertmaßstäben festzuhalten trachten. Vgl. Bernsdorf (1969), p. 587.
12 Vergl. Kirby (1955), p. 587.
13 K'ang-chieh ist der Beiname des Philosophen Shao Yung (1011-1077), Fortsetzung nächste Seite

Einen anderen Zugang zu den Kämpfen jener Zeit versucht James T.C. Liu zu öffnen[15]. Er klassifiziert die führenden Persönlichkeiten der Zeit nach dem Tode des Wang An-shih (1086) in drei Haupttypen, wobei ihm als Kriterium ihre jeweiligen politischen Verhaltensweisen dienen. Durch diese Betrachtungsweise möchte er die allzu einseitige und wenig differenzierende Beurteilung der "Bürokratie-Literaten" (scholar-official) als geschlossene intellektuelle Gruppe überwinden. Den ersten Haupttyp sieht er in dem idealistischen "Beamten-Gelehrten", der, persönlich völlig integer, mit großer Gelehrsamkeit und Hingabe an seine hohen Ideale glaubt. Er entspricht in etwa dem alten konfuzianischen Idealtypus des 'Edlen (chün-tzu 君子)' und sei sowohl unter den Konservativen und Gemäßigten im Norden und Südwesten Chinas als auch unter den Reformern im Süden zu finden. Die gegenseitige Intoleranz, die in den Streitereien dieserElite deutlich wurde, muß ihnen jedoch angelastet werden und erfordert erhebliche Abstriche vom Ideal des Edlen, für die das Konfuziuswort zu gelten hatte: 'Der Edle hält sich aus Parteiungen heraus.'[16] Den zweiten Haupttypus machen die Karrieristen aus, die unter jeglicher Beamtenschar überall die Mehrheit bilden. Sie sind entweder Konformisten, die stets die etablierte Ordnung unterstützen, oder Beamte, deren Fähigkeiten fast ausschließlich in der Verwaltung liegen und die deshalb politische Veränderungen herbeiwünschen, da sie ihnen Aufstieg zu verheißen scheinen. Die korrupten, prinzipienlosen und vor Manipulationen nicht zurückschreckenden Beamten bilden den letzten Haupttyp. Sie treiben stets jene Reformen voran, die ihnen Machtzuwachs und -anhäufung garantieren. Häufig besetzten sie Positionen, in denen sie mit Finanzen zu

---

einem der Wegbereiter des Neokonfuzianismus, dessen Sohn Shao Po-wen auch in die Parteiungen der Nach-Wang-An-shih-Zeit verwickelt war.

14 Hsüan-ho i-shih I/7.
15 Liu (1968) p. 70 ff.
16 Lun-yü 13/7/31.

tun hatten. J.T.C. Liu wendet nun seine Schematisierung der Beamtenschaft auf diejenigen an, auf die sich Wang An-shih bei der Durchführung seiner Reformen stützte, namentlich auf Ts'ai Chüeh (1037-1093), Chang Tun (1035-1105)[17], Lü Hui-ch'ing (1032-1111) und auf Tseng Pu (1035-1107)[18]. Für das Scheitern der Reformen zieht er jedoch keine Schlüsse aus seinem soziologischen Ansatz, sondern sieht es in der Degeneration der konfuzianischen Moralen begründet, die eine Verschlechterung auf dem Gebiete der Verwaltung und Mißwirtschaft zur Folge hatte.

Die vorliegende Arbeit hat nun die Parteiliste des Jahres 1104 zum Gegenstand, auf der angeblich nur die Gegner der Reformen des Wang An-shih zusammengefaßt wurden. Inwieweit in diesem Zusammenhang von Partei und Proskription gesprochen werden kann, soll in der exemplarischen Darstellung der Lebensläufe zweier ihrer Mitglieder herausgearbeitet werden. Für die Untersuchung der Liste selber, die in ihrem Umfang eine Einmaligkeit in der chinesischen Geschichte ist, sollen die oben beschriebenen Ansätze von Liu, Ch'ien und Trauzettel ineinander verwoben benutzt werden, da jeder für sich ein zu einseitiges und unvollständiges Bild des politischen Durcheinanders um die Wende des 12. Jahrhundert ergibt. Eine Antwort auf die Frage, ob diese politische Zerrissenheit die Hauptursache für den Fall der Nördlichen Sung-Dynastie bildete, wie es aus der europäischen Literatur herausgelesen werden kann[20], wird sich

---

17 Der hier von J.T.C. Liu mit Chang Ch'un 章淳 bezeichnete Mann ist kein anderer als Chang Tun 章惇 , wie eindeutig aus den angegebenen biographischen Informationen hervorgeht. Ob es sich hier nur um eine Verschreibung - die allerdings auch bei anderen Autoren wie z. B. Lin Yü-tang (1947) p.414 jedoch mit dem Zeichen 惇 statt 淳 vorkommt - oder um eine Umbenennung handelt, ist nicht zu ersehen. Die Möglichkeit eines tabuisierten Zeichens[19] fällt aus, da keiner der in Frage kommenden Sungkaiser das Zeichen 惇 in seinem persönlichen Namen hatte.
18 YYTCP 7.
19 Zum Problem der Tabubezeichnungen siehe Ch'en Yüan (1928) und Erich Haenisch (1932).
20 So sieht A.Toynbee in seinem monumentalen Werk 'A Study of
    Fortsetzung nächste Seite

allerdings kaum ergeben, da hierfür der Blick von der Zentrale auf die Lokalverwaltung, auf die praktische Verwaltungsarbeit und die soziale Wirklichkeit gewendet werden müßte.

Nach einer knappen Darlegung der benutzten Quellen, der einschlägigen Sekundärliteratur und des politischen Hintergrundes, vor dem die Parteiliste von 1104 zu sehen ist, folgt eine Entwicklungsgeschichte und die Analyse dieser Parteiliste, die in einem Anhang mit allen zur Verfügung stehenden Daten wiedergegeben ist. Ein kurzer Vergleich mit den Anhängern und Helfern des Ts'ai Ching soll besonders den 'regionalistischen' Ansatz näher beleuchten. Die Biographien des Lu Tien (1042-1102) und des Ch'en Kuan (1057-1122) werden weiterhin zeigen, wie wenig einheitlich Abstammung, Erziehung und politische Auffassungen innerhalb der von Ts'ai Ching proskribierten sogenannten Yüan-yu-Partei waren. Die Frage, ob man überhaupt von e i n e r Partei sprechen kann, wird dann auch beantwortet werden können.

Im Anhang werden außer der Parteiliste die aus den chinesischen Quellen übersetzten und kommentierten Teile aufgeführt und die benutzten Textausgaben beigefügt.

II. DIE DER ARBEIT ZUGRUNDE LIEGENDEN QUELLEN

Über die Biographik in China liegen uns u.a. zwei kleine Studien vor, die das Material und ihre Problematik übersichtlich darbieten[21]. Wir können uns daher mit einer kurzen Aufzählung der wichtigsten Quellen zur Biographik in China begnügen. Die Biographien in den offiziellen Geschichts-

---

History' die Reichseinigung unter den Sung-Herrschern als 'Periode der Sammlung' an, deren Absturz und Zerfall, bedingt durch innere Zerrissenheit und später durch äußere Feinde mit dem Regierungsantritt des apolitischen Kaisers Hui-tsung beginnt. Zu den Quellen, auf die sich A.Toynbee für sein Bild der chinesischen Geschichte stützt, und zu seiner Kritik, vergleiche W.Altree (1955).

21 P.Olbricht (1957); D.Twitchett (1962).

werken[22] fußten nicht nur auf dem überwältigenden Aktenmaterial, das die vorangegangene Dynastie angesammelt hatte, sondern ihre Quellen sehr oft, wenn nicht zumeist in privaten Lebensbeschreibungen, die gewöhnlich kurz nach dem Tode der betreffenden Persönlichkeit verfaßt wurden. So kennen wir die Grabinschrift (mu-chih-ming), den Grabbericht (mu-piao), die Gedenktafel am Seelenpfade (shen-tao-pei), die Opferrede (chi-wen), den Tatenbericht (hsing-chuang) und das Jahresregister (nien-p'u), für deren Abfassung allerdings jeweils unterschiedliche Motivationen galten, was in den genannten Studien einleuchtend dargelegt wurde. Für die Biographie des Lu Tien ist leider keine dieser privaten Lebenswürdigungen erhalten. Daß überhaupt keine geschrieben sein sollte, halte ich für sehr unwahrscheinlich; unter seinen Nachfahren befand sich zum Beispiel der berühmte Dichter Lu Yu (1125-1210)[23], dem es durchaus zur Ehre gereicht hätte, für die 'Taten und Worte' seines Großvaters 'den Pinsel zu befeuchten'.

Für unseren Gegenstand recht ergiebig erweist sich eine 'Gesonderte Geschichte (pieh-shih)'[24], das Tung-tu shih-lüeh[25]. Es wurde von Wang Ch'eng (gest. um 1200)[26] im Jahre 1184 vollendet. Dem Werk, dessen formale Anlehnung an das Shih-chi des Ssu-ma Ch'ien nicht zu übersehen ist, liegen im großen und ganzen die gleichen Materialien zugrunde wie der offiziellen Geschichte der Sung-Dynastie, dem Sung-shih. Sein umfangreicher biographischer Teil, der 105 der insgesamt 130 Kapitel aus-

---

22 Zu den chinesischen Termini für 'Biographie' vergl. Edwards (1948).

23 Vergl. den Stammbaum des Lu Tien im Anhang. Eine umfassende Würdigung dieses patriotischen Dichters steht noch aus. Candlin (1946) vermochte in ihrem Bändchen nur einen winzigen Ausschnitt seines literarischen Schaffens vorzustellen; auch seine Biographie bedarf noch der Vertiefung.

24 Zu knappen Charakterisierung der pieh-shih siehe C.S Gardner (1970), p.100.

25 Zur Entstehung des TTSL vergl. Ch'en Shu (1939).

26 王 稱 . Andere Quellen schreiben Wang Ch'eng 王 偁 , vergl. WTW 131.

macht, bringt jedoch teilweise neues Material und divergiert in Einzelheit vom Sung-shih.

Wie bereits Chr. Schwarz-Schilling feststellte[27], sind abgesehen von Inschriften spätestens seit der Ming-Zeit (1368-1644) keine echten Primärquellen mehr vorhanden. Hierunter sind die Regesten (shih-lu) der einzelnen Kaiser sowie die Tageskalendarien (jih-li) etc. zu verstehen[28]. Die uns vorliegenden Sung-Annalen, also eine 'redigierte Quellen'[29], wurden schon sehr bald als vielfach ungenau und fehlerhaft angesehen. Auch in ihrer literarischen Qualität können sie nicht mit den meisten ihrer Vorgänger konkurrieren. Dies ist im wesentlichen darauf zurückzuführen, daß sowohl das Sung-shih als auch das Liao-chih[30] und Chin-shih in der 'erstaunlich kurzen Zeit von zweieinhalb Jahren'[31] unter dem letzten Mongolenkaiser Shun-ti (1332-1370)[32] kompiliert wurden. Mit der Leitung des Projektes war schließlich T'o T'o (1314-1355)[33] betraut worden, unter dem jedoch das vorliegende Material recht unkritisch gesichtet und wohl kaum redigiert worden sein dürfte. Zudem stützte man sich bei der Kompilation auf die Urteile des Chu Hsi (1130-1200), des großen neokonfuzianischen Philosophen, der den Reformversuchen des Wang An-shih im ganzen gesehen ablehnend gegenüberstand.

Als wesentlich objektiver, wenn auch nicht vollkommen frei von Vorurteilen gegen die Reformbestrebungen, darf das Hsü Tzu-chih t'ung-chien ch'ang-pien[34] angesehen werden. Das Werk setzt den 'Allgemeinen Spie-

---

27 Schwarz-Schilling (1959), p.5.
28 Vergl. hierzu Yang Lien-sheng (1957), p.196 ff.
29 Diese quellenkritische Beurteilung habe ich der oben genannten Arbeit von Chr. Schwarz-Schilling entnommen.
30 Es ist von R.Stein übersetzt, erläutert und gewürdigt worden, vergl. TP (1940), pp.1-154.
31 O.Franke (1948), Bd.IV, p.2.
32 Regierungsdaten: 1333-1370; vergl. Ajia 4-352b.
33 Zu seiner Biographie vergl. YS 138; sowie TRD 6-517.
34 Hierzu siehe die ausführliche Würdigung bei Schwarz-Schilling (1959), p.19-21.

gel zur Unterstützung beim Regieren', das Tzu-chih t'ung-chien[35] des Ssu-ma Kuang fort und behandelt die Ereignisse der Jahre 960 bis 1127 in streng chronologischer Form. Verfaßt wurde es von Li Tao (1115-1184), dem die Erfindung des Karteikastensystems zugeschrieben wird[36]. Da es weit umfangreicher, dabei jedoch weniger moralisierend ist als das Tzu-chih t'ung-chien kang-mu[37] des Chu Hsi, gilt es wegen seiner kritischen Ausführlichkeit als unübertroffene geschichtliche Darstellung der Sung-Zeit. Auch gibt es zuweilen biographische Details wieder, die in den Biographien (lieh-chuan) der offiziellen Annalen ebenfalls auftauchen. Das bedeutet, daß beiden Werken dieselben Primärquellen zugrunde liegen. Diese Zusammenhänge bedürfen jedoch noch einer genaueren Untersuchung, die hier nicht geleistet werden kann.

Gegen Ende des 18. Jahrhunderts überarbeitete Pi Yüan (1730-1797)[38] alle Fortsetzungen und Ergänzungen zum Geschichtswerk des Ssu-ma Kuang und führte die Darstellung des geschichtlichen Ablaufes bis zum Fall der Mongolenherrschaft fort. Das HCP bildete dabei die Grundlage seines Werkes, das uns als Hsü Tzu-chih t'ung-chien[39] überliefert ist. Die offiziellen Geschichtswerke und das TTSL lagen ihm ebenfalls vor, wie zahlreiche textkritische Äußerungen beweisen. Da das HTC jedoch in der Darstellung der uns interessierenden Zeit im wesentlichen, wenn auch in verkürzter Form, dem HCP folgt, bringt es für uns keine neuen Ergebnisse.

Eine enzyklopädische Neugliederung des geschichtlichen Stoffes versuch-

---

35 Zu diesem Werk und seinem Verhältnis zum TCKM vergl. O.Franke (1930).
36 Siehe Yang Lien-sheng (1957), p.208.
37 Vergl. Anm. 35.
38 Bevor er sein Werk vollenden konnte, starb der schreibfreudige Pi Yüan. Ch'ien Ta-hsin (1743-1804) soll die endgültige Drucklegung des HTC besorgt haben.
39 Das Werk, im folgenden mit HTC abgekürzt, umfaßt 220 Kapitel und gelangte 1801 in den Druck.

ten die Verfasser der sogenannten Chi-shih pen-mo-Werke zu leisten, die u.a. auch zum HCP und SS entstanden[40]. Sie bieten kein neues Material an, sondern unterziehen die betreffenden Werke einer formalen Umgestaltung, wobei die annalistische Darstellungsweise beibehalten wird. Der Vorteil dieser Werke liegt in ihrer bequemen Benutzbarkeit, da die Begebenheiten thematisch zusammengefaßt und ohne Rücksicht auf Zeitzäsuren wie Regierungsperioden oder Herrscherwechsel zusammenhängend dargeboten werden. Für unser Thema wurden besonders die Kapitel 43 (Yüan-yu keng-hua), 44 (Hsüan-jen chih wu) und die Kapitel 48 (Chien-chung ch'u cheng) und 49 (Ts'ai Ching shan-kuo) des Sung-shih chi-shih pen-mo des Feng Ch'i (1558-1603)[41] herangezogen.

Eine Monographie über die Geschichte der Sung-Zeit ist bisher noch nicht in einer westlichen Sprache erschienen, aber selbst in ostasiatischen Sprachen ist sie eine Seltenheit[42]. Doch die vielen Arbeiten, die sich gerade in jüngster Zeit mit Problemen der Sung-Dynastien beschäftigen, lassen hoffen, daß mit einer umfassenden Darstellung doch einmal zu rechnen sein wird. Für die uns speziell interessierende Zeit, nämlich die Jahre vom Tode des Wang An-shih (1086) bis zum Untergang der Nördlichen Sung-Dynastie (1127), müssen wir uns, abgesehen von den allgemeinen Geschichten, die nicht näher auf diese Zeit eingehen, besonders auf japanische Arbeiten[43] und die Untersuchungen von J.C. Ferguson[44],

---

40 Eine Aufstellung derartiger Werke findet sich bei Han Yu-shan (1955), p.56. Dieses materialreiche Buch ist wegen seiner häufigen Inkorrektheiten mit großer Vorsicht zu benutzen; besonders unzuverlässig sind die Datierungen.

41 Feng Ch'i hatte das Material zunächst zusammengestellt, das dann von Ch'en Pang-chan (fl.1590-1621) die endgültige Fassung erhielt.

42 Das 1954 in Taipei erschienene zweibändige Werk des katholischen Geistlichen Fang Hao (geb.1909) mit dem Titel Sung-shih hält sich allerdings zu sehr an die offizielle Geschichtsschreibung und hat damit deren konfuzianisches Weltbild und Verdammungsurteil übernommen. Für die Vorgänge um die Listen bietet es keine neuen Erkenntnisse.

43 U.a. sind hier die zahlreichen Arbeiten Miyazaki Ichisadas und Saeki Tomis zu nennen, deren Würdigung an dieser Stelle nicht erfolgen soll.

44 Ferguson (1927) und (1903), (1924).

H.R. Williamson[45], H. Frisch[46] und J.T.C. Liu[47] stützen. J.C. Ferguson unternahm als erster den Versuch, die politischen Querelen und Parteihader am Ende der Nördlichen Sung-Dynastie darzustellen. In vielen Detailfragen ist sein Mangel an verfügbaren Quellen deutlich zu spüren, so daß seine weitreichenden Schlüsse manchmal auf nur dürftiger Quellenbasis ruhen. Dennoch ist der genannte Aufsatz, der als Ursache des Scheiterns der Reformen ein Zuwenig an erfahrenen und ehrenhaften Beamten feststellt, eine wertvolle Vorarbeit zu unserem Thema. Leider sind jedoch seine Angaben, woher die zahlreichen Zitate stammen, recht ungenau und damit kaum oder nur recht mühsam nachprüfbar.

III. DER HISTORISCHE HINTERGRUND DER PROSKRIPTIONEN

Die Reformen des Wang An-shih, gegen die fast die gesamte etablierte 'Elite' der damaligen Zeit mehr oder minder opponierte, sind als Versuch zu sehen, die offenkundigen Mißstände im Sung-Staate mit Hilfe von umfassenden Reformen tatkräftig abzustellen. Der Staatshaushalt hatte einen defizitären Charakter mit stark inflationärer Tendenz[48]; ein Überrollen des Reiches durch Fremdvölker erschien durch das Erstarken der Kitan im Norden und die Festigung des tangutischen Hsi-hsia-Reiches im Nordwesten wieder einmal besonders bedrohlich und wahrscheinlich. Daher umfaßten die Reformen in erster Linie Wirtschafts- und Steuerpolitik, wurden jedoch sehr bald auf Verwaltung, Erziehung und Militär ausgedehnt, um zu gewährleisten, daß alle Maßnahmen in großen Zusammenhängen wirkungsvoll durchgeführt werden konnten. Nach dem Tode des Kaisers Shen-tsung (1085), der Wang An-shih gefördert und ihm lange Zeit sein volles Vertrauen geschenkt hatte, übernahm seine Mutter Hsüan-

---

45 Williamson (1935).
46 Frisch (1926).
47 Liu (1968).
48 Vergl. Kirby (1955), p.181 ff.

jen (1032-1093)[49] für ihren unmündigen Enkel, dem späteren Kaiser Chetsung (1076-1100)[50], die Regierungsgeschäfte. Sie stützte sich völlig auf die Gegner der Reformen, die sie nach und nach außer Kraft setzen ließ. Man bezeichnet ihre Herrschaftszeit (1086-1093) daher zu Recht als 'Gegenreformperiode'[51]. Doch die sogenannten Konservativen, die durch die radikale Abkehr von den Reformen ihren Beitrag zur weiteren Verunsicherung besonders der niederen Beamtenschaft und zur politischen Instabilität leisteten, bildeten keine geschlossene Einheit, sondern spalteten sich sogar in drei 'Parteien'[52] auf: die Lo-Partei, die Shu-Partei und die Shuo-Partei[53]. J.T.C. Liu hat sie folgendermaßen charakterisiert:

Die Shuo-Partei[54] hatte die konservativste, politische Einstellung. Die Neue Politik[55] wurde von ihr als unverantwortliche Verwirrung der etablierten Ordnung verdammt. Ihre Anhänger waren zumeist in den Gebieten nördlich des Huang-ho beheimatet und stammten aus alteingesessenen Beamtenfamilien. Die Lo-Partei[56] ging politisch häufig mit der Shuo-Partei

---

49 Sie war im Jahre 1065 als Frau des Kaisers Ying-tsung als Kaiserin inthronisiert worden.

50 Seine eigentliche Regierungszeit dauerte daher von 1093 bis 1100.

51 Liu (1968), p.9 und Trauzettel (1964), p.76.

52 Zum Begriff der 'Partei' siehe p.16 f.

53 SSPM 45/351/5.

54 Shuo ist ein alter Ausdruck für den Norden Chinas, siehe Shu-ching, Legge (1966) I/2/7 p.21 und V/3/3 p.434. Die Führer dieser politischen Gruppierung waren Liu Chih (1030-1097; YYTCP 5), Wang Yen-sou und Liu An-shih (1048-1125; YYTCP 29).

55 Liu (1969) p.1. Der in den USA lebende Gelehrte vertritt die Auffassung, daß 'neue Gesetze', wie das chinesische hsin-fa häufig wiedergegeben wird, zu eng gefaßt sei und der Bedeutung der Reformen nicht gerecht werde; denn hinter ihnen stehe doch die Absicht, durch eine 'Neue Politik' institutionelle Änderungen zu bewirken und somit ein neues politisches System zu verwirklichen.

56 Da ihr Führer Ch'eng I (1033-1107; YYTCP 99) aus Lo-yang stammte und dort seine Vorlesungen hielt, nannte man seine Gruppierung Lotang. Wichtige Rollen spielten in ihr Chia I (YYTCP 50) und Chu Kuang-t'ing (1037-1094; YYTCP 31).

zusammen, in philosophischer Hinsicht sollte sie sich als die Wegbereiterin des Neokonfuzianismus erweisen. Manche ihrer Mitglieder kamen aus dem ferneren Süden, doch lag ihr Zentrum in den Gebieten unmittelbar südlich des Huang-ho. Die Shu-Partei[57] war im Ssu-ch'uan-Gebiet ansässig. Ihre Anhänger galten als die Gemäßigten und befanden sich in der Minderheit unter den Gegnern der Reformen. Ihre Stärke lag in der brillianten, aber zumeist destruktiven Kritik, die auch nicht vor den 'nördlichen Konservativen', wie man die Anhänger der beiden anderen Parteien zusammenfassend bezeichnen kann, haltmachte. Mit dem Tode der Kaiserinwitwe Hsüan-jen (9. Monat 1093) endete die Gegenreformperiode. Che-tsung, inzwischen 17 Jahre alt, nahm die Herrschaft selbst in die Hand. Alle Versuche, ihn für eine Beibehaltung der Gegenreformpolitik zu gewinnen[58], schlugen fehl. Der Kaiser rief die Anhänger des Wang An-shih an den Hof zurück und betraute sie mit den wichtigsten Regierungsämtern. Die neugewählte Jahresdevise Shao-sheng (1094-1098) machte den einzuschlagenden politischen Kurs deutlich: sie bedeutet nämlich 'Fortsetzung der weisen (Politik des Shen-tsung)'. Die einzelnen Reformgesetze wurden wieder in Kraft gesetzt, manche allerdings in modifizierter Form. Die Gegenreformer entließ man aus ihren Ämtern, degradierte oder verbannte sie. Das Karrierekarussell begann sich wieder schnell zu drehen. Die Maßnahmen hielten sich jedoch an die herkömmliche Art, politische Gegner matt zu setzen. Noch konnte z.B. ein Ch'en Kuan[59] in einem möglicherweise fiktiven Gespräch den zum Kanz-

---

57 Shu ist die alte Bezeichnung für das Gebiet der Provinz Ssu-ch'uan. Der Führer dieser Partei war kein anderer als der berühmte Dichter Su Shih (1036-1101; YYTCP 28), dessen unüberbrückbare Feindschaft zu Ch'eng I viel zur Zerrissenheit der Gegenreformer beigetragen hat. Sein wichtigster Parteigänger war Lü T'ao (1029-1105; YYTCP 55).

58 Vergl. besonders die Eingaben, die der bekannte Historiker Fan Tsu-yü (1041-1098; YYTCP 30), Mitarbeiter des Ssu-ma Kuang, dem Kaiser einreichte: HTC 83/2107/16.

59 Warum Williamson (1935) und Trauzettel (1964) stets 'Ch'en Huan' schreiben, vermag ich nicht zu beantworten.

ler ernannten Chang Tun auffordern, alle Kraft einsetzen, um 'die Parteiungen zu eliminieren und einen Mittelweg einzuschlagen'[60]. Doch der Machtkampf verschärfte sich zusehends. Schließlich soll der oben erwähnte Kanzler Chang Tun sogar vorgeschlagen haben, alle verbannten Gegenreformer kurzerhand zu exekutieren. Dieses Vorhaben scheiterte am entschiedenen Widerstand des Kaisers Che-tsung[61]. Nach dessen Tod (1. Monat 1100) schien das Pendel wieder zugunsten der Gegenreformer auszuschwingen. Die Ursache dafür war die kurze Herrschaft der Kaiserin Ch'in-sheng[62], welche die Macht an sich reißen konnte und die Widersacher der Reformen bevorzugte. Es ist die große Zeit der politischen Zensoren, u.a. auch des Ch'en Kuan, die sich mit in scharfer Form gehaltenen Eingaben an den Thron wandten und dort Gehör fanden[63]. Die führenden Politiker der Che-tsung-Zeit wurden nun ihrerseits entlassen, degradiert oder verbannt. Die herausragenden Persönlichkeiten unter den Gegnern des Wang An-shih, Ssu-ma Kuang, Wen Yen-po etc. wurden in ihre alten Ehren, viele sogar noch posthum, wieder eingesetzt[64]. Ihre Nachkommen kamen in den Genuß der einstmals gewährten Privilegien, z.B. Beamtenkarriere ohne die ansonsten obligatorischen Staatsexamina, Verleihung eines Ehrentitels oder die Berechtigung, Beamtentalare eines höheren Ranges zu tragen.

Die Zeit der politischen Unentschiedenheit nach dem Tode der Kaiserin Ch'in-sheng (1. Monat 1101) zeigte sich in der neuen Jahresdevise 'die

---

60 HTC 83/2118/34. Vergl. auch die im Anhang übersetzte Biographie des Ch'en Kuan p. 116.

61 Der siebte Herrscher der Sung-Dynastie soll sich von dem Geiste des Dynastiegründers leiten gelassen haben, der verfügt hatte, daß 'under no circumstances shall cabinet ministers and censors be excuted'; vergl. Li (1967), p. 211.

62 Zur Biographie der entschlußkräftigen Gemahlin des Shen-tsung siehe SS 243; vergl. p. 143 Anm. 279.

63 z.B. HTC 86/2204/81; 86/2214/16.

64 HTC 86/2201/54,55.

Mitte errichten, um im Staate die Ordnung wiederherzustellen (chien-chung ching-kuo)'. Sie sollte den Versuch deutlich machen, eine gewisse neutrale, zwischen den Parteigruppierungen ausgleichende Politik zu betreiben. Doch bereits eineinhalb Jahre später setzten sich die Reformanhänger abermals durch, und diesmal endgültig. Die dominierende Gestalt der nächsten 25 Jahre, Ts'ai Ching (1046-1126), erlebte einen kometenhaften politischen Aufstieg, der ihn schließlich an die Spitze der Staatsämter führte; im ersten Monat des Jahres 1103 wurde er zum Kanzler[65] ernannt. Die Gegenreformer und alle diejenigen, die während der letzten Jahre des Che-tsung sich mit ihnen arrangiert hatten, ließ er aus ihren Ämtern entfernen. Den bereits Gestorbenen, die sich in irgendeiner Weise einmal gegen Wang An-shih oder auch ihn selbst gestellt hatten, wurden Ehrennamen und -titel entzogen, häufig sprach man sogar noch nachträgliche Degradierungen aus. Ihre Nachkommen verloren erneut die erst vor kurzem wiedergewährten Privilegien.

In der Wertung der chinesischen Geschichtsschreibung bilden diese Jahre bis zum Untergang der Nördlichen Sung-Dynastie (1103-1127) eine Zeit der Treulosigkeit und des Verrates, der Morallosigkeit und der verschwenderischen Amüsierlust. Ts'ai Ching, den man hierfür hauptsächlich verantwortlich machte, und seine Hauptgehilfen wurden deshalb in den Biographien der offiziellen Geschichte in die Abteilung der 'morallosen Beamten (chien-ch'en)' verbannt[66].

IV. ENTSTEHUNG UND HINTERGRÜNDE DER YÜAN-YU-PARTEILISTE

Die Methode, über Parteilisten politische Gegner auszuschalten, ist in China keineswegs eine Erfindung erst der Sung-Zeit. Die wohl bekannte-

---

65 shang-shu tso-p'u-yeh; FdS 22. Dieses Amt war in Personalunion mit dem des Präsidenten der Staatskanzlei (men-hsia shih-lang; FdS 1255) verbunden.

66 Ihre Lebensbeschreibungen sind keine Überarbeitung privater Eingaben und Quellen, sondern wurden von den zuständigen Geschichtsbeamten eigens verfaßt.

ste und 'erfolgreichste' datiert aus den Jahren 166-181 n.Chr.[67]. In den blutigen Kämpfen zur Zeit des Han Ling-ti (156-189)[68] zwischen Konfuzianern und Eunuchen blieben letztere siegreich. 'Ganze Proskriptionslisten der Konfuzianer werden aufgestellt und Hunderte von ihnen eingekerkert, die Kaiserin Tou[69] wird gefangengesetzt. In der Märtyrergeschichte des Konfuzianismus bildet dieses Blutbad des 'Bundes zur Bekämpfung der Eunuchen (tang-ku)' ein berühmtes Kapitel.'[70] Während allerdings die Auseinandersetzungen zur Han-Zeit Kämpfe zwischen konkurrierenden sozialen Gruppen waren, in denen sich Eunuchen und Konfuzianer als Vertreter und Verteidiger von Interessen und Privilegien gegenüberstanden, haben wir es in der Sung-Zeit, wie wir sehen werden, mit mehr nacktem Egoismus sich gruppierender und umgruppierender Interessensvertreter innerhalb der staatstragenden Beamtenschaft zu tun, wobei den Eunuchen zunächst keine gewichtige Rolle zukam.

Bevor wir nun zur eigentlichen Partei- oder Proskriptionsliste kommen, stellt sich uns doch die Frage, was unter 'tang', das wir häufig mit 'Partei' wiedergegeben haben, und was unter 'chi (Proskriptionsliste)' zu verstehen ist.

In der Volksethymologie wird das Zeichen tang mit 'ein Haus im Dunkeln' und dem übertragenen Sinn 'sich im Geheimen verbünden' erklärt[71]. Diese Bedeutung finden wir im 'Buch der Urkunden (shu-ching)', dessen äl-

---

67 Eine vorbildliche Untersuchung über die Anti-Eunuchen-Partei liegt von Chin Fa-ken (1963) vor. Das umfangreiche Material wurde zumeist aus dem HHS zusammengetragen und unter besonderer Rücksicht auf die sozio-ökonomischen Grundlagen der damaligen Zeit ausgewertet. Ergänzend dazu siehe auch Balasz (1949).

68 Regierungszeit: 168-189. Der Ururenkel des Chang-ti (76-89) wurde als Marionette von der Kaiserin Tou auf den Kaiserthron lanciert.

69 gest. 172. Kaiser Huan-ti (147-168) hatte die Tochter des Tou Wu (gest. 169) im Jahre 165 zur Kaiserin erhoben.

70 O. Franke (1948), Bd. I. p. 416/417.

71 Hsü Shen (1960) 10. 339; Chang Hsüan (1968), p. 868; Wieger (1965), p. 103.

teste Teile bis weit in die Zeit vor Konfuzius zurückgehen[72]. Im Lun-yü lesen wir außer diesem Sinn auch von dem der 'Dorfgemeinschaft' und der 'Nachbarschaft'[73]. Ganz deutlich wird dieses Bedeutungsfeld im Chou-li[74] abgesteckt. Dort heißt es: 'Fünf Sippen (tsu) bilden eine Dorfgemeinschaft (tang); fünf Dorfgemeinschaften bilden einen Bezirk (chou)!'[75] Die Bedeutung 'Dorfgemeinschaft' dürfte wohl die ursprünglichere und korrektere gewesen sein, aus der sich dann die übertragene der 'Clique' etc. ableitet. Demgemäß können wir also mit einiger Berechtigung von 'tang' als 'Partei' sprechen, wenn wir nicht darunter die politische Partei im modernen Sinn als dauernder Verband mit Programm, Satzung, Funktionären etc. verstehen, sondern lediglich eine Gruppe von Gleichgesinnten und Anhängern mit ähnlichen Interessen, die Einfluß auf die politische Willensbildung anstrebt[76]. Eine straffe Organisation als politische Partei mußte stets vermieden werden, falls sie überhaupt bei so großen persönlichen und sachlichen Spannungen, wie sie in unserem Falle unter den Gegnern der Reformen vorherrschten, zu verwirklichen gewesen wäre; allzu leicht wäre der Verdacht entstanden, daß man wegen offenbarer Gruppeninteressen gegen Kaiser und Staat konspirierte. Der

---

72 Vergl. die auf phonologischer Basis beruhende Untersuchung von Karlgren (1950).

73 Vergl. Legge (1966) Vol.I, VI/4/7 p.167; IX/5/22 p.181; X/6/5 p.186.

74 Dieses idealisierende Werk enthält Beschreibungen aller Beamtenposten der Chou-Zeit (1122-249) und umreißt deren Pflichten. Man nimmt an, daß das Chou-li, das eine Idealverfassung der frühen Chou-Zeit zu beschreiben vorgibt, erst in der Han-Zeit (206 v.-221 n.Chr.) entstand und daß Liu Hsin (gest. 23 n.) seine Hand dabei im Spiele hatte. Nicht von ungefähr kommt es, daß die beiden großen und letztlich gescheiterten Reformversuche des kaiserlichen China, die des Wang Mang (33 v.-23 n.Chr.) und des Wang An-shih, das Chou-li als wesentliche, wenn nicht alleinige theoretische konfuzianische Grundlage herausstellten.

75 Siehe Biot (1969), Bd.I p.211.

76 Nur nebenbei sei bemerkt, daß 'tang' im modernen China als Ausdruck für die politische Partei verwendet wird und eine nur konsequente Begriffsausweitung des alten Zeichens darstellt.

Vorwurf von Konspiration und Subversion hätte dann sicher alle Aktionen und Akteure von Anfang an begleitet und gehemmt. Fan Chung-yen (989-1052)[77], dem schon vor den Auseinandersetzungen um seine Reformversuche von Lü I-chien (987-1043) im Jahre 1036 Parteibildung angelastet worden war, verteidigte sich gegen diesen so hinterhältigen und gefährlichen Vorwurf mit den Worten:'Aufrechte und Unehrliche gehören immer zu entgegengesetzten Parteien.'[78] Diesen Grundgedanken, der nur schwer in die konfuzianische Theorie paßte, griff Ou-yang Hsiu (1007-1072) mit seinem Aufsatz 'Über Parteiung (p'eng-tang lun)' auf, der zu den 'brilliant, original contributions to Confucian thought'[79] gerechnet wird. Er entwickelte darin die Theorie von der Konfrontation zwischen Chün-tzu und Hsiao-jen dahingehend weiter, daß die Hsiao-jen kaum über längere Zeit als Partei zusammenhalten könnten, da ihre ausschließlich auf materiellem Interesse gegründete Zweckgemeinschaft zwangsläufig zu Konflikten aus Habgier, Neid etc. führen müßte. Anstoß und Motiv zur Parteibildung unter den Chün-tzu sei hingegen das gegenseitige freundschaftliche Gefühl[80]. Das bedeutet, daß unter 'Partei' nach dieser Meinung der lose Interessensverband zwischen Freunden zu verstehen ist, deren politische Ansichten nicht notwendigerweise übereinstimmen müssen.

---

77 Zum Leben und Wirken dieses Reformers, der sich nicht wie Wang An-shih über längere Zeit der Gunst eines Kaisers erfreuen konnte und daran nicht zuletzt scheiterte, siehe Buriks (1954), Fischer (1955) sowie den Aufsatz von Liu (1957).
Die prominenten Gegner dieser 'kleinen Reform' kamen in erstaunlich großer Anzahl aus dem Süden Chinas, z.B. Yen Shu (991-1055) aus Lin-ch'uan (Chiang-hsi), Chang Te-hsiang (978-1048) aus Wu-ning (Chiang-hsi), Hsia Sung (985-1051) aus Chiu-chiang (Chiang-hsi). Allerdings dürfen hieraus keine voreiligen Schlüsse gezogen werden, denn die Beweggründe für die Gegnerschaft zu Fan Chung-yen und den Reformen wie auch deren Artikulation waren doch sehr unterschiedlich.

78 Liu (1967), p. 53.

79 s.o.

80 Die sehr genaue Übersetzung dieser Eingabe zur Verteidigung seines Freundes Fan Chung-yen finden wir bei Bary (1969), p. 446 f. Daß Ou-yang Hsiu diese Theorie nur gezwungenermaßen entwickelte, hat J.T.C. Liu stichhaltig nachgewiesen.

Wie bereits oben erwähnt, spricht O.Franke im Zusammenhang mit den Auseinandersetzungen zwischen Konfuzianern und Eunuchen gegen Ende der Han-Zeit von 'Proskriptionslisten'. Dabei scheint ihm - wie vielen nach ihm - der Unterschied zur Proskription in der offiziellen Sphäre der römischen Welt, aus der dieser Terminus übernommen wurde und in der er zunächst Bekanntmachungen aller Art durch öffentlichen Anschlag beinhaltete, nicht wichtig gewesen zu sein; andernfalls hätte er ihn inhaltlich schärfer umreißen müssen. Die engere Bedeutung des Termins 'proscriptio' umfaßte nun drei Bereiche. Im Vollstreckungsrecht verstand man darunter die Vermögenskonfiskation, im Strafrecht war sie in späten kaiserlichen Erlassen die Strafe dieser Vermögenseinziehung. Im politischen Bereich war sie ein euphemistischer Ausdruck für die Todesstrafe, wenn von der 'Bekanntmachung eines Menschen (proscriptio hominis)' die Rede war. Mit ihr war immer die Beschlagnahmung des Besitzes und das Vogelfreisein verbunden. Eine derartige Nennung auf einer Proskriptionsliste, z.B. während der Proskriptionen des Sulla in den Jahren 82/81, hatte darüber hinaus noch zur Folge, daß alle diejenigen, die dem Proskribierten irgendwie behilflich waren, auch mit dem Tode bestraft wurden und daß jene, die einen Proskribierten töteten, Belohnungen erhielten. Ferner durften Söhne und Enkel des Geächteten kein Staatsamt mehr bekleiden. Bei den Proskriptionen der Triumvirn im Jahre 43 v.Chr. wurden die Nachkommen der Proskribierten allerdings nicht mehr verfolgt[81].
Wie unterscheidet sich nun diese 'politische Proskription' von dem, was in China mit dem Begriff 'Proskription' von westlichen Gelehrten umschrieben wird? Der chinesische Terminus 'chi' bedeutet zunächst ganz allgemein jede Art von Liste[82]. Im Bereich der Verwaltung war es z.B. die Liste, auf der die amtlichen Eintragungen zur Person vorgenommen wurden, also eine Art Einwohnermelderegister. Die Tätigkeit des Eintragens bezeichnete man ebenfalls mit 'chi'. Die sogenannten Proskriptions-

---

81 Zum Begriff der Proskription s. Mommsen (1952), Bd.II p. 765.
82 Vgl. GS 798 a' und Hsü Shen (1960) 5/2.

listen wurden nun in den Regierungsbehörden geführt, die für Entlassungen und Ernennungen zuständig waren, damit wollte man verhindern, daß Proskribierten Beamtenposten übertragen wurden. Um allen im Reiche die Namen der Verfemten bekannt zu geben, wurde veranlaßt, diese auf Steintafeln einzugravieren und Kopien der Tafeln zumindest in den Provinzhauptstädten aufzustellen.

Todesstrafe und Vermögenskonfiskation waren zu 'Beginn der chinesischen Neuzeit', wie man die Sung-Zeit häufig periodisierte[83], nicht automatisch Folge der Proskription. Ein weiteres unabdingbares Merkmal der politischen proscriptio fehlt bei diesen Vorgängen völlig. Die Proskribierten waren niemals vogelfrei und folglich konnte ihre Ermordung auch nicht offiziell belohnt werden. Wenn wir also dennoch von Proskriptionslisten sprechen, dann meinen wir dies nicht im Sinne der römischen proscriptio hominis, sondern mehr im Sinne einer Ächtung und Verfemung, auch wenn im Verlauf der Proskription der 'freiwillige' Selbstmord vorgekommen sein mag.

Die erste Proskriptionsliste der führenden Männer der Gegenreformbewegung datiert aus dem Jahre 1094. Auf ihr wurden Wen Yen-po (1006-1097)[84] und 30 seiner Gesinnungsfreunde erfaßt[85]. Nähere Einzelheiten sind uns allerdings nicht überliefert; wer für sie verantwortlich zeichnete, ist nicht mit Sicherheit zu sagen, doch kann man aus den Äußerungen des Kanzlers Chang Tun entnehmen, daß er bestimmt eine entscheidende Rolle bei deren Abfassung spielte[86]. Auch über die namentliche Zusam-

---

83 Vergl. dazu die Ergebnisse der Auseinandersetzungen in Japan, die unter dem Schlagwort 'Naitohypothese' zusammengefaßt, auch von der westlichen Gelehrtenwelt z.T. übernommen wurden. Siehe auch Miyakawa (1954).
84 YYTCP 2.
85 HTC 83/2126/23. Die Proskribierten wollte Chang Tun alle nach Ling-piao (Kuang-tung) verbannen; eine wohl einmalige Absicht in der Verfolgung politischer Gegner, die nur am Widerstand des Kaisers scheiterte.
86 HTC 83/2118/34 sowie im Anhang p.116.

mensetzung ist nichts im einzelnen bekannt. Im 11. Monat des Jahres 1101 reichte nun Teng Hsün-wu (1055-1119)[87] dem Hofe seine umfangreiche Untersuchung über die politische Aktivität derjenigen ein, die während der Perioden Yüan-yu (1086-1094) und Yüan-fu (1098-1100) Eingaben an den Thron gerichtet hatten[88]. Ihre Einteilung in neun Rubriken erinnert sehr an die 'Tabelle von Menschen der Vergangenheit und Gegenwart'[89]. Die weitere Untergliederung in Kanzler, höchste Beamte, hohe Beamte, Zensoren, Würdenträger, Titularbeamten und Universitätslehrer sollte in späteren Listen in nur wenig modifizierter Form wieder auftauchen und den Listen als Vorbild und Modell dienen. Alle Eingaben beurteilte Teng danach, ob sie im Sinne der 'Fortführung der Reformen (shao-shu)' oder der konservativen Yüan-yu-Politik eingereicht worden waren[90]. Seine das politische Klima noch mehr vergiftende Untersuchung, die erklärlicherweise nicht auf uns gekommen ist, endete in der Feststellung, daß man jetzt wohl nicht mehr umhin könne, Ts'ai Ching mit der Führung der Regierung zu betrauen. Inwieweit die Degradierungen prominenter Reform-

---

[87] Sein Vater Teng Wan wird von J.T.C. Liu als 'nominal but unworthy follower of the reform' charakterisiert. Warum der chinesische Gelehrte stets 'Teng Chien' schreibt, ist nicht zu ergründen, da diese Lesung für das Zeichen 恂 nicht aus den Nachschlagewerken hervorgeht. Vergl. Liu (1969) p. 61. Zu Teng Hsün-wu's Einstellung zur Rückeroberung der Nordgebiete siehe Thiele (1971), p. 38 f.

[88] Der Titel der eingereichten Untersuchung 'Ai mo chu chih t'u' spielt auf eine Stelle im 'Buch der Lieder' an, wo es heißt: 'Tugend ist leicht wie das Haar, doch nur wenige vermögen es aufzuheben. Wenn ich darüber nachdenke, so vermag lediglich Chung Shan-fu dies. Leider kann ich ihm nicht helfen.' S. Legge (1871), Bd. IV/II p. 544. Teng Hsün-wu geht es also um das Abwägen der Tugend aus seiner Sicht, die kaum jemand in den angesprochenen Perioden so erheben konnte, wie von dem Minister und Tugendbold aus der goldenen Vergangenheit Chung Shan-fu gesungen wird.

[89] HS 20. Dieses 'konfuzianische Weltgericht' ist jedoch anderen Motivationen entsprungen. Es sollte 'das Gute offenbaren und das Schlechte durchleuchten, als Ansporn und Warnung für spätere Generationen'. Vergl. auch Unger (1970).

[90] HTC 88/2243/20.

gegner mit dieser tabellarischen Abrechnung in ursächlichem Zusammenhang stehen, geht aus den Quellen nicht eindeutig hervor, ist jedoch wahrscheinlich.

Der fünfte Monat des Jahres 1102 brachte in kurzer Folge eine Reihe von Maßnahmen, für die Chang Tun verantwortlich zeichnete. Zunächst wurde durch Erlaß bestimmt, daß acht bereits verstorbene bedeutende Gegenreformer[91] in ihren Würden zurückgestuft wurden. Gegen weitere 40, unter denen sich nicht Lu Tien befand, wurden Verbannungen angeordnet und unterschiedliche Degradierungen ausgesprochen. Ferner setzte man 57 Leute auf eine Liste, damit sie kein Amt in der Hauptstadt mehr erhielten. Ihre Namen sind allerdings wiederum nicht bekannt.

Der erste Höhepunkt in der Verfolgung der Gegenreformer wurde vier Monate später erreicht. Am 17. Tag des neunten Monats wurden 120 Persönlichkeiten[92] proskribiert, die führende Positionen während der Yüan-yu-Periode und zu Ende der Yüan-fu-Periode innehatten. Hier scheint sich zum ersten Mal das 'Politgericht' des Teng Hsün-wu voll ausgewirkt zu haben. Die Liste war in fünf Kategorien eingeteilt. Die erste umfaßte die Namen von 22 Kanzlern[93] mit Wen Yen-po an der Spitze, die zweite enthielt die Namen von 35 hohen Exekutivbeamten[94], unter denen der des

---

91 Es handelte sich um Ssu-ma Kuang (1019-1086; YYTCP 1), Lü Kung-chu (1018-1089; YYTCP 2), Wen Yen-po, Lü Ta-fang (1027-1087; YYTCP 4), Liu Chih (1030-1097; YYTCP 5), Liang Tao (1034-1087; YYTCP 8), Wang Yen-sou und Su Shih.

92 Diese Zahl gibt die offizielle Geschichte an, vergl. SS 19/5a. Das HCP weiß jedoch namentlich nur 117 Personen aufzuzählen und merkt an, daß offenbar drei Namen schon recht früh nicht mehr bekannt waren; s. HCP 88/2244/22.

93 Die offizielle Geschichte setzt hier für 'Kanzler' den Ausdruck tsai-hsiang, während HCP und HTC wen-ch'en ts'en-jen chih-cheng bzw. wen-ch'en chih-cheng haben. Möglicherweise wurden von den Verfassern der zuletzt genannten Werke die Kategoriebezeichnungen der Liste des Jahres 1104 auch für die des Jahres 1102 angewendet.

94 SS: shih-ts'ung; HTC: ts'eng-jen tai-chih i-shang kuan; HCP: tai-chih i-shang kuan.

Dichters Su Shih (1036-1101) der bekannteste ist. Ferner waren in der dritten Kategorie 48 sonstige Beamte[95] aufgeführt, in der vierten acht Eunuchen[96] und in der letzten vier Militärbeamte[97]. Ts'ai Ching bewirkte, daß ihre Namen in der Handschrift des Kaisers auf eine Steintafel gemeißelt und diese im Palastbereich am Tuan-li-Tor aufgestellt wurde. Von 117 namentlich Überlieferten klammern wir bei der Untersuchung ihrer regionalen Zugehörigkeit und ihres politischen Zusammenwirkens von vorneherein die Gruppe der Eunuchen aus, da deren Herkunft nur in den seltensten Fällen bestimmbar ist und ihre politische Einflußnahme wohl unter anderen Aspekten zu bewerten sein dürfte. Von 15 Mitgliedern der Liste kennen wir lediglich die Namen, nicht aber ihren Herkunftsort oder ihre politische Aktivität. Von den restlichen 94 kommen 59 aus den nördlichen Provinzen, in der Mehrzahl (21) aus Ho-nan; 13 stammen aus dem Südwesten Chinas, aus der Provinz Ssu-ch'uan, die in den Parteiauseinandersetzungen zu dieser Zeit wie überhaupt in der chinesischen Geschichte stets eine eigengewichtige Rolle spielte[98]. Jeweils etwa 10% kommen aus Chiang-hsi und Fu-chien, aus jenem Teil des chinesischen Reiches also, der nach Meinung mancher Zeitgenossen, wie wir bereits erfuhren[99], und auch nach Ansicht späterer Betrachter das zum Untergang der Nördlichen Sung-Dynastie führende Unheil herrührte[100].

---

95 yü kuan.
96 nei-ch'en.
97 wu-ch'en.
98 Geographische Lage und günstige Bodenbeschaffenheit haben Ssu-ch'uan nicht nur zu einem ökonomischen Schlüsselgebiet wachsen lassen, sondern förderten auch stark regionalistische Tendenzen. Besonders in Zeiten der Wirren im chinesischen Kernland vermochte sich in dieser Provinz stets eine eigene Herrschaft durchzusetzen. Vergl. dazu Liang (1926). Chi (1963) p.31 beurteilt Ssu-ch'uan als 'remarkably fitted for an independent and self-sufficient existence'. Diese stolze Unabhängigkeit wird auch in vielen Reden und Eingaben der sogenannten Lo-Partei deutlich.
99 Siehe p.2 Anm.10.
100 Einen interessanten Vergleich bietet hier die regionale Zusammensetzung der Reformpartei (hsin-tang), vergl. Anh. p.180.

Obgleich diese Liste bis auf wenige Ausnahmen, auf die wir bei der Analyse der Liste von 1104 noch zu sprechen kommen, wirkliche Gegner der Reformen enthielt und offenbar keine anderen Gründe für die Proskription maßgebend gewesen waren, läßt sich keinesfalls eine starre Konfrontation von Nord-Reformgegner und Süd-Reformer aufrechterhalten. Schon allein die Tatsache, daß etwa ein Viertel der Proskribierten aus den südlichen Provinzen Chinas - Fu-chien, Chiang-hsi und Che-chiang - stammen, spricht eindeutig dagegen. Die von Ch'ien Mu aufgestellte und von uns näher beschriebene These von der regionalen Konfrontation erweist sich damit bei näherer Betrachtung der Parteilisten als zu oberflächlich und zu stark verallgemeinernd.

In den folgenden Monaten kam es dann verstärkt zu Degradierungen, Entlassungen und weiteren Erniedrigungen der durch die Liste zu Yüan-yu-Parteimitgliedern abgestempelten Reformgegner. So erging z.B. im 4. Monat des Jahres 1103 ein Erlaß, alle Druckplatten (yin-p'an) der gesammelten Werke der drei Su^{101} und der Dichter Huang T'ing-chien (1045-1105)^{102}, Chang Lei (1052-1112)^{103}, Ch'ao Pu-chih (1053-1110)^{104} und Ch'in Kuan (1049-1100)^{105} zu verbrennen^{106}. Doch scheint dieses verhängnisvolle Vorhaben glücklicherweise nicht in die Tat umgesetzt worden zu sein, sonst wären wohl die respektiven, umfangreichen und hervorragenden Kunstwerke nicht so vollständig uns überliefert worden.

Die umfassendste Proskriptionsliste, die je in der chinesischen Geschichte zusammengestellt wurde, entstand im Jahre 1104, eindeutig auf Betrei-

---

101 Su Hsün (1009-1066), Su Shih, Su Che (1039-112; YYTCP 10).
102 YYTCP 78.
103 YYTCP 80.
104 YYTCP 79.
105 YYTCP 77.
106 HTC 88/2252/27. Auch das im Rahmen des 'Allgemeinen Spiegels zur Hilfe beim Regieren' verfaßte T'ang-chien, für das Fan Tsu-yü großen Ruhm in der Geschichtsschreibung genießt, sollte wie vier andere Werke in die Maßnahmen einbezogen werden.

ben Ts'ai Ching's. Der Liste war die des Jahres 1102 zugrundegelegt und um die namhaften Vertreter der Klassifizierung des Teng Hsün-wu erweitert worden[107]. Man sollte annehmen können, daß nur diejenigen proskribiert wurden, die damals in die drei schlechtesten Kategorien eingestuft worden waren. Doch ist uns zumindest ein Beispiel bekannt, wo dies nicht zutrifft. Li Chi-chung war als Sechstbester[108] durch jenes 'Weltgericht' eingestuft wurde. Wir wissen nicht, was ihn von dem 'Gnadenpfade' abbrachte und an die 120. Stelle der Proskriptionsliste von 1104 geraten ließ. Wir dürfen vermuten, daß hierbei seine Beziehung zu Ts'ai Ching eine wichtige Rolle gespielt hat.

Zu den 117 Betroffenen des Jahres 1102 wurden 202 neue Namen hinzugefügt, 10 Personen[109] waren entweder in der Zwischenzeit von der Liste gestrichen oder in die neue nicht mehr aufgenommen worden. Eine neue, sechste Kategorie war mit der Überschrift 'verräterische Minister, die bereits Kanzler waren'[110] versehen. Unter den erstmalig Proskribierten der ersten Kategorie 'Kanzler und höchste Beamte'[111] befanden sich Tseng

---

107 HCP 20/14 b.

108 In der aufgeführten Reihenfolge waren folgende Leute für ihre Eingaben während der dreijährigen Yüan-fu-Periode als leuchtende Vorbilder herausgestellt worden: Chung Shih-mei, Chiao Shih-ts'ai, Ho Yen-cheng, Huang K'o-chün, Teng Hsün-wu und Li Chi-chung. Siehe HTC 88/2243/20.

109 Han P'o, Liu Yü (1034-1114), Lü Chung-fu, Lu Chün-k'uang, Ma Tsung, Liu Tang-shih und Ch'en Yen-mei sind davon nicht weiter bekannt. Li Ch'ang (1027-1090) stand zunächst Wang An-shih sehr nahe, kritisierte jedoch später in aller Schärfe dessen 'Neue Politik'; s. SS 344. Hsieh Liang-tso (1050-1103) war zunächst Schüler des Ch'eng Hao (1032-1085), dann von dessen Bruder Ch'eng I, in deren Kreise er zusammen mit Yu Tso (1053-1123), Lü Ta-lin und Yang Shih (1053-1135) zu den 'Vier Meistern (szu hsien-sheng)' gezählt wurde. Hsü Ch'ang, ein Freund des Ch'en Hsiang, war gut befreundet mit den Gebrüdern Su. Chu Kuang-i, der nach Meinung von HCP 20/14b und HTC 88/2245/ 22 ebenfalls von der Liste des Jahres 1102 gestrichen worden war, wurde 1104 wieder proskribiert.

110 wei-ch'en pu-chung t'seng-jen tsai-hsiang.

111 wen-ch'en ts'eng tsai-hsiang chih-cheng kuan.

Pu (1035-1107)[112], Han Chung-yen (1038-1109)[113], Huang Lü[114], Chang Shang-ying (1043-1121)[115] und Chiang Chih-ch'i (1031-1104)[116] und in der neuen Kategorie sogar Chang Tun (1035-1105)[117] - alles führende Politiker und Zeitgenossen des Ts'ai Ching, die dem Machtstreben des ehrgeizigen Ministers im Wege standen. Zumindest von Tseng Pu, Chang Shang-ying und Chang Tun kann mit Sicherheit festgestellt werden, daß sie zu den Vertretern der Reformpartei zu zählen sind. Chang Tun hatte sogar die wichtigste Aufgabe in der Verfolgung der Reformgegner gesehen und mit allen Kräften vorwärtsgetrieben, als er seine Kanzlerschaft antrat.

Die Liste wurde in kaiserlichem Faksimile auf eine Steintafel gehauen und an der Ostseite des Wen-te-Palastes aufgestellt. Zudem beauftragte der Kaiser den Ts'ai Ching, dessen Kalligraphie einen gewissen Ruhm erreicht hatte[120], die Namen von der Tafel abzuschreiben und im ganzen Reich bekannt zu machen[121]. Die Veröffentlichung der Namen war in meh-

112 YYTCP 7. Die Beurteilung des wohl profiliertesten Verbündeten des Wang An-shih ist recht unterschiedlich. Während die offizielle Geschichtsschreibung Tseng Pu zu den 'morallosen Beamten (chien-ch'en)' und demgemäß seine Biographie mit der des Ts'ai Ching etc. gruppiert, hebt Chu Hsi ihn von den Reformpolitikern ab und stellt seine persönliche Integrität heraus[118]. Mit ihm stimmt Ch'ien Ta-hsin überein, der die Klassifizierung des Tseng Pu unter die morallosen Beamten' in dem SS scharf kritisiert[119].
113 YYTCP 6. Nach anderen Quellen soll Han Chung-yen zusammen mit Cheng Yung doch bereits auf der Liste von 1102 gewesen sein, sodaß dann lediglich noch ein Name unbekannt wäre.
114 YYTCP 25.
115 YYTCP 26. Ob etwa für seine Proskription auch seine bedeutende Rolle als Laienbuddhist beigetragen hat, müßte näher untersucht werden. Hierzu vergl. Andō (1961).
116 YYTCP 27.
117 YYTCP 309. Vergl. p.5 Anm.17.
118 CTYL 130/4; 130/12.
119 CYTC 28/16.
120 Vergl. Yin Wei-i (1966), p.280, wo ein Beispiel seiner hervorragenden Grasschrift (ts'ao-shu) gezeigt wird.
121 Die Eingabe des Ts'ai Ching, aus welcher der Auftrag des Kaisers hervorgeht, wurde von Hai Jui (1513-1557) in sein Yüan-yu-tang chi
Fortsetzung nächste Seite

reren Eingaben verlangt worden, um die Proskription der verhaßten Gegner auch auf der Ebene der Lokalverwaltung rigoros durchführen zu können[122]. Daraufhin errichtete man überall im Lande 'Namensstelen', von denen einige noch bis in unsere Tage erhalten geblieben sind[123].

In ähnlich extremen Parteiauseinandersetzungen waren, wie wir bereits gesehen haben[124], die Reformversuche des Fan Chung-yen im Ansatz erstickt worden. Zu jener Zeit hatten, wie bereits ausgeführt, Fan Chung-yen und seine Gesinnungsfreunde versucht, den gegen sie gerichteten Vorwurf der Parteibildung über die konfuzianische Theorie in den Griff zu bekommen und zu entkräften. Sie mußten allerdings sehr schnell ihr vergebliches Bemühen einsehen und das Scheitern der Reformen zur Kenntnis nehmen. Nicht einmal 50 Jahre später - und das muß man den Gegnern der Reformen des Wang An-shih anlasten - versuchten sie nun ihrerseits, die neuen Reformer als Parteiklüngel in Mißkredit zu bringen. Es waren nämlich Fan Chung-yen und seinen Anhängern im Geiste nahestehende Konservative, die von dem gerade entlassenen Kanzler Ts'ai Ch'üeh (1037-1093)[125] behaupteten, daß der ehemalige Parteigänger des Wang An-shih jetzt eine eigene Partei von 47 Leuten um sich gebildet habe. Ferner führte Liang Tao (1034-1097)[126], der diese verhängnisvollen Äußerungen auf einem Kronrat machte, noch aus, daß Wang An-shih nur minderwertige Leute gefördert und mit diesen seine Reformvorhaben durchgeführt habe[127]. Die

    pei k'ao (s.u.) aufgenommen. Im Anhang habe ich den Text übersetzt, der als selbstbewußte Rechtfertigung des Ts'ai Ching zu verstehen ist. Vergl. auch HTC 89/2273/12.
122 HCP 24/8,9.
123 Siehe p.30.
124 p.18.
125 Der von Liu (1968) als 'an der Grenze zur Manipulation stehende exekutive Beamtentyp' wird von Miyazaki (1953), p.147, in sehr viel günstigerem Licht gesehen.
126 YYTCP 8.
127 HTC 81/2055/35. Besonders heftig widersprachen Lü Ta-fang (1027-1097; YYTCP 4) und Liu Chih (1030-1097; YYTCP 5). Beide trugen dann dazu bei, daß Fan Ch'un-jen auf Provinzverwaltungsposten abgeschoben wurde (6. Monat 1087).

Konsequenzen dieser Vorwürfe, insbesonders der der Parteibildung, dah am deutlichsten Fan Ch'un-jen (1027-1101)[128], der am Beispiel seines Vaters die Auswirkungen ja miterlebt hatte; er widersprach heftig dem Liang Tao. Sofort taten sich große Meinungsunterschiede auf, die sich langsam zu Blockbildungen innerhalb der Reformgegner auswirkten. Da die Antireformer nicht nur in diesem Punkte sich entzweiten, sondern auch mit ihren Anschuldigungen 'Sympathisanten' ihrer Argumente nicht verschonten, die, wie sie selber, jegliche institutionelle Umwälzungen ablehnten, schwächten sie ihr eigenes politisches Durchsetzungsvermögen so sehr, daß sie wenig später in der Nachreformperiode (1093-1126) ein Bild der inneren Zerrissenheit boten und den Anhängern der Reformen[129] keinen wirksamen Widerstand mehr zu leisten imstande waren. Da diese Zeit der politischen und wirtschaftlichen Instabilität Korruption und Ränkespiel, besonders unter einem politisch nahezu desinteressierten Herrscher wie Hui-tsung, begünstigte, spielten sich die Kontroversen zwischen Reformern und Gegenreformern auf einem Niveau ab, in dem sich schließlich solche manipulierenden Gestalten wie Ts'ai Ching und Konsorten behaupten konnten. Hierin aber den Verfall der konfuzianischen Moralen schlechthin zu sehen, wie es J.T.C. Liu tut, bleibt wohl fragwürdig, da ein Argument 'Moralverfall', bei dem stets die Vergangenheit mit einer Gegenwart verglichen wird, sich als zu oberflächlich erweist und wenig über die gesellschaftlichen Verhältnisse, unter denen sich z.B. die Parteiauseinandersetzungen vollzogen, aussagen kann.

---

128 YYTCP 12.

129 Die Anhänger des Wang An-shih werden unter dem Sammelbegriff 'Neue-Politik-Partei (hsin-fa tang)' häufig zusammengefaßt. Allerdings haben sie sich selber niemals so bezeichnet.

Die Proskriptionsliste des Jahres 1104 stieß sofort auf heftige Kritik, mit der jedoch Ts'ai Ching 'gekonnt' fertig wurde[130]. Doch im 9. Monat des folgenden Jahres wurde im Rahmen einer Generalamnestie (ta-she) der Bannstrahl von den Mitgliedern der Yüan-yu-Partei genommen. Allerdings durften sie noch nicht kaiserliches Domänenland und die Hauptstadt betreten[131]. Als zu Beginn des Jahres 1106 unheilverkündende Omina auftauchten[132], forderte der abergläubische Kaiser alle Beamten auf, offen Kritik an den Mängeln am Hofe und in der Regierung zu üben[122]. Ferner gab er durch Erlaß bekannt, daß die Anhänger der Yüan-yu-Partei jetzt wieder mit Beamtenaufgaben betraut werden dürften[134]. Zuvor hatte Kaiser Hui-tsung still und heimlich, ohne Wissen seines Kanzlers Ts'ai Ching, zu mitternächtlicher Stunde durch einen Eunuchen die Steintafel am Tor des Wen-te-Palastes zerstören lassen. Weiterhin veranlaßte er, daß alle Steintafeln, die im Lande errichtet waren, vernichtet wurden. Darüber hinaus sollte wegen der alten Geschichten, die zu dem Parteihader geführt hätten, keine Anklage mehr erhoben und keine Eingabe mehr eingereicht werden.

---

130 Der Finanzminister Liu Chi hatte dem Kanzler vorgeworfen, daß diese Proskriptionen das für den Staat so verhängnisvolle Parteiunwesen nur noch verstärken.Er erinnerte an den Untergang der mächtigen Han- und T'ang-Dynastien, der im Parteienstreit seine Ursache gehabt habe. Vergl. SSPM 49/387. Über verleumderische Anklagen von Seiten ihm ergebener Zensoren konnte Ts'ai Ching den Finanzminister auf einen Provinzposten abschieben.

131 HTC 89/2287/67.

132 Zunächst erschien ein Komet am Westhimmel, dann war die Venus am Tage deutlich zu erkennen. Letzteres kündigt den Umsturz und Wechsel der Dynastie an, siehe Shih-chi 25/5/53. Der Kaiser selber unterzog sich strengen Fasten- und Abstinenzkuren.

133 Diese Art, aufgetretene Gegensätze zu überbrücken, ist in China nicht unüblich. In modifizierter Form hat sie sich bis in unsere Zeit gehalten. Die im Mai 1956 initiierte 'Laßt-Hundert-Blumen-Blühen-Bewegung', die zur freien Kritik an den bestehenden Verhältnissen aufrief, kann unter diesem Aspekt gesehen werden.

134 HTC 89/2291/4.

Noch im gleichen Monat wurden 152 Antireformer stufenweise rehabilitiert, unter ihnen auch Ch'en Kuan, nicht aber Lu Tien. Offensichtlich betrafen diese 'Maßnahmen des schlechten Gewissens' nur diejenigen unter den Proskribierten, die noch am Leben waren. Die einschneidenden Beschränkungen, die man den Vätern, Söhnen und Brüdern der Geächteten auferlegt hatte, waren kurz zuvor zumindest nominell völlig aufgehoben worden.

Wenn wir zu diesem Zeitpunkt das Geschehen um die Proskriptionsliste nicht weiter verfolgen, so geschieht dies nicht, weil die Auseinandersetzungen etwa beendet waren, sondern um nunmehr auf die Liste selber genauer einzugehen.

Als Ts'ai Ching von der Zerstörung der Steintafel in der Audienzhalle im Wen-te-Palast erfuhr, soll er wütend, jedoch treffend gesagt haben: "Die Steintafel kann man zwar zerstören, aber die Namen kann man nicht auslöschen!"[135] Doch nicht alle Steintafeln mit den Namen der Proskribierten wurden damals im Reiche zerschlagen, denn im Jahre 1198 schrieb ein gewisser Jao Tsu-yao[136] das Nachwort zu einer solchen Liste, die zu seiner Zeit von einer Steintafel in Ching-chiang fu[137] abgenommen worden war. Möglicherweise handelte es sich hierbei um dieselbe Tafel, die Hou Shao-wen auf seinen Reisen durch Kuang-hsi im Jahre 1939 in der Provinzhauptstadt bestaunen konnte[138]. Sie war etwa 4-5 Fuß lang und zwei Fuß breit. Die nicht sehr großen Schriftzeichen waren im Verlaufe der Jahrhunderte glatt gerieben und kaum noch zu lesen, lediglich die Überschrift 'Yüan-yu-tang chi' war einwandfrei zu erkennen. Daß die Liste in dieser Form überhaupt die Jahrhunderte überdauern konnte, ist dem glücklichen Umstand zu verdanken, daß sie in einer entlegenen Berg-

---

135 SSPM 49/388.
136 JM 1799,2 und SYL 6.
137 Hauptstadt der Provinz Kuang-nan West; 1133 in den Rang einer Präfektur (fu) erhoben, da es für eine kurze Zeit Kaiser Kao-tsung als Residenz diente. HW 29.
138 TLTC 18,1 p.16.

grotte auf eine Wand gemeißelt worden war. Als der Befehl erging, alle Tafeln zu zerstören, konnte man ihn in diesem Fall nicht durchführen; man hatte die Stele amtlicherseits vergessen. Die Vermutung des Hou Shao-wen, daß der zuständige Beamte aus Loyalität gegenüber den Proskribierten absichtlich den Befehl des Ts'ai Ching, überall eine Kopie der Steintafel zu errichten, in seinem Machtbereich in Kuei-lin dadurch zu unterlaufen versucht habe, daß er die Namen an einem nur wenig zugänglichen Platz in Stein meißeln ließ, ist schwerlich nachzuprüfen, seinem Schlußsatz jedoch ist zuzustimmen: 'Je mehr man die Namen verdunkeln wollte, desto weiter verbreitete man sie; je mehr man sie verbarg, desto offener traten sie zu Tage'[139]. Eine ähnliche Auffassung hatte J.C. Ferguson geäußert, als er urteilte, daß 'it came to be considered a high honor to be a descendant of any one of those whose names had been defamed as traitors during Hui Tsung's reign.'[140] 1204 machte man von einer anderen derartigen Steintafel einen weiteren Abklatsch, zu dem ein gewisser Shen Wei ein Nachwort verfaßte. Etwa um die gleiche Zeit nahm der Geschichtsschreiber Li Hsin-ch'uan (1166-1243)[141] eine Parteiliste[142] der Yüan-yu-Leute in sein Werk Tao-ming-lu[143] auf. Anlaß für ihn scheint sein Interesse an der Person des Philosophen und Führers der Lo-Partei, Ch'eng I, gewesen zu sein, dessen politische Rolle und Bedeutung der Historiker untersucht. Nur wenig früher hatte bereits Ma

---

139 TLTC 18,1 p.16.

140 Ferguson (1927), p.54.

141 Seine große Bedeutung für die chinesische Geschichtsschreibung ist bisher noch nicht entsprechend gewürdigt worden.

142 Obgleich eine begriffliche Trennung zwischen Partei- und Proskriptionsliste sich anbietet - z.B. Parteiliste als jegliche Form der redigierten Proskriptionsliste -, verwende ich beide Begriffe promiscue, da die Proskriptionsliste schon kurz nach ihrem Erscheinen Korrekturen und Änderungen erfuhr. Ma Ch'un und Li Hsin-ch'uan haben sogar alle diejenigen, die ihrer Meinung zu Unrecht verfolgt worden waren, von der Liste gestrichen und andere ergänzend hinzugefügt.

143 Vergl. SKCSTM 59/8af.

Ch'un (ca.1131-nach 1163)[144], nachdem er sich nach T'ao-chu[145] zurückgezogen hatte, ein kleines Bändchen mit dem Titel 'T'ao-chu hsin-lu'[146] verfaßt, in dem er Gedanken zu Zeitproblemen äußerte. Weil sein Vorfahre Ma Mei[147] auf der bewußten Proskriptionsliste des Jahres 1104 stand, und diese zu Beginn der Südlichen Sung-Dynastie (1127-1280) scharfer Kritik ausgesetzt war, hatte Ma Ch'un sie erneut zusammengestellt und mit einem knappen Kommentar versehen. Auf die oben genannten beiden Werke stützte sich der 'charakterfeste Minister'[148] Hai Jui (1513-1557)[149]

144 Er ist ein Enkel des Ma Mei, allerdings aus einer Seitenlinie.
145 Sein Heimatort liegt in Shang-tung, 7054 unter Wu-ch'eng.
146 Vergl. SKCSTM 142/9a.
147 YYTCP 34.
148 ku-keng chih ch'en.
149 Zur Biographie des aufrechten Konfuzianers vergl. den Beitrag von Fang Chao-ying (1969). Das historische Wirken des bis ins 19.Jahrhundert als Volksheld in Kanton verehrten Hai Jui[150] ist auch in unserer Zeit noch nicht verblaßt. Seine scharfe Kritik am Kaiser Shihtsung (1507-1566) und die darauf erfolgte Entlassung faßte der auf dem Gebiete der Ming-Geschichte bedeutende Historiker Wu Han (1909-1967)[151] in ein Drama mit dem Titel 'Hai Jui's Entlassung aus dem Amt'[152], um das sich eine bitter-ernste Kontroverse entspann, die zunächst mehr literarischen Charakter zu haben schien, dann aber sich zu einem politischen Machtkampf entwickelte, der schließlich in die Große Proletarische Kulturrevolution einmündete. Bis heute ist nicht recht klar, ob Wu Han, der 1967 den Freitod wählte, mit der Person des Hai Jui die Anspielung auf die Entlassung des Generalstabchefs P'eng Te-huai (1898-   )[153] und damit den Angriff auf Mao Tse-tung selber im Sinne hatte oder die Forderung, das Land wieder an die Bauern (t'ui-t'ien) zurückzugeben, zum Ausdruck bringen wollte, wofür sich ja Hai Jui eingesetzt hatte.
150 Dies weiß Wu Chung-yüeh (1810-1863) zu berichten, der in Kanton als Mäzen von Dichtern und Künstlern Ruhm erwarb. Siehe EC 867 ff.
151 Der Schüler des Hu Shih (1891-1962) war zunächst Führer der Demokratischen Liga (min-chu tang), ehe er etwa im Jahre 1948 zur KPCh fand. BDRC 3-425 ff.
152 Hai Jui pa-kuan. Darstellungen dieses für die chinesische Geistesgeschichte nicht unüblichen Verfahrens des 'durch die Vergangenheit die Gegenwart kritisieren' liegen uns mit den Büchern von J.R. Pusey (1969), Huang (1972) vor.
153 Zur Lebensbeschreibung des im September 1959 durch Lin Piao (1907-1971) ersetzten Verteidigungsministers siehe BDRC 3-76 ff.

der Ming-Dynastie (1368-1644) und veröffentlichte eine kritische Ausgabe der Liste unter dem Titel 'Yüan-yu-tang chi pei k'ao'[154], die uns - ebenso wie die beiden Quellen - noch heute vorliegt. In seinem Vorwort sagt Hai Jui, daß 'die Edlen und Weisen damals zwar Not gelitten hätten und fälschlich angeklagt worden seien, daß jedoch in Wahrheit (gerade durch die Proskription) die Namen jener Edlen für alle Zeiten berühmt blieben[155]. Damit wollte er zum Ausdruck bringen, daß bereits zu Beginn der Südlichen Sung-Dynastie die Mehrzahl derjenigen, die im Verlaufe der Proskription Ämter und Würden verloren hatten, rehabilitiert und ihre Nachfahren durch Ehrentitel, Beamtenposten und Privilegien entschädigt worden waren. Ja man kann sagen, daß die 'Mitgliedschaft' in dieser Partei, die allerdings wohl lediglich durch die Erwähnung auf der Liste bezeugt war, fast jedem zur Ehre angerechnet wurde. Um eine möglichst gerechte Wiedergutmachung zu gewährleisten, ließ Kaiser Kao-tsung die Liste mehrmals überprüfen, so daß einige Namen erneut gestrichen wurden und deren Familienangehörige nicht in den Genuß weitreichender Belohnungen kamen.

Diese Wiedergutmachungen, die seit der Zerstörung der Tafeln im Palastbereich und draußen im Reiche einsetzten, betrafen zunächst nur die weniger Prominenten. Im Jahre 1108 wurden 42 Namen von der Liste gestrichen, unter denen sich auch der des Lu Tien befand. Ursprünglich sollten Sun Ku (1034-1090)[156], An Tao[157] und Chia I auf diesem Wege rehabili-

---

154 Vergl. SKCSTM 61/131f. und meine Übersetzung des Artikels im Anhang.
155 Ebenda. Vergl. auch p.93 Anm. 3.
156 Auf der uns überlieferten Proskriptionsliste des Jahres 1104 ist der Name des Sun Ku nicht enthalten, wohl aber der eines gewissen Chang Ku (YYTCP 17). Hier scheint sich ein Irrtum eingeschlichen zu haben, denn es muß sich um Sun Ku handeln, der auf der Liste von 1102 an der 15.Stelle stand. Daß er in der Zwischenzeit von der Liste gestrichen worden war, ist nirgends berichtet. Lu Hsin-yüan (1834-1894) hat sodann in seinem Werk 'Biographien der Yüan-yu-Parteileute (Yüan-yu-tang-jen chuan)' auch den Namen des Chang Ku nicht aufgenommen und ihn durch Sun Ku ersetzt. Sun Ku kam schließlich von der Liste, weil er dem in der Nachreformperiode sehr verehrten Kaiser Shen-tsung in dessen Kronprinzenzeit treu gedient hatte. Vergl. Fortsetzung nächste Seite

tiert werden, doch nach eingehender Prüfung wurden ihre Verfehlungen für zu schwerwiegend beurteilt, und sie blieben auf der Liste. Nachdem kurz darauf sechs Gegenreformer, drei Monate später weitere 95[158] aus der Liste gestrichen wurden und diese damit nur noch 166 Namen enthielt, war damit der erste Schritt zur völligen Rehabilitierung getan. Unter dem letzten Kaiser der Nördlichen Sung gewährte man den Proskribierten zwar noch Erleichterungen, doch an dem Bestand der Liste änderte man nichts mehr. So durften z.B. alle Verfemten einen Monat nach der ersten Entlassung des Ts'ai Ching aus dem Kanzleramt (7. Monat 1109) wieder Beamtenpositionen einnehmen[159] und einige entzogene posthume Ehrennamen durften wieder geführt werden[160]. Doch erst nach der Flucht und Etablierung der Dynastie im Süden Chinas führte man die Rehabilitierung bis zum Ende durch. 1126 wurden die auf Grund der Klassifizierungen des Teng Hsün-wu verhängten Einschränkungen aufgehoben, unter denen die als 'hsieh (邪)' Eingestuften zu leiden hatten. Ein Jahr später erhielten alle Proskribierten und die in dem bewußten Zeitgericht in die schlechtesten Kategorien Verdammten ihre Ränge und Ehren zurück. Ja, es wurden sogar posthum Ehrungen ausgesprochen, die sich individuell verschieden über die ganze Herrschaftszeit des Kao-tsung hinzogen. So erhielt z.B. Lu Tien im Jahre 1131 den Titel eines 'Akademikers im Tzu-cheng-Palast'[161]; Ch'en Kuan wurde 1126 zunächst mit der Ehrenbezeichnung

---

TTSL 81/6b. Im HCP heißt es zudem, daß Sun Ku zusammen mit Wang Kuei im vierten Monat des Jahres 1108 von der Liste gestrichen worden war, was jedoch das HTC dementiert.

157 YYTCP 23.

158 HTC 90/2316/34. Unter den 94 Namen, die uns bekannt sind, befand sich auch der des Li Chi-chung, der noch im Zeitgericht des Teng Hsün-wu als Sechsbester bestanden hatte.

159 HTC 90/2323/32.

160 HTC 91/2351/46. Hier werden Wang Kuei und Sun Ku zusammen genannt, was m.E. die in der Anmerkung 156 erwähnte Auffassung des HCP stützt.

161 SS 343/9a; Tzu-cheng-tien hsüeh-shih, FdS 2893.

eines politischen Zensors[162] und dreißig Jahre später mit dem posthumen Ehrennamen 'Loyal und schlicht (chung-su)' 'dekoriert'[163].

V. ANALYSE DER PARTEILISTE DES JAHRES 1104

Vorbemerkung

Die Parteiliste des Jahres 1104 wird im folgenden unter besonderer Berücksichtigung der regionalen Herkunft ihrer Mitglieder analysiert und vorgelegt. Die getroffene geographische Unterteilung des Reiches in drei Regionen - Nord, mittleren Süden und Ssu-ch'uan - folgt derjenigen Sudō Yoshiyuki's, der die Abstammung der Beamten erforschte, die hohe Positionen in der Zentralverwaltung während der Sung-Zeit innehatten[164].

Die Geburtsortbestimmung chinesischer Persönlichkeiten wirft jedoch stets einige Probleme auf. Zumeist wird in den Quellen der Platz des Familiensitzes angegeben, der nicht unbedingt mit dem Geburtsort übereinstimmen muß. Für unsere Überlegungen haben wir den Ort zu ermitteln versucht, an dem die betreffende Person aufgewachsen und erzogen wurde, da nur dann - wenn überhaupt regionale Charakteristika und deren Einwirken auf das Handeln und Wirken einer Persönlichkeit geltend zu machen sind - Schlüsse gezogen werden können; falls er nicht auszumachen war, wurde der jeweils angegebene Herkunftsort in die Untersuchung einbezogen. Daß sich hierbei Ungenauigkeiten nicht haben vermeiden lassen, müssen wir zugestehen. Für die im Anhang tabellarisch zusammengefaßten Ergebnisse habe ich die mir zur Verfügung stehenden Hilfsmittel in jeweils gleicher Reihenfolge befragt. Als Grundlage der Untersuchungen habe ich das Yüan-yu-tang-jen chuan herangezogen. Sein Verfasser Lu Hsin-yüan, der bekanntermaßen eine Vorliebe für die Sung-Zeit besaß, prüfte nicht nur die Lebensläufe derjenigen, die einer biographischen Er-

---
162 Chien-i ta-fu, FdS 803.
163 SS 345/8a.
164 Sudō (1950).

wähnung in der offiziellen Geschichte für Wert erachtet worden waren, sondern fügte ergänzendes Material hinzu, korrigierte Irrtümer und versah alles mit Quellenhinweisen. Bis heute hat sein Werk als umfassendste Materialsammlung und sorgfältigste Untersuchung der Lebensläufe der konservativen Reformgegner gegen Ende der Nördlichen Sung zu gelten. Wenn aus seinem Werk und der offiziellen Geschichte, die 78 vollständige Biographien und 34 Kurzbiographien von Yüan-yu-Leuten enthält, Abstammung und Herkunft eindeutig hervorgingen, habe ich nur die zur Bestimmung der Lebensdaten einschlägigen Werke[165] weiterhin eingesehen. Falls dies nicht der Fall war, habe ich zunächst die zumeist auf Lokalchroniken beruhenden 'Ergänzungen zum Sung-shih (sung-shih i)'[166] und das schon eingangs erwähnte TTSL herangezogen. Auf diesen beiden Werken wie auf privaten Lebensbeschreibungen fußen auch Aoyama (1968) und Weng (1962). Hierzu muß festgestellt werden, daß keine der zuletzt genannten Arbeiten mehr an Auskünften geben konnte als das Yüan-yu-tangjen chuan.

Wenn aus den genannten Werken wie auch aus Lokalchroniken und dem JM kein Aufschluß über die betreffende Persönlichkeit gewonnen werden konnte, habe ich notgedrungenermaßen auf ihre statistische Erfassung verzichtet. Dies hatte jedoch keinen großen Einfluß auf die gezogenen Schlüsse und die Auswertung, da es sich zum einen zumeist um unbedeutende Personen, wenn nicht gar nur um bloße Mitläufer gehandelt haben dürfte. Zum anderen ist bereits auf den exemplarischen Charakter hingewiesen worden, den die beiden Biographien für die gesamte 'Partei' in Anspruch nehmen sollen. Hai Jui hat in seiner kritischen Zusammenstellung der Liste des Jahres 1104 den Versuch unternommen, die auf Grund ihrer Eingaben zu Ende der Yüan-yu-Periode Proskribierten von den 'echten' Yüan-yu-Leuten abzuheben. Zwar sind uns seine Beurteilungskriterien

---

165 Chiang (1965); Aoyama (1968); Cheng (1967); Weng (1962).

166 Für dieses Werk, das mit seinen 40 chüan recht umfangreich ist und ausschließlich Biographien enthält, liegt noch kein Index vor. Es ist daher möglich, daß ich wichtige Nachrichten übersehen habe.

im einzelnen nicht bekannt - im wesentlichen dürfte er die Liste des Jahres 1102 als Grundlage benutzt haben -, doch seine Ergebnisse erfordern eine neue Bewertung der Liste.

Von 309 Mitgliedern der sogenannten Yüan-yu-Partei führt Hai Jui fast genau die Hälfte als Yüan-fu-Leute an. Besonders hoch ist der Anteil in der Rubrik 'Übrige Beamte', wo von 177 immerhin 138 wohl wegen ihrer Einordnung in die schlechteste Kategorie des 'Zeitgerichtes' auf unsere Parteiliste kamen, die Jahre zuvor durch Teng Hsün-wu vorgenommen worden war. Dies beläuft sich immerhin auf 78% dieser Rubrik und 45% der Gesamtzahl der Proskribierten. Daher kann unter der Yüan-yu-Parteiliste nicht verstanden werden, daß es sich dabei nur um die Namen von Leuten handelte, die in der Zeit der Gegenreformperiode aktiv an der Absetzung der Reformen mitgewirkt hatten, sondern unter 'Yüan-yu' ist die Gegnerschaft zu den Reformen und den Reformern schlechthin zu verstehen. Dies erklärt auch die Tatsache, warum die Liste bis zur endgültigen Veröffentlichung immer wieder ergänzt und berichtigt wurde, so daß sogar eindeutige Reformanhänger über diese Kladde ausgeschaltet werden konnten. Sobald sie nur in den Verdacht gerieten, sich nicht entschieden genug gegen die Antireformer eingesetzt zu haben, konnten sie sogar mit ihren alten Feinden das gleiche Los teilen. Welche Auswirkungen dies auf das politische Verhalten der Beamten in der Zentrale gehabt hat, ist leicht vorzustellen. Haß, Mißgunst, Unsicherheit, Verleumdung und taoistisch anmutendes Desinteresse schufen gewiß keine Voraussetzungen, für die großen politischen Probleme geeignete Lösungen zu finden.

Von einer geschlossenen Yüan-yu-Partei kann jedoch überhaupt nicht die Rede sein. Wie wir bereits erwähnt hatten, bildeten sich kurz nach den ersten Reformen des Wang An-shih drei Parteien, also drei Gruppierungen innerhalb der Yüan-yu-Leute heraus, deren große Meinungsverschiedenheiten und persönliche Differenzen offen zu Tage traten. Wenn wir auch nur ihre Hauptprotagonisten namentlich zuordnen können, so ist eins jedoch klar zu erkennen: Keineswegs gehörten alle, die aus Ssu-ch'uan stammten, der Shu-Partei an. Einige der prominentesten Reformanhänger wie An Tun (1042-1104), die häufig genannten Teng Hsün-wu und Chang Shang-ying sowie Chien Hsü-chen kamen ebenfalls aus dieser südwestlichen Provinz Chinas. Ch'en Kuan, der zu den Anhängern des Ch'eng I und damit zur Lo-Partei zu zählen ist, stammt aber aus dem 'reformträchtigen' mittleren Süden, aus der Provinz Fu-chien. Aus diesen Beispielen, die noch beliebig fortgesetzt werden könnten, wird deutlich, daß ein rein regionalistischer Ansatz nur ein Zerrbild der politischen Geschehnisse und Intrigen um die Wende zum 12. Jahrhundert geben muß. Wenn wir ihn dennoch einmal bemühen, dann nur, um einen Trend zu veranschaulichen, der sich in der Regierungszeit des Kaisers Chen-tsung (968-1022)[167] abzeichnete, unter Jen-tsung (1010-1063)[168] sich verstärkte und unter dem Reformkaiser Shen-tsung voll zum Tragen kam, die Verlagerung des wirtschaftlichen und politischen Schwergewichtes vom Norden in den mittleren Süden Chinas.

Von den Proskriptionsmaßnahmen waren im Jahre 1102 über 60% Personen betroffen, die ihre Heimat in den nördlichen Gebieten Chinas hatten. Im Jahre 1104 sank deren Anteil auf noch nicht einmal 50% herab. Entsprechend verhält sich der Beteiligungszuwachs der Leute aus dem mittleren Süden. 1102 stellten sie ein Viertel, zwei Jahre später bereits 37% der Proskribierten. Den oben genannten Trend aus diesen Ziffern ablesen zu wollen, dürfte zwar möglich sein, klammern wir jedoch die führenden Persönlichkeiten aus, für die der regionalistische Ansatz in größerem Maße zutreffende Aussagen erlaubt, so erhalten wir ein eindeutigeres Bild: In dem Maße, in dem die Kandidaten und Absolventen der Staatsexamina aus den Provinzen Che-chiang, Chiang-hsi und Fu-chien die Konkurrenten aus anderen Reichsteilen hinter sich ließen[169], stieg auch ihr pro-

---

167 Der dritte Sohn des T'ai-tsung regierte von 997-1022.
168 Regierungszeit: 1022-1063.
169 Insbesonders die Untersuchungen von Kracke (1957) und McKnight (1970) haben diesen Trend mit genauen Zahlen belegt.

zentualer Anteil in der Parteiliste. Auch die wachsende Zahl der Leute aus dem mittleren Süden unter den Yüan-fu-Proskribierten ist in diesem Zusammenhang zu sehen; über die Hälfte der Leute aus dem mittleren Süden wird unter dieser Unterteilung aufgeführt.

Der prozentuale Anteil, der die Provinz Ssu-ch'uan betraf, blieb in beiden Listen gleich, was das konstante Eigengewicht der Sonderrolle dieser Provinz bestätigt. 1102 kamen 11% der Proskribierten, 1104 12,8% aus diesem Teil des Reiches.

Hai Jui hatte auch schon auf die fragwürdige Aufnahme verschiedener Leute auf die Parteiliste hingewiesen[170]. Wenn er jedoch seine Verwunderung darüber ausspricht, daß Han Ch'i (1008-1075), Fu Pi (1004-1083), Ou-yang Hsiu (1007-1072), Fan Chen (1008-1088)[171], Chao Pien (1008-1084) und Ch'eng Hao (1032-1085), die fast alle in die Auseinandersetzungen um Fan Chung-yen verwickelt und 'alle wegen ihrer Kritik an der 'Neuen Politik' entlassen worden waren'[172], Li Shih-chung (1013-1078, der Wang An-shih sogar mit dem verruchten Wang Tun verglichen hatte, Lü Hui (1014-1071), T'ang Chieh (1010-1069) und Feng Ching (1021-1094) nicht in die Parteiliste übernommen wurden, so dürfte dies bis auf eine Ausnahme auf den frühen Tod dieser Personen zurückzuführen sein. Warum Feng Ching[173] trotz seiner langjährigen Kritik an Wang An-shih und dessen Reformen nicht proskribiert wurde, ist aus den Quellen kaum zu erschließen. Andererseits kamen nicht nur profilierte Reformanhänger wie Tseng Pu, Chang Tun, Chang Shang-ying und Shang-kuan Chün (1038-1115)[174] auf die Liste,

---

170 Siehe Anhang p. 96.

171 Aus dieser traditionsreichen Familie aus Ssu-ch'uan standen Fan Po-lu (1067-1131; YYTCP 18) und der Historiker Fan Tsu-yü (1041-1098; YYTCP 30) bereits auf der Liste.

172 Siehe Anm. 170.

173 Möglicherweise hatte man sich dem Urteil des Wang An-shih angeschlossen, der Feng Ching als seltsamen Toren bezeichnet hatte. Vergl. TTSL 81/2b.

174 YYTCP 69.

auch so unentschlossene Beamte wie An Tao, Huang Lü, Li Ch'ing-ch'en (1032-1102) und Yeh Tsu-hsia mußten die Verfolgungen erdulden. Yeh hatte sogar einst auf Vorschlag des Lü Hui-ch'ing den ersten Platz im Palastexamen belegen können, nachdem er auf die Fragen zur Tagespolitik schriftlich geantwortet hatte: 'Seine Majestät müsse die Politik der Ahnen, die vielfach nachlässig und töricht gewesen sei, abschaffen und reformieren.'[175]

Der Eindruck allerdings, daß sich mit den Reformern und deren Gegnern zwei feste, durch nichts aufzulösende Blöcke gegenüberstanden, trügt doch sehr. Zum einen war die Zahl der Mitläufer und Opportunisten in beiden Lagern sehr groß, zum andern zogen sich durch viele Familien Querverbindungen, die die Fronten stets auflockern konnten. So stand der Bruder des oben erwähnten Lü Hui-ch'ing namens Liang-ch'ing[176] ebenso auf der Proskriptionsliste wie Lin Fu[177], der Sohn eines Bruders des Lin Hsi, einer der Hauptstützen des Ts'ai Ching. Chang Yüan, ein Sohn des Kanzlers Chang Tun, war ein eifriger Schüler des großen Dichters und Yüan-yu-Mannes Su Shih. Yü Shuang[178] verdankte seine Beamtenkarriere sogar dem Ts'ai Ching, geriet aber durch den Haß des Chang Tun in die Mühle der Proskription. Selbst in der Familie der Lü, aus der nicht weniger als vier Männer[179] zur Yüan-yu Partei gezählt wurden, gab es mit Lü Chia-wen[180] einen Parteigänger der Reformer, der in der konfuzianischen Tra-

---

175 Zu dieser Äußerung des etwa 1117 Verstorbenen vergl. SS 354/5b.
176 YYTCP 163.
177 YYTCP 210.
178 YYTCP 96.
179 Der in der Nachfolge des Ssu-ma Kuang zusammen mit Wen Yen-po und Lü Ta-fang führende Gegenreformer Lü Kung-chu (1018-1089; YYTCP 3) befand sich mit seinen drei Söhnen Hsi-ch'un (YYTCP 51), Hsi-che (gest. ca.1114; YYTCP 85) und Hsi-chi (YYTCP 113) auf der Liste des Jahres 1104.
180 Lü Chia-wen, der seine Beamtenkarriere den Familienprivilegien verdankte, hatte seinen Uronkel Kung-pi (998-1073), den älteren Bruder des Kung-chu an Wang An-shih verraten. Nebenbei bemerkt sei nur, daß eine Tochter des Lü Kung-pi mit Han Chung-yen (1038-1109; YYTCP 6) verheiratet war.

dition konsequenterweise als 'Familienverräter (chia-tsei)' angeprangert wurde. Doch das beste Beispiel für die Verunsicherung in der Beamtenschaft ist mit der Person des Hsing Shu gegeben, der ursprünglich aus der Schule der Gebrüder Ch'eng stammte, dann zu einem Anhänger des Ssu-ma Kuang wurde, die Partei wechselte und Chang Tun solange unterstützte, bis er die dominierende Rolle des Ts'ai Ching erkannte und dessen Parteigänger wurde. Hsing Shu entging so den Proskriptionen.

So konnte nahezu ein jeder zur Yüan-yu Partei gezählt werden, der entweder sich gegen Wang An-shih und die Reform gestellt hatte oder der dominierenden Figur der letzten Jahre der Nördlichen Sung, dem mächtigen Kanzler Ts'ai Ching nicht genehm war. Der letztlich doch apolitische Kaiser Hui-tsung ließ sich immer mehr von der Überredungskunst einzelner Beamter beeindrucken und fällte seine Entscheidungen wohl nicht nach reiflicher Überlegung. Daß Ts'ai Ching, der dem Kaiser mit seinen Neigungen und Interessen entgegenkam, sogar eine derartig umfangreiche Proskription wie die des Jahres 1104 durchführen konnte, hat hier seine Ursachen. Starke machtpolitische Motive und unversöhnlicher Haß gegen die Antireformer ließen die Liste zustande kommen und mischten sich in einer Weise, die eine Ausgleichspolitik unmöglich werden ließ.

VI. DIE LEBENSBESCHREIBUNGEN ZWEIER MITGLIEDER DER YÜAN-YU-PARTEI: LU TIEN (1042-1102) und CH'EN KUAN (1057-1124)

1. Lu Tien

Lu Tien stammte aus einer auf ihre Tradition sehr stolzen Beamtenfamilie, die seit Generationen im Südosten Chinas, im heutigen Che-chiang, ansässig war. Zu Ende der T'ang-Dynastie (618-906) wechselte sie ihren Wohnsitz von Chia-hsing[182] ostwärts nach Ch'ien-t'ang[183]. Doch nur kurz

---

182 嘉興 . TM 1082,2; PF 699.
183 錢塘 . TM 1248,2; PF 936. Beide Orte liegen in der heutigen Provinz Che-chiang.

darauf, zur Zeit des Wu-Yüeh-wang[184], ließ sich die Familie in Shan-yin[185] im Marktflecken Lu[186] endgültig nieder[187]. Den Urgroßvater des Lu Tien, Lu Chao[188], kennen wir nur dem Namen nach. Sein Sohn, Lu Chen[189], promovierte gegen Anfang des 11. Jahrhunderts zum <u>chin-shih</u> und begründete die Beamtentradition in der Familie. Er bekleidete unter Chen-tsung (968-1022)[190] und Jen-tsung (1010-1063)[191] das Amt des Vizepräsidenten des Beamtenministeriums[192]. Eine Tochter des Lu Chen war mit Yang Ta-ya (965-1033)[193] verheiratet, der ebenfalls aus einer traditionsreichen Beamtenfamilie stammte[194]. Die Tochter, die aus dieser Verbindung hervorging, wurde mit dem berühmten konfuzianischen

---

184 吳越王. Zur Zeit des Chao-tsung (昭宗, 888-904) der T'ang-Zeit, wurde Ch'ien Lo (錢鏐, 852-932) zum Militärgouverneur von Chen-hai (鎮海, Che-chiang) ernannt. Chu Wen (朱溫, 852-912), der erste Herrscher der Späteren Liang-Dynastie, belehnte Ch'ien Lo als Wu-Yüeh-wang. Dieser nützte die günstige Gelegenheit und gründete eine eigene Dynastie. Sein Staatsgebiet umfaßte die gesamte Provinz Che-chiang sowie Teile von Chiang-su und Fu-chien. Drei Generationen lang herrschte die Ch'ien-Familie als Könige des Staates Wu-Yüeh, der zu den 'Zehn Königreichen (shih-kuo 十國)' gerechnet wird. Erst im Jahre 978 wurde er von dem zweiten Herrscher der Sung-Dynastie in sein Reich eingegliedert.

185 山陰, Che-chiang. TM 97,1; PF 5462^S,2.

186 盧.

187 Lu Yu, Wei-nan wen-chi, Kap.35, p.2.

188 陸昭.

189 陸軫. Vgl. die Grabinschrift, die sein Ururenkel Lu Yu für ihn verfaßte, in: Wei-nan wen-chi Kap.35.

190 真宗. Der dritte Sohn des Sung T'ai-tsung hatte 25 Jahre den Thron inne.

191 仁宗 (1022-1063).

192 li-pu shih-lang 吏部侍郎. FdS 1140.

193 楊大雅. Er wurde in Ch'ien-t'ang (Che-chiang; s. Anm.193) geboren, wo die Familie der Lu nur vorübergehend ihren Wohnsitz genommen hatte. Sein Schwiegersohn Ou-yang Hsiu schrieb für ihn die Grabinschrift, vgl. Ou-yang wen-chung kung chi, Kap.61.

194 vgl. seine Biographie in SS 300.

Staatsmann Ou-yang Hsiu (1007-1072) verheiratet, dessen Rolle während der Reformen des Fan Chung-yen wir bereits kurz erwähnten[195]. Von den zwei Söhnen des Lu Chen brachte es Lu Ch'i[196] bis zum Präfekten des Kreises Wan-tsai[197], während der andere Sohn, Lu Kuei (1014-1068)[198] zur Stellung eines Professors an der Prinzenakademie[199] aufstieg. Lu Kuei hatte wiederum zwei Söhne, Lu Pi[200] und besagten Lu Tien, der bis dahin wohl der bedeutendste Nachkomme des Lu Chen war. Lu Tien wurde im Jahre 1042 in Shan-yin geboren. Aus seiner Jugendzeit sind keine moralpredigenden Anekdoten überliefert, wie dies häufig bei hervorragenden, konfuzianischen Beamten der Fall ist[201]. Überhaupt sind die Quellen für seine Lebensbeschreibung nicht gerade ergiebig. Wir können uns nur auf seine Biographie und die sonstigen Mitteilungen in der offiziellen Geschichte (SS 343) sowie auf die Lebensbeschreibung im TTSL stützen, da, wie schon erwähnt, keine privaten Darstellungen uns überkommen sind. Die Sung-Annalen geben bis auf geringfügige Abweichungen wörtlich den Text wieder, der uns in der Chia-t'ai-Ausgabe[202] der Lokalchronik des Kreises K'uai-chi[203] erhalten ist. Die Kompilatoren der offiziellen Geschichte haben dieser Vorlage nur wenig hinzugefügt; sie haben sie lediglich in Topoi eingebettet, die ein den traditionellen Vorstellungen konformes, der Wirklichkeit aber oft nicht entspre-

---

195 s. p. 18.

196 陸琪.

197 萬載 (Chiang-hsi). TM 1053,1; PF 6905.

198 陸珪. Kein geringerer als Su Sung (1020-1101) hat für ihn die Grabinschrift verfaßt. Vgl. Wei-kung wen-chi 59/11a.

199 kuo-tzu po-shih 國子博士. FdS 1094.

200 陸仪.

201 siehe auch p. 69.

202 Diese Ausgabe wurde im ersten Jahr der Regierungsdevise Chia-t'ai (1201-1205) unter Leitung des Shih Sou (施宿, gest. 1213) in zwanzig Bänden herausgebracht.

203 會稽 (Che-chiang). TM 1021,1; PF 3469.

chendes Charakterbild entwarfen, und das ganze dann ohne weitere kritische Bearbeitung unter die lieh-chuan[204] aufgenommen. So heißt es gleich zu Anfang unserer Biographie, daß Lu Tien in 'armen Verhältnissen aufgewachsen sei und mit aller Kraft sein Studium betrieben habe. Da er in der Nacht über keine Lampe habe verfügen können, habe er beim Schein des glänzenden Mondes gelesen.'[205] Durch diese Sätze sollen mit dem Hinweis auf seine Armut sein lauterer Charakter und seine große Wißbegierde apostrophiert werden, die ihn auch nicht die berühmten '1000 Meilen' scheuen ließen, um einen geeigneten Lehrer zu finden[206]. Die damalige wirtschaftliche Lage der Lu-Familie darf man wohl als recht begütert bezeichnen, was aus der generationenlangen Beamtentradition und den standesgemäßen Verflechtungen zu schließen ist. Dies erhärtet auch die Schlußfolgerung R. Trauzettels, der feststellt, daß man zumeist Beamte aus wohlhabenden Familien zu Gesandtschaften in die Nachbarländer heranzog[207]. Lu Tien wurde sogar mit der Leitung jener Gesandtschaft betraut, die man im Jahre 1100 zu den Liao schickte.

Den als lernbegierig und strebsam geschilderten Lu Tien nahm der große Reformer Wang An-shih in die Schar seiner Schüler auf. Das muß in den Jahren 1064-1067 geschehen sein, als sich Wang An-shih nach dem Tode seiner Mutter (1063) nach Chin-ling[208], der Stätte des Familiengrabes der Wang-Sippe, zurückgezogen hatte, um dort die gebotene Trauerzeit zu begehen. In Wang An-shih's erstem Jahr als Kanzler[209] promovierte

---

204 列傳 . Zu den chinesischen Ausdrücken für Biographie siehe Edwards (1948).
205 SS 343/7b. S. Anhang p.98.
206 Dieser Topos, der sich auf die ersten Sätze des Buches Mencius bezieht, soll besagen, daß Lu Tien keine Mühe und Entfernung scheue, um Belehrung von einem Besseren zu empfangen. Das heutige Nanching ist etwa 300 Meilen von Lu Tien's Heimatort entfernt.
207 Trauzettel (1964), p. 35.
208 金陵 (Chiang-su). TM 544,3; PF 1032 und 749.
209 ts'an-chi cheng-shih 參知政事 . FdS 2862.

Lu Tien zum chin-shih (1070, 12.Monat) und schnitt als Fünftbester im Palastexamen ab. Mit ihm zusammen errangen Ts'ai Ching und dessen jüngerer Bruder Ts'ai Pien (1058-1117)[210] den Grad eines chin-shih. Ob bei diesem Zusammentreffen bereits Spannungen zwischen Lu Tien und den beiden Ts'ais entstanden - sie könnten möglicherweise das Motiv dafür gewesen sein, daß Lu Tien auf die Proskriptionsliste gesetzt wurde -, geht aus den Quellen nicht hervor.

Seine Beamtenlaufbahn begann Lu Tien, wie es für fast alle nach bestandenem Staatsexamen üblich war, in der Lokalverwaltung. Zunächst war er Untersuchungsrichter[211] in Ts'ai-chou[212], dann Lektor an der 1071 neuerrichteten Universität[213] in Yün-chou[214]. Sein erstes Amt in der Hauptstadt versah er als Assistenzkommentator an der Staatsuniversität[215]. Schon die beiden letzten Berufungen deuten auf jene Fähigkeiten hin, denen Lu Tien seine politische Karriere verdanken sollte, nämlich seine umfassende und gründliche Kenntnis der konfuzianischen Klassiker, insbesonders hinsichtlich Ritenfragen und Worterklärungen[216]. Der Kaiser Shen-tsung (1048-1085)[217] zog den Meisterschüler seines Kanzlers Wang An-shih daher häufig zu Auslegungen bei Ritenproblemen heran. Dabei erwies sich Lu Tien als wirklicher Kenner. Seine Antworten begeisterten den Kaiser so sehr, daß er ausgerufen haben soll: "Seit Wang[218]

---

210 蔡卞 .
211 t'ui-kuan 推官 . FdS 2811.
212 蔡州 (Ho-nan). TM 1195,3; PF 6505,1 und 3010.
213 chiao-shou 教授 . FdS 721, h.
214 鄆州 (Shan-tung). TM 952,3; PF 7828/7829.
215 kuo-tzu-chien chih-chiang 國子監直講 . FdS 2107, b.
216 Hierzu vergleiche SKCSTM 40, p.17.
217 神宗 (1067-1085). Erst mit der Unterstützung dieses Kaisers konnte Wang An-shih seine Reformen durchsetzen.
218 Wang Su (195-256). Seine Biographie im San-kuo chih, Kap.14, wurde von R.P.Kramers (1970) ins Englische übertragen und mit ausführlichen Anmerkungen versehen. Dort heißt es auf Seite 71: 'At first Wang
    Fortsetzung nächste Seite

und Cheng[219] hat es keinen gegeben, der so wie Tien die Riten erklären konnte."[220]. Demgegenüber meinte Cheng Yung (1031-1098)[221], 'daß Lu Tien alle Erklärungen an den Haaren herbeigezogen habe, um das passend zu machen, was nicht zusammengehöre'[222]. Dieses Urteil 'verdankt' Lu Tien wohl indirekt seinem Lehrer Wang An-shih, aus dessen verlorengegangenem Wörterbuch Tzu-shuo[223] er nach Meinung der Kritiker[224] stets seine Weisheit schöpfte. Der Haß, den man Wang An-shih und seinen Werken in der Gegenreformperiode und später in der südlichen Sung-Dynastie entgegenbrachte, erstreckte sich anscheinend auch auf Lu Tien, zumindest was seine Werke betrifft. Dabei zählte Wang An-shih den Lu Tien keineswegs zu seinen politischen Anhängern, denn dieser hatte in einem Gespräch mit dem Kanzler die Reformen als 'durchaus nicht schlecht, aber in der Praxis undurchführbar' und damit unmißverständlich als 'weitere Belastung für das Volk'[225] bezeichnet. Dessen ungeachtet diskutierte Wang An-shih mit ihm Klassikerprobleme, insbesondere Interpretationsfragen und Textkorrekturen im Ch'un-ch'iu[226]. Seine Ernennungen zum Kontrolleur der Riten und (Gebets)texte in den Vororts-

---

Su was well-versed in the schools of Chia (Kuei) and Ma (Jung), but did not like Cheng Hsüan.' Ferner erfahren wir über seine Fähigkeiten folgendes: 'His discussions and criticisms on court laws and regulations, sacrifices in the suburbs, ancestral temples and the light and heavy in mourning rites, constitute over 100 items in all.'

219 Cheng Hsüan (127-200). Der berühmteste Schüler des Ma Jung (79-166) hat umfangreiche Kommentare und Erklärungen zu nahezu allen konfuzianischen Klassikern verfaßt.
220 SS 343/8a.
221 鄭雍. YYTCP 13.
222 SS 343/8a.
223 字說. Zur Bedeutung des Tzu-shuo für die Prüfungen während der Kanzlerschaft Wang An-shih's und in der Nachreformperiode sowie das weitere Schicksal dieses Werkes vgl. Hartwell (1971), p.714.
224 Besonders die Verfasser der einzelnen Beiträge für den Großen Kaiserlichen Katalog haben diese Abhängigkeit betont. Vgl. im Anhang die Würdigungen der Werke des Lu Tien.
225 SS 343/7b.
226 Vgl. Williamson (1935).

tempeln[227] und zum Exekutivassistenten der kaiserlichen Bankette[228] hatte Lu Tien ausschließlich der kaiserlichen Huld zu verdanken. Sein politischer Aufstieg begann im Jahre 1082, als er zum Obersekretär im Palastsekretariat[229] und kurz darauf zum Ratgeber in politischen Angelegenheiten[230] ernannt wurde. Auch nach dem Tode seines Förderers Shen-tsung (1085) schien Lu Tien's Karriere zunächst nichts im Wege zu stehen; er wurde zum Vizepräsidenten des Beamtenministeriums[231] befördert, jedoch nach kurzer Zeit im gleichen Rang ins Ritenministerium[232] versetzt, um an den Regesten[233] des verstorbenen Kaisers Shen-tsung mitzuarbeiten. Letztere an sich ehrenvolle Aufgabe sollte sein weiteres Leben entscheidend bestimmen, daher sei eine kurze Schilderung der näheren Umstände jenes Unternehmens hier eingefügt.

Die Leitung des Projektes wurde Fan Tsu-yü (1041-1098)[234], dem berühmten Historiker und Mitarbeiter des Ssu-ma Kuang, und dem Dichter und Kalligraph Huang T'ing-chien (1045-1105)[235] übertragen. Da beide überzeugte Gegner der Reformen des Wang An-shih waren, darf es nicht verwundern, daß sie in ihrer Darstellung der Geschichte der Shen-tsung-Ära die dominierende Rolle und die Bedeutung des Wang An-shih schmälern und herabsetzen wollten. Lu Tien versuchte nun, eine möglichst eh-

---

227 hsiang-ting chiao-miao li-wen kuan 詳定郊廟禮文官. Vgl. FdS 1635.

228 kuang-lu ch'eng 光祿丞. FdS 1062. Diesen Leertitel soll Lu Tien nicht erhalten haben. Vgl. SKCSTM 154/32a.

229 chung-shu she-jen 中書舍人. FdS 2266. (1082, 4. Monat)

230 (1082, 5. Monat). chi-shih-chung 給事中. FdS 661.

231 li-pu shih-lang 吏部侍郎. FdS 1140.

232 li-pu shih-lang 禮部侍郎. FdS 1141.

233 shih-lu 實錄.

234 范祖禹. YYTCP 30.

235 黃庭堅. YYTCP 78. Seine Sicht der politischen Parteienkämpfe hat Chu Tung-jun in einem Aufsatz untersucht, in dem er gut die Gründe herausarbeitete, die nach Meinung des Huang T'ing-chien die Reformen des Wang An-shih scheitern ließen. Vgl. RBS 9, 171.

renvolle und angemessene Würdigung seines verehrten Lehrers durchzusetzen. In den Auseinandersetzungen und Diskussionen über die Person des Reformers soll es zu folgender Konfrontation der Standpunkte gekommen sein: 'T'ing-chien sagte: "Wenn es nur nach Ihren Worten ginge, so würde alles (in den Aufzeichnungen über das Leben des Wang An-shih) zu gefälschter Geschichte (ning-shih 佞史) werden." Tien entgegnete darauf: "Wenn man ganz und gar Ihrer Meinung folgte, würde es dann nicht zu einer glatten Schmähschrift (pang-shu 謗書)?"[236] Wie nicht anders zu erwarten war, konnte sich Lu Tien mit seiner Auffassung in dieser Zeit der konservativen Reaktion nicht durchsetzen. Zunächst sah es noch danach aus, daß Lu Tien keinerlei Nachteile aus seiner Haltung bei der Abfassung der Regesten entstehen würden, denn man ernannte ihn zum Interimspräsidenten des Ritenministeriums[237], jedoch kurz darauf wurde er als Präfekt nach Ying-chou abgeschoben[238]. Es steht fest, daß man ihn in dieser Gegenreformperiode schließlich, nachdem man ihn zunächst nicht hatte eindeutig einstufen können, doch zu den politischen Anhängern des Wang An-shih gezählt hat. Man war dabei der Meinung des Liang Tao (1034-1097)[239] gefolgt, der im Jahre 1089 für die Kaiserin Hsüan-jen[240] eine Liste von 30 Leuten zusammenstellte, unter denen sich auch der Name des Lu Tien befand, die alle Anhänger des Wang An-shih seien. Als nun die Regesten des Shen-tsung eingereicht wurden und die Kaiserin die obligatorischen Belohnungen verkündete, die in der Regel allen Mitarbeitern an derartigen Projekten nach der angenommenen

---

236 SS 343/8a.
237 ch'üan li-pu shang-shu 權禮部尚書 . FdS 890 und 1138.
238 潁州 . (An-hui). TM 1172,4; PF 7582.
239 梁燾 . YYTCP 8.
240 宣仁 (1032-1093). Die 1065 feierlich zur Gemahlin des Kaisers Ying-tsung eingesetzte geborene Kao 高 übernahm 1085 für ihren unmündigen Enkel, dem späteren Kaiser Che-tsung, die Regentschaft. Sie setzte die Opposition gegen die Reformen, die sie schon zur Zeit des Shen-tsung ausgeübt hatte, entschieden fort.

Endfassung gewährt wurden[241], verlieh man Lu Tien den Titel eines Hilfsmitgliedes im Lung-t'u-Pavillon[242]. Jedoch Han Ch'uan[243] und Chu Kuangt'ing (1037-1094)[244] kritisierten diese Ehrung und machten auf die ihrer Meinung nach fatale Rolle aufmerksam, die Lu Tien bei der Abfassung der Regesten gespielt habe. Daraufhin wurde die Ernennung durch kaiserlichen Erlaß rückgängig gemacht und Lu Tien als Präfekt nach Teng-chou[245] strafversetzt. Diese Degradierung scheint später von den Verfassern der offiziellen Geschichte als ungerecht empfunden worden zu sein, denn im Anschluß an den Bericht von der Aberkennung des verliehenen Ehrentitels wird geschildert, wie gründlich und gerecht Lu Tien einen Straffall in seiner Präfektur untersucht und ein bereits gefälltes Fehlurteil revidiert. Diese anekdotische Auflockerung im Abgesang der nüchternen Tatsachenberichte der offiziellen Geschichte gibt ein indirektes Urteil wieder, wie P. Olbricht überzeugend nachgewiesen hat[246]. Nachdem nun Che-tsung nach dem Tode seiner Großmutter Hsüan-jen (1094) die Regentschaft selbst übernommen hatte und allmählich die Anhänger des Wang An-shih wieder in führende Positionen einrückten, schien einer Wiederverwendung des Lu Tien in einflußreicher Beamtenstellung nahezu zwangsläufig, da er in der Gegenreformperiode wegen seiner Beziehungen zu Wang An-shih vom Hofe und der Hauptstadt entfernt worden war. Erstaunlicherweise war jedoch das Gegenteil der Fall. Im vierten Monat des Jahres 1094 forderte Ts'ai Pien, der Schwiegersohn des Wang An-shih, man möge doch die Regesten des Shen-tsung einer Revision unterziehen, da sie

---

241 Zu den Belohnungen für eine gebilligte Fassung der Regesten s. SHY 70, chih-kuan 18. Manchmal wurde das Einreichen der Endfassung sogar hinausgeschoben, um die Belohnungen in die Höhe zu treiben. Vgl. Yang (1957), p. 201 Anm. 22.
242 lung-t'u ko chih-hsüeh-shih 龍圖閣直學士. FdS 1219.
243 韓川. YYTCP 48.
244 朱光庭. YYTCP 31.
245 鄧州 (Ho-nan). TM 1200,4; PF 6333.
246 Olbricht (1957), p. 227.

'äußerst fragwürdig und nicht zufriedenstellend fundiert seien'[247]. Diesem Ersuchen wurde einen Monat später stattgegeben. In dem Erlaß des Kaisers hieß es, die 'neuen Regesten wie die offizielle Geschichtsdarstellung (cheng-shih 正史) der Shen-tsung-Zeit seien an Hand der Tageskalendarien (jih-li 日歷) des Wang An-shih sorgfältig abzufassen[248]. Dieses Tagebuch wollte der große Reformer, als er im Sterben lag und angeblich seine Taten 'bereute', von seinem Neffen Wang Fang[249] verbrennen lassen[250], doch dieser täuschte seinen berühmten Onkel und verbrannte statt des Tagebuches irgendein anderes Buch. Unter der Leitung des Ts'ai Pien, in dessen Hände das Tagebuch schließlich gelangt war, wurden die Regesten noch im gleichen Jahr 1094 neu gefaßt. Da Ts'ai Pien seine Korrekturen und Streichungen an der ersten Fassung mit roter Tusche vornahm, bezeichnete man seine Version als chu-hei-pen (朱黑本) und die während der Gegenreformperiode entstandene, die sich hauptsächlich auf das Su-shui-chi-wen des Ssu-ma Kuang[251] gestützt hatte, als hei-pen (黑本). Die Autoren der letzteren Fassung wurden samt und sonders degradiert und in die Provinzen mit untergeordneten Stellungen abgeschoben. Unter Hui-tsung, dem großen Maler-Kaiser der nördlichen Sung-Dynastie, lebte später die Diskussion um die Regesten seines Vorfahren abermals auf. Ein gewisser Liu Cheng-fu (1062-1117)[252] forderte in einer Eingabe, daß eine dritte Fassung er-

---

247 HTC 83/2121.

248 HTC 83/2122.

249 王防. Er ist nicht mit dem Sohn des Wang mit Namen Fang zu verwechseln.

250 Diese kleine Geschichte, deren Wahrheitsgehalt nicht zu überprüfen ist, weiß das HTC 83/2120 zu berichten.

251 涑水紀聞; 16 Kapitel. Dieses Werk enthält Ssu-ma Kuang's kritische Anmerkungen und Bewertung der Zeit seit der Gründung der Dynastie bis zur Shen-tsung-Ära. Vgl. SKTTT 3-99.

252 劉正夫. Der in der Devise Yüan-feng (1078-1086) zum chin-shih promovierte Liu Cheng-fu gehört zu den 'Vier Helden (ssu-chün)' der Sung-Zeit, zusammen mit Fan Chih-hsü (ca.1065-1127; 范致虛, chin-shih 1088), Wu Ts'ai (吳材; SS 356/4a) und Chiang Hsü (江嶼; s. SS 351/4a).

stellt werden solle, da die beiden vorherigen Regesten keine glaubwürdige Darstellung der betreffenden Vorgänge gäben, denn Parteiinteressen hätten die erforderliche historische Objektivität überlagert. Doch erst unter Kao-tsung (1107-1187), dem ersten Kaiser der südlichen Sung-Dynastie, wurde eine dritte Version eingereicht, die unter der Leitung des Fan Ch'ung[253], dem Sohn des Fan Tsu-yü, kompiliert und redigiert worden war. Sie soll weitere Verleumdungen gegen Wang An-shih zum Ausdruck gebracht und in ihrer Tendenz noch stärker den Absichten der Gegenreformer entsprochen haben[254]. Von der ehemals geforderten Objektivität, selbst nach konfuzianischer Auffassung[255], kann nicht die Rede sein.

Lu Tien's Mitwirken an der ersten Fassung der Regesten hatte ihm, wie schon deutlich gemacht wurde, seine Karriere auf Jahre unterbrochen. Obgleich er für eine gerechte Würdigung der Verdienste seines Lehrers eingetreten war, wurden diese Bemühungen auch von den sogenannten Anhängern des Reformers in der Nachreformperiode keineswegs belohnt. Zusammen mit Fan Tsu-yü, Huang T'ing-chien, Lü Ta-fang (1027-1097)[256] und anderen wurde er von der politischen Bühne entfernt und in die Provinz strafversetzt. Zunächst war er Präfekt von T'ai-chou[257], dann versah er dasselbe Amt in Hai-chou[258]. Erst im Jahre 1099, als man am Hofe, wie die offizielle Geschichte zu berichten weiß, 'seine Beweggründe (wohl bei der Abfassung der ersten Regesten) abgeklärt hatte'[259],

---

253 范 冲 . Vgl. SS 435. Chin-shih des Jahres 1094.
254 Williamson (1935), p. 67.
255 Zum Objektivitätsproblem in der chinesischen Geschichtsschreibung vgl. Yang (1957), p. 198-204.
256 呂 大 防 . YYTCP 4.
257 泰 州 (Chiang-su). TM 717,3; PF 6175. Daß die offizielle Geschichte 'Ch'in-chou (秦 州)' schreibt, ist ein Fehler. Vgl. hierzu SKCSTM 154/32a.
258 海 州 (Chiang-su). TM 723,4; PF 1913.
259 SS 343/8a.

wurde er rehabilitiert und zum Redakteur im Chi-hsien-Palast[260] ernannt.
Nachdem Hui-tsung den Thron bestiegen hatte, erhielt Lu Tien wieder ein
hohes Amt in der Hauptstadt; man ernannte ihn zum Vizepräsidenten des
Ritenministeriums, eine Position, die er ja bereits unter Shen-tsung in-
negehabt hatte. Die erste Eingabe, die er in seiner neuen Amtswürde einreichte, kann als programmatische Proklamation der neuen Politik verstanden werden, die sich auch in der gewählten Jahresdevise ausdrückte;
chien-chung ching-kuo (建中靖國) bedeutet nämlich, 'die Mitte errichten, um den Staat wieder in friedliche Ordnung zu bringen'. Die Forderung des Lu Tien, den Parteienstreit, den er an der Gefährdung des
von innen und außen bedrohten Staates mißt, im Interesse des Reiches zu
beenden, spiegelt deutlich seine politische Auffassung wider; in jener
Eingabe schreibt er nämlich: 'Das Prinzip des rechten Anfangs beruht
auf dem Kaiser. In jüngster Zeit übertreffen sich nun die Beamten gegenseitig im Streiten. Wer sich gut darauf versteht, Vergünstigungen zu erreichen, den hält man für geistvoll. Andere Menschen schlechtmachen zu
können, ist zur Mode geworden; Treue und Güte werden nur als Schwäche ausgelegt. Sich in Ruhe zurückzuziehen, schätzt man gering ein. Gegenseitig nimmt man sich zum (schlechten) Vorbild und verfährt so[261].
Keiner denkt daran, damit aufzuhören. Diese (Unsitten) zu begradigen
und die Welt von ihnen zu befreien, das fordert der heutige Tag. Shen-
tsung begann, aufrechte konfuzianische Gelehrte zu fördern. Um zu regieren, stellten sie Gesetze auf, die man in der Periode Yüan-yu (1086-
1094) vollständig und willkürlich durcheinanderbrachte und änderte. Seit
der Periode Shao-sheng (1094-1098) hat ein jeder diese Gesetze gepriesen. Doch wer sich darauf verstehen will, die Werke früherer Menschen

---

260 chi-hsien-tien hsiu-hsüan 集賢殿修撰. FdS 2904. Vgl. auch
WHTK, chi-kuan, chi-hsien-tien 集賢殿 sowie Kracke (1953),
p.45 Anm.102.

261 Die zeitkritischen Gedanken scheint Lu Tien dem philosophischen
Traktat Ho-kuan Tzu entlehnt zu haben, den er ja mit einem uns
überlieferten Kommentar versehen hat; vgl. HKT, Chu-hsi 3a.

fortzusetzen, darf keinesfalls glauben, daß er, indem er das sogenannte Schlechte wieder gutmacht, damit das Gute hervorgehoben hat. Daß man während der Yüan-yu-Periode alles durcheinanderbrachte und änderte, hatte daher den Fehler, daß man zwar wußte, daß Schlechtes wieder gut zu machen sei, aber sich nicht darauf verstand, das Gute hervorzuheben. Daß während der Shao-sheng-Periode alle die Reformen lobten und priesen hatte den Fehler, daß man zwar wußte, das Gute hervorzuheben, aber sich nicht darauf verstand, Schlechtes auszumerzen. Ich bitte nun, sich mit tugendhaften Menschen zu beraten und die politischen Angelegenheiten in dieser Hinsicht zu untersuchen und nur das, was wirklich geeignet ist, für wertvoll zu halten. Denn der heutige Tag erfordert die Zeit der großen Mitte.'[262] Mit dieser Politik des Ausgleichs, die hier von Lu Tien umrissen wird, entsprach er den Erfordernissen der Zeit, denn nur die Sammlung aller Kräfte im Innern des Reiches hätte den Niedergang der Sung-Dynastie vielleicht noch aufhalten können. Seine Auffassungen wurden auch von Tseng Pu (1035-1107)[263] geteilt, der zu dieser Zeit das Kanzleramt anstrebte. Doch Tseng Pu gedachte, die Ausgleichspolitik mehr aus machtpolitischen Motiven heraus als Vehikel seiner Karriere zu benutzen. Wie konsequent hingegen sich Lu Tien für seine Vorstellungen einsetzte, zeigte sich, als er sich auch nicht scheute, eben jenen Tseng Pu zu Mäßigung anzuhalten, als dieser den Zensor Ch'en Kuan wegen einer eigenwilligen Eingabe schwer bestrafen wollte. 'Tien sagte: "Kuan hat eine Eingabe gemacht. Wenn Sie diese auch nicht akzeptieren können, so brauchen Sie sich deshalb nicht so tief zu erzürnen. Denn wenn Sie die Eingabe zurückweisen, so gereicht das dem Kuan doch nur zur Ehre."[264]

Als Lu Tien das einflußreiche Amt des Exekutivassistenten zur Linken antrat[265], veranschaulichte er seine politischen Ansichten noch einmal:

---

262 SS 343/8b.
263 曾布 . YYTCP 7.
264 SS 343/9a.
265 shang-shu tso-ch'eng 尚書左丞 . FdS 25.

"Wenn im Reiche sich große Schwierigkeiten auftun, darf man die Leute nicht nur stur nach der Anciennität einsetzen. Wenn friedliche und ruhige Zeiten herrschen, dann muß man die Leute gemäß ihrem Lebenslauf in der Reihenfolge fördern. Verlangsamt man dabei die Beförderungsskala, dann wissen die Gelehrten-Beamten um ihren Wert."[266] Dazu führte er noch weiter aus: "Heute gleichen die Verhältnisse im Reichen Menschen, die sehr krank sind und sich nach Gesundung sehnen. Man muß sie mit Arzneien und Kräftigungsmitteln unterstützen, damit sie ruhig und gesund werden. Wenn man ihren Gesundungsprozeß auf die leichte Schulter nimmt und Änderungen unterwirft, so heißt das, sie 'zum Schießen während des Reitens'[267] zu veranlassen[268]. Da Lu Tien somit einsah, daß das Reich in Gefahr war, ließ er auch nicht davon ab, fähige Männer selbst unter den Anti-Reformern zur Mitarbeit an den Aufgaben in der Staatsverwaltung heranzuziehen und zu empfehlen. Das hinderte ihn jedoch andererseits nicht daran, die Wiederverwendung im öffentlichen Dienst von zwei ihrer profiliertesten Anhänger, nämlich Lü Hsi-ch'un[269] und Liu An-shih (1048-1125)[270], scharf zu kritisieren. Lu Tien fürchtete wohl, daß ein Wiederaufleben der Parteikämpfe gerade durch diese beiden begünstigt werden könnte.

In der Zwischenzeit hatte es scharfe Auseinandersetzungen um das Kanzleramt zwischen Tseng Pu und Han Chung-yen (1038-1109)[271] gegeben.

---

266 SS 343/9a. Der Schlußsatz wendet sich gegen Blitzkarrieren wie die des Ts'ai Ching und die des Su Sung (蘇頌, 1020-1101), die die Maßstäbe einer gewöhnlichen Beamtenkarriere nach bestandenem Palastexamen völlig in Frage stellten.

267 ch'i-she 騎射; d.h. zu erhöhter, äußerster Anstrengung zu veranlassen. Kaiser Wen von Wei (魏文帝, 187-226) behauptete von sich, diese große Kunstfertigkeit bereits im Alter von acht Jahren beherrscht zu haben. Vgl. San-kuo Wei-chih chu 2/22a.

268 SS 343/9a.
269 呂希純. YYTCP 51.
270 劉安世. YYTCP 29.
271 韓忠彥. YYTCP 6.

In die Intrigen, die in diesem Machtkampf gesponnen wurden, war auch
Ts'ai Ching verwickelt, der in dem einflußreichen Eunuchen T'ung Kuan
(1054-1126)[272] einen gewichtigen Bundesgenossen gewonnen hatte. Als
schließlich Han Chung-yen, der zu den Anti-Reformern gezählt wird, abgesetzt wurde und auch Tseng Pu seinen Einfluß verlor, deutete sich der
Wandel in der politischen Generallinie an. Der Kaiser entsprach zwar
den Forderungen Lu Tien's, der auf Entgiftung der politischen Atmosphäre drängte und von einer allzu harten Bestrafung der Yüan-yu-Parteigänger abgeraten hatte, jedoch wurden gleichzeitig gegnerische Stimmen laut,
welche Lu Tien beim Kaiser gerade ob dieser Milderungen verleumdeten.
"Der Name des Tien steht auf der Parteiliste. Daß er diese Angelegenheit daher nicht bis zum Äußersten geregelt sehen will, dafür ist der
Grund eben der, daß er befürchtet, die Bestrafung erreiche ihn selber."[273]
Wenn hier namentlich nicht genannte Verleumder von einer Parteiliste
(tang-chi 黨籍) sprechen, so kann es sich auf keinen Fall um die Proskriptionsliste des Jahres 1102 handeln, weil sie erst drei Monate nach
der Entlassung des Lu Tien aus dem Amt des Exekutivassistenten zur
Linken (1102, 6.Monat) von Ts'ai Ching veröffentlicht wurde. Auf ihr war
der Name des Lu Tien zudem, leicht ersichtlich, bereits an 22. Stelle
verzeichnet. Unter den Anhängern des Ssu-ma Kuang, denen zu Anfang
des Jahres 1102 die zwei Jahre zuvor gewährten alten Titel und Ränge
abermals aberkannt worden waren, befand sich, wie wir wissen, Lu Tien
auch nicht. Die 57 Beamten, die im gleichen Monat dann proskribiert wurden, kennen wir zwar namentlich nicht, doch ist diese Proskription in
den Quellen nicht als Parteiliste apostrophiert worden, weshalb es sich
wohl auch nicht um die bewußte Parteiliste handeln kann. Wenn sich die
Verleumder nicht auf die alte Proskriptionsliste aus dem Jahre 1094 beziehen - m.E. dürfte diese wegen des zeitlichen Abstandes bereits nicht
mehr in der Diskussion gestanden haben -, liegt die Vermutung nahe, daß

---

272 童貫 . Zur Entstehung dieser bis zum beiderseitigen Tod andauernden Freundschaft s. SSPM 49/382.
273 SS 343/9a.

die Begründung für die Entlassung des Lu Tien, nämlich seine Erwähnung auf der Yüan-yu-Parteiliste, zumindest eine Ungenauigkeit und Interpolation der Geschichtskompilatoren der Yüan-Zeit gewesen sein mag. Oder wir müssen annehmen, daß die Liste, die Chang Tun und Ts'ai Ching im 9. Monat des Jahres 1102 veröffentlichten, bereits zu Beginn des Jahres in Umlauf war. Ts'ai Ching's Machtposition war allerdings zu diesem Zeitpunkt noch nicht ausreichend gewesen[274], um einen derartigen Alleingang unternehmen zu können.

Somit fiel Lu Tien dem politischen Umschwung zum Opfer, der die Anhänger der Reformen wieder an die Macht brachte und der mit dem Namen des Ts'ai Ching aufs engste verbunden ist. Die Zeit der inneren Ausgleichspolitik hatte also lediglich zwei kurze Jahre gedauert, in denen außenpolitisch kein Nachlassen des Drucks oder auch nur irgendwelche günstigeren Konstellationen hatten erreicht werden können. Innenpolitisch scheint es eine Atempause gewesen zu sein, welche die rivalisierenden Gruppen und Persönlichkeiten benutzten, um weitreichende Verbindungen zu knüpfen, aus der schließlich Ts'ai Ching als Mächtigster hervorging[275]. Daß eben dieser 'Typ des illegitimen Ministers'[276] Amtsnachfolger des Lu Tien und in einer Blitzkarriere einen Monat später zum Vizekanzler und kurz darauf zum Kanzler ernannt wurde, scheint deutlich zu zeigen, in welch suspekten Bereichen dessen besondere Fähigkeiten gelegen haben mögen.

---

274 Nach mehreren Präfektenstellen in der Provinz wurde Ts'ai Ching auf Betreiben des Tseng Pu, der ihn im Machtkampf gegen Han Chung-yen einzusetzen gedachte, zum Han-lin-Akademiker befördert. Erst als Kaiser Hui-tsung 'erwog, die Politik des Shen-tsung wieder aufzunehmen', wie es in der offiziellen Biographie des Ts'ai Ching (SS 472/2a) heißt, konnte die eigentliche Karriere des später so gefürchteten Ministers ihren Lauf nehmen.

275 Für das Anwachsen der Macht des Ts'ai Ching ist sein Zusammenwirken mit T'ung Kuan, der seine Anhänger unter den Eunuchen am Hofe für Ts'ai Ching einsetzte, kaum zu hoch einzuschätzen. Die große Tragweite dieser Freundschaft hebt schon Trauzettel (1964) hervor.

276 a.a.O.

Der Charakter des Lu Tien

In den zahlreichen Anekdoten, welche die trockene Berichterstattung vom Auf und Ab in den Beamtenkarrieren in den offiziellen Geschichtswerken beleben, wird uns Lu Tien als ein unbeirrbarer und gerechter Mann geschildert. Das enge Lehrer-Schüler-Verhältnis, das unzweifelhaft zwischen Wang An-shih und ihm bestand, hinderte Lu Tien jedoch nicht daran, die politischen Maßnahmen des Reformers an der Durchführbarkeit und am Nutzen für Volk und Staat zu messen. Als Wang Fang (1044-1076)[277], der Lieblingssohn des Wang An-shih, gestützt auf die Autorität seines Vaters, politische Ambitionen verwirklichen wollte und dafür nach Einfluß und Macht strebende Gesinnungsgenossen um sich scharte, ließ sich Lu Tien nicht durch die Aussicht auf eine mögliche Karriere blenden und in das kunstvoll aufgezogene Ränkespiel hineinziehen. Er verhielt sich Wang Fang gegenüber eher schroff und zurückhaltend, was wiederum Wang An-shih nicht gerade wohlwollend stimmte. Doch als in der Gegenreformperiode die Anhänger der Reformen aus ihren Positionen vertrieben wurden, und viele von ihnen aus Karrieredenken 'heimlich ihren Herkunftsort änderten'[278], verleugnete Lu Tien seinen Lehrer nicht. Bei dessen Tode (1086) verfaßte er die Opferrede und führte dessen Schüler zum Sterbeopfer[279]. Dieses pietätvolle Verhalten verfehlte seine Wirkung auch nicht bei den Verfassern seiner offiziellen Biographie, wenngleich sie im allgemeinen gegen Wang An-shih eingestellt waren. Sie zollten Lu Tien indirektes Lob, denn in seiner Biographie heißt es, daß 'alle, die wußten, wie Tien gehandelt hatte, sich darüber freuten, daß er Wang An-shih nicht den Rücken zuwandte'[280]. Von diesem unbeirrbaren

---

277 王雱. Das enge Verhältnis zu seinem Sohn veranlaßte Wang An-shih bei dessen frühen Tod sich für kurze Zeit aus der Tagespolitik zurückzuziehen. Die Feindschaft mit Wang Fang, die Lu Tien hier riskierte, hätte schwerwiegende Konsequenzen haben können.
278 SS 343/8a.
279 SS 343/8a.
280 SS 343/8a.

Geist zeugt auch die bereits erwähnte Haltung bei der Abfassung der ersten Regesten des Kaisers Shen-tsung.

Forscht man nun nach eigenen politischen Vorstellungen und Konzepten des Lu Tien, so muß man eine Feststellung treffen, die für die Mehrheit der in die Parteiauseinandersetzungen verwickelten Persönlichkeiten gleichermaßen Gültigkeit besitzt. Politisch praktikable Theorien, die aus den Quellschriften erschlossen werden könnten, haben sie nicht entwickelt. Nach wie vor herrschte ganz allgemein die traditionelle, stereotype konfuzianische Vorstellung, daß es letztlich nur darauf ankäme, die Moral im Volke und besonders in der niedrigen Beamtenschaft zu bessern; damit hätte man schon eine gute Politik zustande gebracht. Über die konservative Grundeinstellung gingen freilich die Reformpläne des Wang An-shih und eines Teiles seiner Nachfolger entschieden hinaus, die eine institutionelle Änderung der damaligen 'Infrastruktur' verlangten, um den Staat nach innen und außen zu stabilisieren. Nicht zu Unrecht hat man in diesen Anstrengungen das Nachwirken legalistischen Gedankenguts vermutet[281].

Aber auch Lu Tien war in jener Zeit als Beamter gezwungen, seine konfuzianische Weltanschauung an der praktischen Wirklichkeit zu messen und zu korrigieren, um nicht aus dem Rhythmus seiner Zeit zu fallen. Der daraus resultierende Opportunismus, der überall auftrat, nachdem der Schwung der Reformer der 'ersten Tage' vorbei war, galt nicht nur für die Mitglieder der Yüan-yu-Partei[282], sondern auch unter anderem Vorzeichen für deren Gegner. Wenn auch die unterschiedlichen regionalen und vielleicht religiösen Zugehörigkeiten der Hauptprotagonisten mit

---

281 u.a. Williamson (1935), vol. II, p.1-4.

282 Das gilt in gewissem Maße sogar für eine so große Persönlichkeit wie Ssu-ma Kuang. Obgleich Sariti (1970) ein zusammenhängendes politisches Denken, das hinter der Opposition des Historikers gestanden hätte, herausgearbeitet hat und das er als 'bureaucratic absolutism' bezeichnet, widersprechen seine Ergebnisse nicht den oben gemachten Äußerungen. Sariti (1970).

in die Auseinandersetzungen hineinwirkten, so waren sie dennoch nicht
das auslösende Moment. Das Ziel auf beiden Seiten war gleich: Es ging
um persönliche Macht und Einflußnahme auf das Geschehen im öffentlichen Leben. Das führte schließlich zu schweren Auseinandersetzungen
auch unter den beiden Gruppen, wovon die Feindschaft zwischen Su Shih
und Ch'eng I und ihrer Anhänger nur ein Beispiel ist. Diese extreme Zerstrittenheit der führenden Beamten verstärkte deren Abhängigkeit vom
Kaiser, der seine Schiedsrichterrolle zu dieser Zeit zu der eines unumschränkten Herrschers ausbauen konnte. Gleichzeitig damit wuchs die
Macht der Kaiserinnen, ihrer Familien und die der Eunuchen. Auch der
neubelebte Konfuzianismus, der seine Stellung als Ideologie der Führungsschicht zurückgewinnen konnte, kam den absolutistischen Tendenzen
entgegen, die zweifellos die späte Sung-Zeit entscheidend geprägt haben[283].

Die literarischen Aktivitäten des Lu Tien

In der offiziellen Lebensbeschreibung des Lu Tien heißt es, daß er sich
'äußerst subtil'[284] in allen mit den Riten zusammenhängenden Problemen
auskannte, doch worauf diese Beurteilung fußte und ob sie gerechtfertigt
war, ist heute nur mehr schwer festzustellen. Keine seiner umfangreichen Spezialstudien wie z.B. das I-li i[285], das Li-chi chiai[286], das Li-hsiang[287] oder das Shu-li hsin-shuo[288] sind auf uns gekommen. Lediglich in einigen kleineren Abhandlungen, die uns in seinen gesammelten
Werken T'ao-shan chi[289] erhalten sind, läßt sich jene Interpretations-

---

283 Zum Problem des Absolutismus in der Sung-Zeit vergl. KSTK pp.
390-394 und Liu (1968), pp. 90-97.

284 yu ching 尤精 . SS 343/9a.

285 儀禮義 , 17 Kapitel. Vgl. SS 202/7a.

286 禮記解 , 40 Kapitel. Vgl. SS 202/7a.

287 禮象 , 15 Kapitel. Vgl. CCSLCT 2/64.

288 述禮新說 , 4 Kapitel. Vgl. SS 202/7a.

289 陶山集 , 17 Kapitel. Vgl. die im Anhang übersetzte Würdigung
im SKCSTM 154/31a.

fertigkeit und Belesenheit nachweisen, die ihm Bewunderung und Gunst des Kaisers Shen-tsung eingetragen hatten. Auch sein Werk über das Ch'un-ch'iu[290] scheint, ebenso wie die oben genannten Bücher, schon frühzeitig verloren gegangen zu sein. Für die Sung-Zeit ist allerdings die Existenz der Bücher noch bezeugt, so im Bücherkatalog des Ch'en Chen-sun (ca. 1190- nach 1249)[291] und im Literaturkatalog der offiziellen Geschichte[292]. Doch zur Zeit der Abfassung der Geschichte, also etwa zwischen 1343-1345[293], waren 'wohl seine Werke nicht mehr sehr bekannt'[294]. Der Literaturkatalog des Ming-shih[295] führt sie bereits nicht mehr auf. Auch im Kaiserlichen Katalog[296], der nach über zehnjähriger Kompilation im Jahre 1781 Kaiser Ch'ien-lung (1711-1799)[297] präsentiert werden konnte, und in den Ergänzungen dazu, die von dem hervorragenden Gelehrten Juan Yüan (1764-1849)[298] verfaßt wurden, sind alle genannten Werke weder aufgeführt noch gewürdigt worden. So sind außer dem

---

290 Ch'un-ch'iu hou-ch'uan 春秋後傳, 20 Kapitel. Vgl. Williamson, (1945), vol. II, p. 213. Dort heißt es, daß zwei der besten Schüler des Wang An-shih, nämlich Lu Tien und Kung Yüan (龔原; YYTCP 73) zusammen an einem Kommentar zu den 'Frühlings- und Herbstannalen' arbeiteten. Lu Tien sollte einen Appendix, Kung Yüan eine Kommentierung verfassen. Dieses Werk des Lu Tien erhielt den oben genannten Titel 'Ch'un-ch'iu hou-chuan'. Wang An-shih soll an dem "Teamwork" lebhaften Anteil genommen haben, obgleich seine Abneigung gegen diesen konfuzianischen Klassiker Anlaß zu scharfen Kontroversen bildete.

291 陳振孫. Sein Katalog 'Chih-chai shu-lu chiai-t'i (直齋書錄解題, 22 Kapitel)' enthält sehr knappe Angaben, meist nur Titel, Umfang und Verfassernamen.

292 Sung-shih i wen-chih 宋史藝文志.

293 Zur Entstehungsgeschichte und Aufgliederung des Sung-shih s. Franke (1948), Bd.4, p.2 f. sowie Han Yü-shan (1955), p. 194 f.

294 SKCSTM 154/32a.

295 Ming-shih i wen-chih 明史藝文志.

296 Ssu-k'u ch'üan-shu tsung-mu 四庫全書總目.

297 乾隆 (1735-1795). S. EC 396 ff.

298 阮元. S. EC 399 ff.

stark konfuzianisch geprägten Kommentar zum Ho-kuan Tzu[299] und den erwähnten kleineren Schriften sowie einigen Gedichten nur die Untersuchungen zum ältesten Wörterbuch Chinas, dem Erh-ya[300], aus seinem Pinsel erhalten geblieben.

In seinem Vorwort zu den 'Neuen Erklärungen zum Erh-ya'[301] sagt Lu Tien, 'obgleich von Kuo P'u (276-324)[302] der Weg saubergefegt wurde, stelle ich mich doch auf die Zehenspitzen und sehe nach dem Staub'[303]. Das bedeutet, daß er die Arbeit des Kuo Pu als grundlegend ansah, aber selbst zu deren Vervollkommnung seinen besonderen Beitrag in Detailstudien leisten wollte. Dieses Ziel erreicht zu haben, bestätigt ihm der oben erwähnte Juan Yüan, wenn er sagt: 'Für jeden, der die Klassiker studiert, sind die Verbesserungen (des Lu Tien) unentbehrlich.'[304] Dieses Urteil fällte der Ch'ing-Gelehrte, obgleich er zuvor auf eine Reihe von Fehlinterpretationen und -lesungen hingewiesen hatte. Nun ist nach der Meinung der Kompilatoren des Kaiserlichen Kataloges das Erh-ya hsin-i im Yung-lo ta-tien[305] verstreut und keineswegs mehr im Originalzustand vorhanden und schon gar nicht zu einem eigenen Band zusammenstellbar[306]. Auch Chu I-tsun (1629-1709)[307] hatte bereits in seiner 'All-

---

299 鶡冠子 . Dieser Traktat, dessen Verfasser unbekannt ist, erscheint stark zusammengesetzt und gilt nach der chinesischen Tradition als frühe Fälschung. Vgl. Ch'ien (1956), vol. II, p. 484 f.

300 爾雅 . Dieses Synonymwörterbuch, das den Wortschatz der fünf Klassiker erklärt, wird verschiedenen Verfassern - angefangen mit dem berühmtem Chou-kung - zugeschrieben; es dürfte jedoch seine endgültige Form erst zu Beginn des zweiten vorchristlichen Jahrhunderts erhalten haben.

301 Erh-ya hsin-i 爾雅新義 . Vgl. SKWSSTY 2/16b.

302 郭璞 . Sein Kommentar zum Erh-ya gilt auch heute noch als Standardwerk.

303 Erh-ya hsin-i, hsü p.1.

304 SKWSSTY 2/17b.

305 永樂大典 , im folgenden stets YLTT abgekürzt.

306 SKCSTM 40/16.

307 朱彝尊 . EC 182 ff.

gemeinen Klassikerbibliographie'[308] nur Titel, Umfang und Verfasser des Werkes aufgeführt und dazu gesagt, daß er es nie zu Gesicht bekommen habe[309]. Doch Wu Chung-yüeh (1810-1863)[310], der einen guten Ruf als Büchersammler genießt und besonders viele alte Sung- und Yüan-Ausgaben in seinem Besitz hatte, scheint über einen der Erstdrucke verfügt zu haben, den er wiederauflegte und in seinem Yüeh-ya ts'ung-shu[311] dem gelehrten Publikum bekanntmachte.

Nach Aussage des Ch'en Chen-sun umfaßte das Erh-ya hsin-i, das Lu Tien im 5. Monat des Jahres 1099 vollendete, zunächst 18 Kapitel. Den Anstoß zu seiner Abfassung habe eine Aufforderung des Kaisers Shen-tsung, die 'Natur der Dinge' zu erklären, gegeben[312]. Die zwei Kapitel, nämlich 'Erklärungen zu den Fischen (shih-yü 釋魚)' und 'Erklärungen zu den Baumarten (shih-mu 釋木)', die Lu Tien unter dem Titel Wu-hsing men-lei[313] dem Kaiser einreichte, weitete er in der Folgezeit zu einer Erklärung des gesamten Wörterbuches Erh-ya aus und gab dem fertigen Werk den Namen Erh-ya hsin-i. Sein Urenkel Lu Tzu-yü[314] schnitt die Textvorlage dann in Yen-chou[315] in Holzplatten, um die Drucklegung vornehmen zu können. Allerdings waren es zu dieser Zeit bereits 20 Kapitel, die

---

308 Ching-i k'ao 經業芳 , 300 Kapitel. Vgl. TB 57 f.

309 ebenda.

310 伍紫腥 . EC 867 ff.

311 粵雅叢書 . Dieses von Wu Chung-yüeh finanzierte und von T'an Ying (譚瑩 , 1800-1871) zusammengestellte Sammelwerk enthält über 200 seltene Bücher aus der Zeit zwischen T'ang- und Ch'ing-Dynastie. S. EC 868 links.

312 物性 . Vgl. das Vorwort zum EYHI des Lu Tsai, Lu Tien's Sohn.

313 物性門類 . Die Abhandlung ist als eigenständiges Werk nicht erhalten.

314 陸子遹 . Sein Vater war Lu Yu, der berühmte patriotische Dichter der südlichen Sung-Dynastie. Vgl. den Stammbaum des Lu Tien im Anhang.

315 嚴州 (Che-chiang). TM 1362,1; PF 7394; HW 180. Die Bezeichnung Yen-chou wurde erst 1121 für das bisherige Mu-chou (HW 118) geschaffen.

derartig vorbereitet wurden. Die divergierende Kapitelzahl lag hier, wie so häufig und Verwirrung stiftend, an der unterschiedlichen Aufgliederung des Textes. Einzelne Kapitel, aber durchaus nicht alle, wie es aus dem Umfang erscheinen mag, überarbeitete Lu Tien noch einmal und gab dem entstandenen Werk den Titel P'i-ya[316], was soviel wie 'Ergänzungen zum Erh-ya' heißen soll; es ist uns in 20 Kapiteln erhalten. Im Unterschied zum Erh-ya hsin-i erläutert Lu Tien in diesem Spätwerk zwar weniger Sachgegenstände, diese jedoch genauer und ausführlicher. Nach der Wertung der Verfasser des Kaiserlichen Kataloges hat er hierfür alle Klassiker, sofern sie in Frage kamen, herangezogen, um, wie es heißt, 'indirekte Beweise zu führen und Querverbindungen zu prüfen, ... so daß man es als umfassend und erschöpfend bezeichnen muß'[317]. Wegen dieses Werkes, das sich besonders durch eigenwillige Interpunktionen von anderen Kommentaren zum Erh-ya abhebt[318], vertrat Ch'ao Kung-wu (gest. 1171)[319] die Auffassung, daß die Erklärungen des Lu Tien auf eigenständigen Forschungen beruhen und nicht von dem verlorenen Tzu-shuo[320] des Wang An-shih herstammten, was von den meisten Kritikern angenommen wird. Diese Behauptung dürfte dem Wunsche entsprungen sein, ein so hervorragendes Werk wie das P'i-ya vom Makel zu befreien, etwa auf der Gelehrsamkeit des den traditionellen Konfuzianern verhaßten Wang An-shih zu gründen. Das SKCSTM stellte dazu treffend fest, daß Ch'ao Kung-wu seine Argumente für seine Hypothese aus der politischen Gegnerschaft des Lu Tien zu seinem Lehrer abgeleitet ha-

---

316 埤雅. Vgl. die kritische Würdigung im Anhang.
317 SKCSTM 40/18a.
318 SKCSTM 40/17b.
319 晁公武 . Diese Meinung, die im SKCSTM 40/17b diskutiert wird, läßt sich nicht in seinem umfangreichen Werk 'Chün-chai tu-shu chih (郡齋讀書志 , 20 Kapitel)' verifizieren. Zu dieser berühmten Bibliographie s. TB p. 20 f.
320 字說. Auf das besondere Schicksal dieses Buches geht Hartwell (1971) ein.

be. Da nun die literarische Zusammenarbeit zwischen den beiden vielerorts verbürgt ist, lehnten die Kompilatoren des Kataloges ein eigenständiges literarisches Schaffen für die Person des Lu Tien ab, ohne die hohe Qualität seiner Bemühungen in Zweifel zu ziehen. Wie hoch Lu Tien nun seinen Lehrer in Hinblick auf die klassische Bildung einschätzte, geht klar aus dem ersten Kapitel des P'i-ya hervor. Dort heißt es, daß 'Tseng Kung-liang (998-1078)[321] der Rücken des Drachens sei, Wang An-shih jedoch der Augapfel'[322]. Auch in der Opferrede, die Lu Tien anläßlich des Todes des Wang An-shih (1086) schrieb, spiegelt sich in höchstem Maße die Verehrung des Schülers gegenüber seinem Meister wider, allerdings wird Politik bewußt darin ausgeklammert und mit keinem Zeichen erwähnt. Diese Opferrede ist in dem kleinen Band seiner gesammelten Schriften enthalten, der auf uns unter dem Titel T'ao-shan chi[323] gekommen ist. In diesem nicht einmal 200 kleine Seiten umfassenden Sammelwerk zeigen die ersten drei von vierzehn Kapiteln einige Beispiele der Dichtkunst des Lu Tien, von der Fang Hui (1227-ca. 1306)[324] sagte, daß sie mit der eines Hu Sou (996-1067)[325] verglichen werden könne. Beide sollen ihre besten Gedichte in der 'Sieben-Wort-neuen-Form'[326] geschrieben haben. Allerdings sei das Dichtwerk des Lu Tien nicht so umfangreich wie das des Hu Sou'[327]. Ferner sind im T'ao-shan chi noch amtliche Schriftstücke, Erläuterunten zu Ritenproblemen, Anträge,

---

321 會公亮. Wieso gerade die Gelehrsamkeit des einflußreichen Politikers Tseng Kung-liang mit der des Wang An-shih verglichen wird, vermag ich nicht den Quellen zu entnehmen.

322 P'i-ya 1/4.

323 陶山集. S. die kritische Würdigung im Anhang.

324 方回. Seine umfangreiche Gedichtsammlung der T'ang- und Sung-Zeit mit dem Titel Ying-k'uei lü-sui (瀛奎律髓, 49 Kapitel) lag mir leider nicht vor.

325 胡宿. Zu seiner Biographie vgl. SS 318 und die von Ou-yang Hsiu verfaßte Grabinschrift in OYWCKC 34/8b.

326 七言新體.

327 Vgl. SKCSTM 154/33a.

Erklärungen zu einigen Passagen in den Klassikern, Briefe, Opferreden, Grabinschriften usw. enthalten, die uns nicht nur ein wahrhaft buntes Bild seines Lebens malen, sondern auch das weite Betätigungsfeld eines traditionell gebildeten Gelehrten-Beamten exemplarisch vor Augen führen. Einer seiner Reiseberichte wurde sogar für Wert erachtet, in Literatursammlungen aufgenommen zu werden. Seine poetische Schilderung des Shih-nan-Pavillon[328] ist sowohl im Sung wen-chien des Lü Tsu-ch'ien (1137-1181)[329] als auch im Sung wen-hui[330] abgedruckt.

Die Nachkommen des Lu Tien

Von seinen mindestens fünf Söhnen sind uns vier namentlich bekannt[331], doch keiner erreichte die Bedeutung oder gar Position des Vaters. Lediglich Lu Tsai (1088-1148)[332] taucht aus der großen Anzahl der namenlosen Beamten hervor, doch weniger wegen seiner Leistungen oder Persönlichkeit als durch die Tatsache, daß er der Vater des bereits schon erwähnten Dichters Lu Yu war, der wegen seiner kämpferischen und wirklichkeitsnahen Verse sich bis in jüngste Zeit großer Beliebtheit in China erfreute[333]. Zusammen mit Fan Ch'eng-ta (1126-1193)[334] und Yang Wan-li (1127-1206)[335] wird Lu Yu zu den großen Dichtern der südlichen Sung-Dynastie gerechnet. Der erfolgreichen Karriere seines Vaters Lu Tsai stand zudem im Wege, daß jener die kriegerische Auseinandersetzung mit den Jurchen befürwortete und deswegen den mächtigen Ch'in Kuei

328 適南亭記.
329 呂祖謙. S. p.68 Anm.361.
330 宋文彙.
331 Lu Shih (陸寔, 1078-1038); Lu Chü (陸宧); Lu Chih (陸寘) und Lu Tsai (陸宰, 1088-1148).
332 Vgl. auch SYHA 98.
333 Vgl. Yü (1961) und seine Biographie im Sung-Projekt, die von D.R. Jonker verfaßt wurde. SP-Manuskripte No.4.
334 范成大.
335 楊萬里.

(1090-1155)[336] nicht auf seiner Seite hatte. Die Frau des Lu Tsai und Mutter des Lu Yu war übrigens eine Enkeltochter des T'ang Chieh (1010-1069)[337], der ein einflußreicher Gegner des Wang An-shih war.

2. Die Lebensbeschreibung des Ch'en Kuan

In der ersten monographischen Abhandlung über die Mitbegründer des Neokonfuzianismus von A.C. Graham, 'Two Chinese Philosophers' - der Titel ist m.E. ein 'understatement', da es sich wohl kaum nur um zwei beliebige Philosophen handelt - heißt es, daß Ch'en Kuan in der Auseinandersetzung der Schulen des Shao Yung (1011-1077)[338] und der Gebrüder Ch'eng[339] die Shao-Yung-Schule gegen Yang Shih (1053-1135)[340] und Yu Tso (1053-1123)[341] verteidigt habe[342]. Der hervorragende Kenner des geistig-religiösen Lebens dieser Zeit, Wing-tsit Chan, schreibt in seiner Übersetzung der 'neokonfuzianischen Summa' in einer Anmerkung, daß Ch'en Kuan Schüler des Ch'eng I hingegen gewesen sei[343]. Inwieweit sich diese beiden Aussagen vereinbaren lassen oder sich gegenseitig ausschließen, kann ich hier nicht eingehender untersuchen. Wichtig erscheint uns nur, daß die Verbindung des Ch'en Kuan mit den bedeutendsten Philosophen seiner Zeit in der offiziellen Biographie, die mit der Erwähnung seiner Promotion zum <u>chin-shih</u> beginnt, keiner Zeile für Wert erachtet wurde. Auch seine Jugendjahre und Abstammung finden keinen

---

336 秦檜.

337 唐介.

338 邵雍.

339 Ch'eng Hao (程顥, 1032-1085) und Ch'eng I (程頤, 1033-1107). YYTCP 99.

340 楊時. Diese Gegnerschaft erstreckte sich jedoch nicht auf den privaten Lebensbereich, denn Yang Shih hat eine recht wohlwollende Lebensbeschreibung des Ch'en Kuan verfaßt. Siehe YLTT 3143/8a.

341 游酢.

342 Graham (1958), p. 169 n.5.

343 Chan (1967), p. 99 n. 49.

Niederschlag im SS. Dennoch kennen wir weit mehr Einzelheiten aus dem Leben des Ch'en Kuan als aus dem des Lu Tien. Das gesamte Material wurde nämlich im YLTT zusammengetragen und liegt noch heute vor[344]. Was wir in der Biographik des Lu Thien doch vermißten, liegt uns für Ch'en Kuan vor, Opfergedenkreden[345], Tatenbericht[346] und mehrere Jahresregister[347]. Auch ist im YLTT wiedergegeben, was verschiedene Lokalchroniken zur Person des Ch'en Kuan aussagen. Wegen der großen Anzahl der Quellen werden wir hier auf Aufzählung und nähere Beschreibung verzichten, jedoch sie bei Einzelfragen heranziehen und vorstellen.

Die Familie des Ch'en Kuan

Ch'en Kuan, der zweite der Yüan-yu-Parteigänger, den ich hier exemplarisch für die anderen Mitglieder der Partei untersuche, stammte aus einer traditionsreichen Beamtenfamilie, die seit Generationen in der Provinz Fu-chien ansässig war. Seinem Urgroßvater Ch'en Wen-yü[348] wurde der Titel eines Direktors des kaiserlichen Fuhrparks[349] verliehen. Dessen Sohn Ch'en Shih-ch'ing (953-1016)[350] setzte die Familientradition fort. Nachdem er im Jahre 985 zum chin-shih promoviert worden war, absolvierte er eine abwechslungsreiche Beamtenkarriere, die ihn schließlich nach mehreren Ämtern in der Provinz bis zum Vizedirektor der kaiserlichen Bibliothek[351] aufsteigen ließ. Seine Bedeutung und Verdienste fanden ihre gerechte Würdigung durch die Aufnahme seiner Biographie in die offizielle Geschichte. Kein geringerer als der Schüler des Ou-yang

---

344 YLTT 3143 1a ff.
345 chi-wen 祭文 .
346 hsing-chuang 行狀 .
347 nien-p'u 年譜 .
348 陳文餘 . Vgl. Stammbaum des Ch'en Kuan.
349 shang-shu chia-pu yüan-wai-lang 尚書駕部員外郎 . FdS 701.
350 陳世卿 . SS 307/16a.
351 pi-shu shao-chien 秘書少監 . FdS 1450.

Hsiu und Förderer Wang An-shih's, Tseng Kung (1019-1083)[352] verfaßte die Inschrift auf seiner Tafel am Seelenpfade[353]. Posthum wurde ihm sogar der Titel eines Präsidenten des Beamtenministeriums[354] verliehen. Dem Vater des Ch'en Kuan, Ch'en Ch'eng (1015-1086)[355], widerfuhr zwar keine derartige Ehrung, jedoch wurde ihm auf Grund der Verdienste seines Vaters die Beamtenlaufbahn durch besondere Gnade[356] unter Umgehung der Staatsexamina eröffnet. Ch'en Ch'eng brachte es sodann schließlich bis zum Professor an der Staatsuniversität[357] und ist damit ein weiteres Beispiel dafür, wie das oben angesprochene Förderungssystem wertvolle Kräfte für die mannigfachen Aufgaben im Staate freisetzte. Sein Werk über das Chou-li fand immerhin Chu Hsi[358] der Erwähnung wert[359]. Zwei ihm gewidmete Opferreden sind uns ebenfalls überliefert; die eine wurde von dem hervorragenden Prosaschriftsteller Yeh Shih (1150-1223)[360], die andere von dem Historiker und Philosophen Lü Tsu-ch'ien[361] verfaßt, der zusammen mit Chu Hsi für die bereits erwähnte 'neokonfuzianische Summa'[362] verantwortlich zeichnete. Das umfang-

---

352 曾鞏. Zu seinem Verhältnis zu Wang An-shih vgl. Krause (1922), p. 32 ff.

353 shen-tao pei 神道碑.

354 li-pu shang-shu 吏部尚書. FdS 1138.

355 陳偁.

356 Vgl. zum Problem dieses Förderungs- und Bürgschaftssystems die hervorragende Arbeit von Kracke (1953). Das von ihm gründlich und umfassend dargestellte System gilt auch für die spätere Sung-Zeit, wenn sich auch einige institutionelle Änderungen ergeben hatten, besonders nach 1080.

357 ta-hsüeh po-shih 大學博士. FdS 1837.

358 朱熹.

359 Vgl. YLTT 3141/20b.

360 葉適. Sein Leben und seine Gedanken behandelt die Arbeit von Lo Wan-wen (1970). Vgl. auch YLTT 3141/21a.

361 呂祖謙. Vgl. YLTT 3141/20b.

362 So wird von O. Graf die neokonfuzianische Gesamtschau 'Chin-ssu lu (近思錄)' bezeichnet. Vgl. Graf (1970), p.3.

reichste Material für seine Lebensbeschreibung können wir jedoch dem
'Tatenbericht' entnehmen, den sein Sohn Ch'en Kuan, wohl um die Aufnahme in die offiziellen Biographien zu erwirken, geschrieben hat. Zu
dieser offiziellen Biographie ist es jedoch nicht gekommen. Von seinen
anderen drei Söhnen sind nicht viele Einzelheiten bekannt. Der älteste,
Ch'en Ch'iung[363], hatte das Amt eines Militärrichters[364] in T'ing-chou[365] inne; der zweitälteste, Ch'en Chüeh[366], war nur Registrator[367] in
Ch'ang-shu[368], verstarb allerdings sehr früh. Dem jüngsten Sohn, Ch'en
Sheng[369], wurde der Titel eines provisorischen Ch'eng-wu-Würdenträgers[370] verliehen. Vier seiner fünf Töchter konnte Ch'en Ch'eng mit Söhnen aus traditionsreichen Beamtenfamilien verheiraten, die jüngste wurde Li Shen[371] zur Frau gegeben, der später ebenfalls auf die Liste der
Yüan-yu-Parteianhänger gesetzt wurde.

Doch das bedeutendste Kind des Ch'en Ch'eng war ohne Zweifel Ch'en
Kuan, der im vierten Monat des 2. Jahres der Regierungsdevise Chia-yu
(1057-1064) geboren wurde, als sein Vater gerade Präfekt in Hsün-chou[372]
war. Über seine Jugendzeit weiß die offizielle Geschichte nichts zu berichten. Das hat abgesehen davon, daß es mit nur wenigen Ausnahmen für
alle Biographien im SS gilt und wohl auf die zu kurze Kompilationszeit
zurückzuführen ist, seinen Grund darin, daß auch die Quellen, auf denen
das SS beruhte, kaum eine der üblichen 'Anekdoten des erhobenen Zeige-

---

363 陳瓊．
364 chün-shih t'ui-kuan 軍事推官．FdS 915.
365 汀州 (Fu-chien). TM 231,3; PF 6470; HW 160.
366 陳珪．
367 chu-p'u 主簿．FdS 2370.
368 常熟 (Chiang-su). TM 798,2; PF 320; HW 7.
369 陳珹．
370 chia ch'eng-wu lang 假丞務郎．FdS suppl. 203.
371 李深．YYTCP 125.
372 循州 (Kuang-tung). TM 894,4; PF 2961,2 u. 2365; HW 70.

fingers' erwähnen. Daher beginnt die Darstellung seines Lebens mit seinem 21. Lebensjahr, in dem Ch'en Kuan ausgezeichnet bei den Staatsuniversitätsexamina abschnitt[373]. Im folgenden Jahr 1079 unterzog er sich der letzten Staatsprüfung und konnte sich im abschließenden Palastexamen an hervorragender dritter Stelle in der ersten Gruppe der erfolgreichen Kandidaten plazieren. Angeblich hatte seine Familie ihn zu dieser Prüfung drängen müssen, denn Ch'en Kuan 'liebte das Studium, fand jedoch keinen Gefallen daran, um der Karriere willen zu lernen'[374]. Dies ist wieder ein Topos, aus dem ein Urteil der Geschichtskompilatoren erschlossen werden kann. Sein Jahrgangsbester (chuang-yüan 狀元) war übrigens Shih Yen (gest. 1107)[375], dem jedoch die große politische Karriere aus nicht ersichtlichen Gründen versagt blieb.

Ch'en Kuan's Ämterlaufbahn begann, wie für Absolventen der Staatsexamina üblich, mit verschiedenen Aufgaben in der Provinzialverwaltung. Zunächst sandte man ihn als Sekretär[376] nach Hu-chou[377], von wo er als Signatarbeamter[378] nach Yüeh-chou[379] versetzt wurde. Zu jener Zeit war der Bruder des Ts'ai Ching, Ts'ai Pien, sein vorgesetzter Präfekt, der ihn auf seine Seite zu ziehen versuchte. Nach Meinung der Verfasser des SS erkannte Ch'en Kuan bereits schon damals Absichten und Verruchtheit dieses Mannes, die sich später vollends erweisen sollten. Die Verurteilung des Ts'ai Pien zu diesem Zeitpunkt liegt in seinen späteren 'Untaten' begründet. In diesem Zusammenhang fehlt auch nicht die Anekdote, die nachdrücklich zu verstehen gibt, wie Ch'en Kuan als aufrechter und korrekter Konfuzianer dem gefährlichen und maßlosen Treiben des

---

373 YLTT 3143/9a.
374 SS 345/6a.
375 時彥 .
376 chang-shu chi 掌書記 . FdS 2021.
377 湖州 (Che-chiang). TM 914,3; PF 2154; HW 70.
378 ch'ien-shu p'an-kuan 簽書判官 . FdS 2946 u. vgl. 2949.
379 越州 (Che-chiang). TM 946,4; PF 7785,3 u. 5574; HW 191.

Ts'ai Pien Einhalt gebietet. 'Pien hatte von jeher den Taoisten Chang Huai-su[380] verehrt, von dem er sagte, er sei kein Mensch von dieser Welt'. Der Vorwurf, sich dem Taoismus verschrieben zu haben, wird ja besonders seinem Bruder Ts'ai Ching gemacht. Doch, wie R. Trauzettel festgestellt hat, war es in erster Linie Kaiser Hui-tsung, der die taoistischen Praktiken förderte und sogar versuchte, ihnen eine institutionelle Form im Bildungswesen zu geben. Doch das Experiment einer taoistischen Universität schlug fehl, sie mußte 1120 wieder geschlossen werden und konnte nicht weiter den Konfuzianern als Quelle der Erheiterung dienen[381]. In der Schilderung der Person des Ts'ai Pien wird jedoch keine Möglichkeit ausgelassen, ihn zu diffamieren und ihm dem Urteil der Nachwelt als Ausbund der Schlechtigkeit zu überantworten. Doch immer wieder ist festzuhalten, daß die vernichtende Kritik an Ts'ai Ching das Urteil und die Einstellung zu seinem Bruder Ts'ai Pien stark gefärbt und beeinflußt hat. 'Als jener (Chang Huai-su) zu dieser Zeit nach Yüeh kam, wollte Pien den Kuan eine Weile aufhalten[382], jedoch wollte Kuan dies nicht, sondern gebot Pien Einhalt mit den Worten: "Der Meister sprach nicht von außergewöhnlichen, übernatürlichen Kräften, nicht von Verwirrendem und Geistern. Doch dieser (Taoist) ist ja nahe am Übernatürlichen".'[383] Dieses Zitat aus dem Katechismus des Konfuzianismus, dem Lun-yü, vertieft noch den Graben zwischen dem orthodoxen Ch'en Kuan und dem angeblich verbrecherischen Ts'ai Pien, dem im folgenden noch vorgeworfen wird, durch sein schandvolles Verhalten das Volk zu verführen. So sagte Ch'en Kuan weiter zu ihm: "Da Sie als Präfekt Vertrauen genießen, wird das Volk (Ihrem bösen) Wind nachgeben und sich (wie Gras) anpassen. Wenn ich jedoch diesen Kerl (von Taoisten) nicht kennen-

---

380 張懷素. Dieser Rebell und Taoist soll im Jahre 1107 mit dem Tode bestraft worden sein. Vgl. WTW 81; 171 und SS 345/6b.
381 Vgl. SSPM 51/408.
382 Ch'en Kuan war auf dem Wege nach Ming-chou, wohin er als Unterpräfekt versetzt worden war.
383 LY 13/7/12.

lerne, so ist das fürwahr kein Unglück."³⁸⁴ Später nach 20 Jahren wurde Huai-su mit dem Tode bestraft.'³⁸⁵ Der letzte Satz ergibt die Bestätigung, wie Recht Ch'en Kuan nach Meinung der Geschichtskompilatoren daran getan hatte, sich nicht mit dem 'religiösen Häretiker'³⁸⁶ einzulassen. Nachdem Ch'en Kuan von seinem Amt als Unterpräfekt³⁸⁷ in Ming-chou³⁸⁸ zurückgetreten war - die Quellen geben dafür keinen triftigen Grund an -, wurde er 1084 mit dem Titel eines Hsüan-i-Würdenträgers³⁸⁹ als 'Verwalter des in der Ferne Eroberten'³⁹⁰ nach Hao-chou geschickt, doch im darauffolgenden Jahr in die Hauptstadt zurückbeordert und zum Examenskontrolleur im Examensbüro³⁹¹ ernannt.

Für die nächsten neun Jahre seines Lebens, in welche die obligatorische Trauerzeit nach dem Tod seines Vaters (1086) fällt, haben wir nur spärliche Nachrichten. Wir erfahren lediglich, daß er 1090 eine Berufung zum 'Professor' an der Staatsuniversität³⁹² abgelehnt hat. Merkwürdigerweise fiel dies gerade in den Zeitraum, in dem man seinen weiteren Aufstieg vermuten müßte, da unter der Regentschaft der Kaiserin-Witwe Hsüan-jen die Gegenreformer die politische Macht innehatten. Jedoch erst zu Beginn der Nachreformperiode (1094) erreichte Ch'en Kuan seine Wiederverwendung als hochgestellter Beamter. Als er auf der Reise in die Hauptstadt durch Shan-yang³⁹³ kam, traf er den kurz zuvor zum Kanzler ernannten Chang Tun, der ihn zu einem Gespräch auf sein Boot einlud. Auf die Frage, wie er die gegenwärtige politische Lage denn einschätze,

---

384 SS 345/6b.
385 s.o.
386 Trauzettel (1964), p. 134.
387 t'ung-p'an 通州 . FdS 2649.
388 明州 (Che-chiang). TM 474,3; PF 4467 u. 4702; HW 117.
389 宣義郎 . FdS 1708.
390 ting-yüan tsai 定遠宰 . Vgl. FdS 2603.
391 kung-yüan tien-chien 貢院點檢 . FdS 1007 und 2552.
392 t'ai-hsüeh po-shih 太學博士 .
393 山陽 (Ho-nan). TM 97,2; PF 5462; HW 139.

verglich Ch'en Kuan, wohl durch die Umgebung inspiriert, das politische Handeln mit dem Beladen eines Bootes. 'Wenn man es einseitig beschwert, fährt es dann überhaupt? Schafft man das, was links ist, auf die rechte Seite, besteht dann nicht die gleiche Einseitigkeit?' Als Chang Tun auf die gezielte Frage des Ch'en Kuan, welche Prioritäten er in seiner Kanzlerschaft zu setzen gedenke, die Antwort gab, daß er die 'Verbrechen des Ssu-ma Kuang' - d.h. die völlige Aufhebung der Reformen des Wang Anshih - zuerst ahnden wolle, meinte Ch'en Kuan, daß ein derartiges Vorgehen genau unter 'Von-links-nach-rechts-ändern' zu verstehen sei. Für den Kanzler müsse es hingegen an der Zeit sein, die unüberbrückbaren Parteiinteressen zu beenden und einen Mittelkurs in der Politik einzuschlagen, damit das Reich befriedet und die offenkundigen Mißstände beseitigt werden könnten[394].

Es sei an dieser Stelle daran erinnert, daß Lu Tien die gleichen Auffassungen zu Beginn der zweiten Phase der Nachreformperiode mit Energie vertrat, als sich der Einfluß des Ts'ai Ching und seiner Anhänger immer stärker abzeichnete[395].

Obgleich Ch'en Kuan und der neue Kanzler Chang Tun gegenteiliger Ansicht waren, schienen sie dennoch nicht im Zorn sich voneinander getrennt zu haben. Chang Tun ernannte sogar Ch'en Kuan auf Grund dieser Unterredung zum Professor an der Staatsuniversität und dieser kritisierte wenige Jahre später in einer Eingabe die erfolgte Entlassung[396] des Chang Tun, der ihm wohl am ehesten unter den Anhängern des Wang Anshih für eine innere Ausgleichs- und Stabilitätspolitik geeignet schien.

Seine neue Position in der Hauptstadt versetzte Ch'en Kuan in die Lage, wirkungsvoll den Angriffen der Anhänger des Ts'ai Ching, besonders von

---

394 Vgl. SS 345/6b sowie besonders YLTT 3143/9b, wo diese Begebenheit ausführlicher beschrieben wird.

395 Vgl. seine erste Eingabe als Vizepräsident des Ritenministeriums, p. 52.

396 1100, 10. Monat. Vgl. YLTT 3143/15a.

Seiten der Staatsuniversitätsmitglieder Hsieh Ang[397] und Lin Tzu[398], gegen die 'Allgemeine Geschichte Chinas', das Tz'u-chih t'ung-chien[399] des Ssu-ma Kuang entgegenzutreten. Geschickt wies er auf das von Kaiser Shen-tsung, dem Idol der Nachreformler, verfaßte Vorwort und das darin ausgesprochene Lob für den Ssu-ma Kuang hin. Das Gegenargument des Lin Tzu, das Vorwort habe Shen-tsung in jungen Jahren geschrieben und brauche deshalb nicht beachtet zu werden, konterte und entkräftigte er mit dem Hinweis, daß es 'bei einem Heiligen keinen Unterschied zwischen jungen und alten Jahren gäbe'[400].

Immer wieder trat Ch'en Kuan in diesen ersten Jahren der Nachreformperiode, die mit dem chinesischen Terminus als shao-shu chih cheng[401] bezeichnet wird, für eine Ausgleichspolitik ein. Während einer Audienz beim Kaiser Che-tsung macht er diesem unter Hinweis auf einen Spruch im 'Buch der Urkunden'[402] deutlich, daß der Kaiser nicht unbedingte Pietät gegenüber seinem Vater üben müsse, d.h. die Reformen des Wang An-shih nicht weitertreiben und die Reformpolitiker nicht stärker fördern müsse, denn 'die Pietät eines Kaisers gleiche nicht der eines Großwürdenträgers'[403]. Hingegen solle sich der Himmelssohn 'in Einklang mit dem Volk und den Lehren des Altertums setzen'[404]. Das Vertrauensverhältnis, das sich seit dieser Unterredung zwischen dem Kaiser und Ch'en Kuan angebahnt hatte, erweckte jedoch den Argwohn bei den Anhängern der Reformen, die zu dieser Zeit wieder hoch im Kurs standen. Wegen der allerhöchsten Anordnung, erneut zu einem Gespräch über tagespoliti-

---

397 薛昂 . Der hier unter die Anhänger des Ts'ai Ching gerechnete Hsieh Ang wurde 1085 zum chin-shih promoviert. SS 352.
398 林自 . Zu seiner Person siehe SSI 40/10a.
399 資治通鑑 .
400 SS 345/6b.
401 紹述之政 .
402 shu-ching 書經 .
403 Shu-ching, Legge (1966), vol. III p. 1.
404 jo chi ku 若稽古 .

sche Fragen zum Kaiser zu kommen, wurde Ch'en Kuan durch Intrigen aus seinem Amt als Archivar der kaiserlichen Bibliothek[405], in das er 1096 aufgestiegen war, entlassen und als Unterpräfekt nach Ts'ang-chou[406] und später als Präfekt nach Wei-chou[407] versetzt. Empfehlungen, die Chang Tun ihm zu geben bereit war, lehnte er wegen dessen Mitwirken an seiner Versetzung entschieden ab. Auch eine Ernennung zum Kompilator im Geheimen Staatsrat[408] nahm er nicht an. Erst nachdem Kaiser Hui-tsung den Thron bestiegen hatte und sich seine Hoffnungen auf eine Ausgleichspolitik zu bestätigen schienen, kehrte Ch'en Kuan in die Hauptstadt zurück. Auf Empfehlungen von Tseng Pu, Han Chung-yen (1038-1109)[409] und der Kaiserinwitwe Ch'in-sheng[410] nahm er im dritten Monat des Jahres 1100 das Amt des Politischen Ratgebers zur Linken[411] an, ein halbes Jahr später beförderte man ihn sogar zum Politischen Zensor zur Linken[412]. Das geschah im gleichen Monat, in dem Chang Tun als Kanzler entlassen und durch Han Chung-yen ersetzt wurde. Die Zusammensetzung der neuen politischen Führungsspitze machte schon deutlich, daß Kaiser Hui-tsung zunächst versuchte, die durch die Parteiungen entstandenen Mißstände der Shao-sheng-Periode (1094-1098) und der darauffolgenden Yüan-fu-Periode (1098-1101) zumindest personell auszugleichen und einen Mittelkurs einzuschlagen. Doch wie wir schon gesehen haben[413], dauerte es nur zwei Jahre, bis sich die Anhänger des Wang An-shih wieder und dieses Mal endgültig durchgesetzt hatten.

---

405 pi-shu sheng chiao-shu lang 秘書省校書郎. FdS 725a.
406 滄州 (Ho-pei). TM 1032,3; PF 6521; HW 161.
407 衛州 (Ho-nan). TM 1239,4; PF 6971; HW 172.
408 pien-hsiu kuan 編修官. FdS 1486,1.
409 韓忠彦. YYTCP 6.
410 欽聖 (1046-1101). Die Gemahlin des Shen-tsung wurde von Che-tsung als Huang-t'ai-hou 皇太后 verehrt.
411 tso cheng-yen 左正言. FdS 2219.
412 tso ssu-chien 左司諫. FdS 1760a.
413 vgl. pp. 54-56.

Zwei bemerkenswerte Taten werden von Ch'en Kuan aus seiner Zeit als Zensor berichtet. Als ein Amtskollege, der Palastzensor Kung Kuai (1047-1111)[414], die Aktivitäten der Chang Tun und Ts'ai Ching schonungslos kritisierte, betrieb letzterer mit Erfolg dessen Entlassung. Ch'en Kuan verfaßte daraufhin eine Eingabe, in der er darlegte, daß alle Zensoren, die seit der Shao-sheng-Periode den Ts'ai Ching gerügt hatten, entlassen worden seien. Er wies dies nach an den Beispielen der Ch'ang An-min (1042-ca.1111)[415], Sun O (1051-1109)[416], Tung Tuan-i[417], Ch'en Tz'u-sheng (1044-1119)[418] und Tsou Hao (1060-1111)[419], die von Ts'ai Ching aus Rache später alle auf die Proskriptionsliste gesetzt wurden. Ferner kritisierte Ch'en Kuan von sich aus die Missetaten des Ts'ai Ching und seines Bruders und forderte, Kung Kuai in seinem Amt zu belassen, da dessen Kritik durchaus den Tatsachen entspräche. Diese mutige Eingabe erreichte zwar den Kaiser nicht, sie hatte allerdings auch keine unmittelbaren negativen Auswirkungen für seine Karriere. Als Ch'en Kuan jedoch Kritik äußerte, weil die Kaiserinwitwe die Regentschaft ausübte und ihre Brüder Hsiang Tsung-liang (1046-1101)[420] und Hsiang Tsung-hui[421], gestützt auf ihre Protektion, Machtpositionen an-

---

414 龔夬 . YYTCP 111.
415 常安民 . YYTCP 94.
416 孫諤 . YYTCP 107.
417 董敦逸 . YYTCP 68.
418 陳次升 . YYTCP 62.
419 鄒浩 . YYTCP 61.
420 向宗良 . Vgl. SS 464, das die Biographie seines Vaters Hsiang Ch'uan-fan (向傳範 , 1010-1074) enthält, und TTSL 119/7a.
421 向宗回 . S.o. sowie TTSL 119/6b. Ch'en Kuan dürfte bei seiner Kritik die verhängnisvolle Rolle der 'external clans (wai-ch'i) vor Augen gehabt haben, welche die Verwandten der Kaiserin Liang, Gemahlin des Shun-ti (116-145), bei der Proskription der Han-Zeit gespielt hatten. Vgl. Balazs (1970), p. 188 ff.

strebten, wurde er als Inspektor des Getreideversorgungsamtes[422] nach Yang-chou[423] strafversetzt. Doch Kaiser und Kaiserin belohnten seine Offenheit und schenkten ihm insgeheim 100 Unzen Gold und 10 Mönchszertifikate[424]. Beim Verlassen der Hauptstadt händigte Ch'en Kuan noch vier Eingaben bei Hofe ein. Sie hatten jedoch nicht, wie das SS behauptet[425], die Verleumdungen gegenüber der Kaiserinwitwe Hsüan-jen zum Thema, sondern nur eine handelte darüber. Eine andere enthielt seine Kritik an der Entlassung des Chang Tun und in den beiden übrigen warnte er erneut vor den gefährlichen Umtrieben des Ts'ai Ching. Er verglich dessen Anstellung mit der des Niu Hsien-k'o (674-742)[426] durch Kaiser Ming-huang (明皇) der T'ang-Dynastie (618-906), die seinerzeit scharf von Chang Chiu-ling (673-740)[427] mißbilligt worden war.

Doch schon im nächsten Jahr, nachdem die Kaiserinwitwe Ch'in-sheng verstorben war und Hui-tsung endgültig die Regentschaft übernommen hatte, kehrte Ch'en Kuan in die Hauptstadt zurück, wo er wieder in die politischen Querelen und Intrigen verstrickt wurde. Tseng Pu, der sich in einen heftigen Machtkampf mit Han Chung-yen eingelassen hatte, und der ebenfalls ein entschiedener Gegner des Ts'ai Ching war, versuchte Ch'en Kuan auf seine Seite zu ziehen. Er stellte ihm das Amt des Politischen Ratgebers[428] in Aussicht, das Kuan zur Zeit nur provisorisch[429]

---

422 liang-liao yüan chien 糧料院監 FdS 1116 und 741.
423 楊州 (Chiang-su). TM 897,2; PF 7308.
424 tseng-tieh 僧牒. Diese Zertifikate, die in der T'ang-Zeit aufkamen, waren als eine Art Mönchsregistratur gedacht. Da sie vom Wehrdienst und von den Steuern befreiten, wurde mit ihnen schon sehr bald ausgiebig gehandelt. Vergl. auch Chien (1956).
425 SS 345/7a.
426 牛仙客. Vgl. BD 1571, wo knapp der Sachverhalt dargestellt ist.
427 張九齡.
428 chi-shih-chung 給事中. FdS 661.
429 ch'üan 權.

verwaltete. Als ihm sein Vorhaben nicht gelang, da Ch'en Kuan die Meinungsunterschiede für kaum überbrückbar hielt, beschimpfte Tseng Pu ihn und ließ dabei völlig 'die Riten außer acht'. In der Folgezeit versuchte Tseng Pu mit aller Macht, sich für die kalte Kritik, die Ch'en Kuan an seinem Benehmen geübt hatte, zu rächen und ließ ihn als Präfekt nach T'ai-chou[430] versetzen; doch bald nachdem Tseng Pu als Vizekanzler gestürzt worden war, verlieh man Ch'en Kuan den Titel eines Hsüan-te-Würdenträgers.

Aus dem Machtkampf zwischen Tseng Pu und Han Chung-yen ging letzten Endes kein anderer als Ts'ai Ching als Sieger hervor. Wie bereits oben erwähnt[431], eroberte er in einer Blitzkarriere innerhalb eines Jahres das Kanzleramt und verstand es, ihm ergebene Männer in weitere führende Positionen nachzuziehen. Kaum an der Macht, verfolgte er mit allen Mitteln die Anhänger der Yüan-yu-Partei, genauer gesagt alle, die er dazu zählte, und darüber hinaus alle, die seiner Stellung hätten gefährlich werden können. So war es kaum verwunderlich, daß Ch'en Kuan, der 'seit jeher Ts'ai Ching und Ts'ai Pien kritisiert und ihre Absichten und Geheimnistuereien aufgedeckt hatte, weshalb er von ihnen am besten gehaßt wurde'[432], sich schärfster Verfolgungen ausgesetzt sah. Ts'ai Ching ließ seinen Namen aus der Beamtenliste streichen, worauf sich Ch'en Kuan längere Zeit in den südöstlichen Provinzen Chinas, in Hunan, Kuang-tung und Chiang-hsi[433] verborgen hielt. Diese Maßnahmen standen alle im Zusammenhang mit der Aufführung seines Namens auf der Proskriptionsliste. Im Verlauf der nächsten Jahre war dann Ch'en Kuan gezwungen, mehrmals seinen Wohnsitz zu verlegen, u.a. verzog er auch nach Ho-pu[434]. Als im fünften Jahr der Devise Ch'ung-ning

---

430 泰州 (Chiang-su). TM 717,3; PF 6175,1; HW 152.
431 p. 56.
432 SS 345/8a.
433 湖南；廣東；江西．
434 合浦 (Kuang-tung). TM 291,1; PF 2133; HW 54.

(1102-1107) die Venus am Tage zu sehen war und deshalb der Kaiser verschreckt eine allgemeine Amnestie[435] verkündete, gestattete man Ch'en Kuan, sich in Ming-chou[436] niederzulassen. Doch als man seinen Sohn Ch'en Cheng-hui[437] verhaftete und ihn in der Hauptstadt ins Gefängnis warf, nahm man Kuan ebenfalls fest und schaffte ihn nach K'ai-feng. Ihm wurde vorgeworfen, Mitwisser der 'Verbrechen' seines Sohnes zu sein. Jener hatte in Hang-chou[438] verbreitet, daß Ts'ai Ching den Kaiser stürzen und sich selbst an dessen Stelle setzen wolle. Ch'en Kuan's einleuchtende und geschickte Verteidigung gegenüber dem mit dem Verhör beauftragten Li Hsiao-ch'eng[439], einem Parteigänger des Ts'ai Ching, nämlich daß er wegen der räumlichen Entfernung von seinem Sohne keine Ahnung von dessen Vergehen hätte haben können, schloß er mit den mutigen Worten: "Die schurkischen Taten des Ching führen zwangsläufig zu Unglück für den Staat, das habe ich schon immer gesagt. Mit Mahnungen und Beweisen brauchte ich nicht auf den heutigen Tag zu warten."[440] Diese unverblümte Offenheit in seiner gefährlichen Lage nötigten sogar den Eunuchen Huang Ching-ch'en und Li Chü[441] Bewunderung ab. Als selbst die Folterungen seines Sohnes keinen Beweis für eine Mittäterschaft ergaben, wurde Ch'en Kuan nach T'ung-chou[442] versetzt und sein

---

435 大赦 . Vgl. p.29 Anm.132.

436 明州 (Che-chiang). TM 474,3; PF 4467 und 4702; HW 117.

437 陳正彙 . Zu seiner Biographie vgl. SS 110/21a. Die knappen Mitteilungen habe ich im Anhang übersetzt.

438 杭州 (Che-chiang). TM 477,1; PF 1993; HW 51. Die Provinzhauptstadt wurde 1129 zur kaiserlichen Hauptstadt erhoben.

439 李孝稱 . Zu seiner Biographie vgl. SS 310. In einer anderen Quelle wird der Gefängnisverwalter mit Li Hsiao-shou (李孝壽) angegeben, doch bin ich dieser Frage nicht weiter nachgegangen, da sie mir keinerlei Bedeutung zu haben scheint.

440 SS 345/7b.

441 黃經臣 ; 苾鞠 .

442 通州 (Chiang-su). TM 854,4 (2); PF 6775; HW 166.

Sohn Ch'en Cheng-hui auf die Insel Sha-men[443] verbannt.

Nach dem zweiten Sturz des Ts'ai Ching (1109, 6. Monat) und der Ernennung des Ho Chih-chung (1044-1117)[444] zum Kanzler und des Chang Shang-ying (1043-1121)[445] zum Vizekanzler (1110, 6. Monat) erlangte Ch'en Kuan für kurze Zeit seine Freizügigkeit wieder. Der neue Vizekanzler hatte das von Ch'en verfaßte Tsun-yao chi[446] dem Kaiser eingereicht. Doch die mögliche Protektion und Erleichterung seines Loses scheiterte an Chang Shan-ying's frühzeitiger Entlassung im darauffolgenden Jahr (1111, 8. Monat). Wenig später wurde Ch'en Kuan wieder nach T'ai-chou versetzt, doch diesmal kam er in eine Art von Sicherheitsverwahrung. Auf Befehl des Kanzlers - aus dieser Tatsache geht schon hervor, daß der neue Kanzler Ho Chih-chung kaum in politischem Gegensatz zu Ts'ai Ching stand und dessen Einfluß trotz seiner kurzzeitigen Entmachtung ungebrochen war, was bereits R. Trauzettel vermutete[447] - gaben ihm Truppen aus den jeweilig zu passierenden Bezirken das Kontrollgeleit auf dem langen Weg von Ho-nan nach Che-chiang. Ch'en Kuan durfte unterwegs höchstens 10 Tage lang an einem Ort verweilen und war gehalten, seine Weiterreise der jeweiligen Lokalbehörde zu melden. Nach der Ankunft in T'ai-chou versuchte ein gewisser Shih Chieh[448], der in dem Rufe stand, ein 'rabiater Mann' zu sein und der eigens wegen dieser 'Fähigkeiten' mit dem Amt des Präfekten in T'ai-chou betraut worden war, ihn mit Gewalt zu Tode zu bringen. Bevor jedoch Shih Chieh Folterungen an-

---

443 沙門 (Shan-tung). Dieser Ort diente während der Sung-Zeit als Gefangeneninsel; vgl. DKWJT 17212, 221.

444 何執中 .

445 張商英 . YYTCP 26.

446 尊堯集 . Ch'en Kuan hatte dieses Werk in Ho-pu verfaßt. Vgl. hierzu im Anhang Übersetzung Nr. 13.

447 Trauzettel (1964), p. 65.

448 石㦵 . Außer dieser Begebenheit ist nichts weiter aus seinem Leben überliefert.

wendete, appellierte Ch'en Kuan eindringlich an dessen Sinn für Gerechtigkeit und mahnte ihn, seine Maßnahmen in das rechte Verhältnis zum Willen des Kaisers und zur öffentlichen Meinung zu stellen. Mit dieser recht unwahrscheinlichen, nahezu an einen Topos erinnernden Argumentation soll es ihm gelungen sein, den vorher als gemein und rabiat gekennzeichneten Shih Chieh von dem brutalen Vorhaben abzubringen. Lapidar sagt die offizielle Geschichte, 'alle Wege, ihn (Ch'en Kuan) zu beschimpfen und zu mißhandeln, konnten Kuan letzten Endes nichts anhaben. Der Kanzler schätzte hingegen den (Shih) Chieh als Feigling ein und entließ ihn.'[449] Fünf Jahre mußte Ch'en Kuan in T'ai-chou, fern ab vom Pulsschlag der chinesischen Welt, verbringen, in denen er sich zumeist schriftstellerischen Tätigkeiten widmete, ohne jedoch ein großes zusammenhängendes Werk zu verfassen. Erst im Jahre 1116 wurde die Sicherheitsverwahrung aufgehoben und ihm die Freizügigkeit wiedergegeben. Welche Gründe dazu führten, wird nirgendwo aus den Quellen ersichtlich. Die politische Situation hatte sich keineswegs grundlegend geändert; Ts'ai Ching besaß als Groß-Präzeptor[450] die unumschränkte Macht, seine Anhänger, u.a. Hsieh Ang, gegen den sich Ch'en Kuan einmal so entschieden gewandt hatte, besetzten alle einflußreichen Positionen. Vielleicht war die Stellung des Ts'ai Ching nun so abgesichert, daß ihm selbst ein scharfer Kritiker wie Ch'en Kuan keine Gefährdung mehr erschien, möglicherweise hielt man auch Ch'en Kuan's Widerstand bereits für gebrochen, der nun mit dem Titel eines Ch'eng-shih-Würdenträgers[451] in die Hauptstadt zurückkehren durfte. Doch als ihm der Kaiser ein neues Betätigungsfeld im Zusammenhang mit Steuerproblemen eröffnen wollte, sprachen sich die zuständigen Stellen gegen eine Ernennung aus. Resigniert wollte sich der nun fast 60jährige nach Chiang-chou[452] zurückziehen, doch nicht einmal das gestatteten ihm die politi-

---

449 SS 345/8a.
450 t'ai-shih 太師. FdS 1890.
451 ch'eng-shih lang 承事郎. FdS 2222.

schen Machthaber, sondern befahlen ihm, sich in Nan-k'ang[453] niederzulassen. Von dort mußte er kurz darauf nach Ch'u-chou[454] umziehen, wo er 1124 im Alter von 64 Jahren starb. Sein Leichnam wurde nach Kuangling[455] überführt und dort beigesetzt.

Zu Beginn der südlichen Sung-Dynastie, als man die Mitglieder der Yüanyu-Partei nach eingehenden Untersuchungen rehabilitierte, ernannte man Ch'en Kuan posthum zum Politischen Zensor[456], seinem Sohn gewährte man einen Beamtenrang am Hofe[457]. Im Jahre 1156 widerfuhr Ch'en Kuan eine weitere Ehrung: Wohl im Zusammenhang mit einem Antrag, ihm einen posthumen Ehrennamen zu verleihen, sprach sich Kaiser Kao-tsung lobend über das Tsun-yao chi aus. Er stellte das korrekte, orthodoxe Wissen des untadeligen Zensors gegen das ketzerische des Wang An-shih, denn Ch'en Kuan hatte im oben genannten Werk Auffassungen vertreten, die sich im 'Buch der Wandlungen' widerspiegeln: 'Der Himmel (= Herrscher) ist hoch zu ehren, die Erde (= Untertanen) niedrig zu schätzen.'[458] Wang An-shih soll dagegen gefordert haben, daß der Herrscher, der ja nicht unbedingt der tugendhafteste im Reiche sein müsse, mit 'dem Gesicht nach Norden' denjenigen zu befragen habe, der ihn an Tao und Te übertreffe. Diese Kontrastierung ist auf dem Hintergrund der ständig wachsenden Herrschaftsgewalt der Sung-Kaiser zu sehen. Im Gegensatz zu Shen-tsung, der den Wang An-shih nach dessen Auffassung zu befragen hatte, war Kao-tsung bereits ein absoluter[459] Herrscher,

---

452 江州 (Hu-pei). TM 325,1; PF 731 und 7052; HW 17.
453 南康 (Chiang-hsi). TM 592,2; PF 4590; HW 120.
454 楚州 (Chiang-su). TM 1026,2; PF 1400,2 und 2244; HW 37.
455 廣陵 . HW 88.
456 ch'ien-i t'ai-fu 諫議大夫 . FdS 803.
457 Der genaue Rang im Hofamt (shih-ts'ung kuan 侍從官, FdS 119) ist nicht überliefert.
458 Legge (1968), p. 348.
459 Unter einem absoluten Herrscher verstehe ich den Kaiser, der ohne Gegengewicht die in seiner Hand konzentrierte Machtanhäufung zu handhaben genießt. Vgl. hierzu Liu (1968), p. XI.

dem selbstverständlich die seine Position festigende Auffassung des Ch'en Kuan besser behagte als die des Wang An-shih. So erhielt Ch'en Kuan als besondere Anerkennung den Ehrennamen 'Loyal und schlicht'[460] verliehen.

Der Charakter des Ch'en Kuan

In seiner Biographie in der offiziellen Geschichte erscheint uns Ch'en Kuan als ein typischer Vertreter des konfuzianischen Beamtentums klassischer Prägung. Seine Gelehrsamkeit wird durch sein hervorragendes Abschneiden in den Staatsexamina bewiesen. Offen legte er stets seine Meinung dar, nie ließ er sich davon abbringen. Den mannigfachen mehr oder minder schweren Bestechungsversuchen widerstand er ohne zu zögern. Außer Ts'ai Pien und Ts'ai Ching versuchte auch Tseng Pu mit Schmeicheleien, seine kritische Grundhaltung aufzuweichen, doch war ihm ebenfalls wenig Erfolg beschieden. Größte Pietät übte er seinen nächsten Verwandten gegenüber; sein ausgesprochener Familiensinn wird überall hervorgehoben[461]. Als unbestechlich, jedoch maßvoll wird sein Verhalten seinen Untergebenen gegenüber, als äußerst loyal die Einstellung zu seinem Herrscher gerühmt[462]. Es scheint ihm nie darum gegangen zu sein, sich selbst zu bereichern, sondern der Nutzen für das Reich hatte stets Vorrang vor den persönlichen Dingen. In Diskussionen ging es ihm um die Sache, nicht darum, Fehler anderer bloßzulegen, daher waren seine Worte nie unbedacht, jedoch sprach immer Stolz und Selbstachtung aus ihnen[463]. Alle diese aufgezeigten Einzelheiten, die wohl um der

---

460 chung-su 忠肅 . Das weite Feld der posthum an Kaiser - darunter fallen die Tempelnamen (miao-hao 廟號) - und verdienstvolle Beamte verliehenen Ehrennamen, das von W. Bauer in seiner Habilitationsschrift mit Bedacht ausgespart wurde, ist immer noch einer Einzeluntersuchung vorbehalten. Vgl. Bauer (1959), p. 14, 19.

461 Vgl. besonders die verschiedenen chronologischen Lebensabrisse (nien-p'u 年譜), die im YLTT in den Kapiteln 3143 und 3144 enthalten sind.

462 s.o.

463 YLTT 3143/8a.

Kontrastierung willen gegenüber sogenannten 'Neuerern und Verbrechern' von der Art des Ts'ai Ching überzeichnet sein dürften, laufen jedoch auf eine Typisierung hinaus, die den einstmals lebendigen Menschen Ch'en Kuan gänzlich in den Hintergrund treten läßt. Nirgends steht eine humorvolle Episode oder wird gar von menschlichen Schwächen des Ch'en Kuan berichtet. Merkwürdigerweise stimmen hier alle Quellen überein, auch die privaten Lebensbeschreibungen. Diese äußerst korrekte, trocken und steif anmutende konfuzianische Haltung behielt er sogar, was die Kleidung betraf[464], im engsten Familienkreise bei. Welche Diskrepanz zu dem leicht schlampigen Auftreten, das uns von Wang An-shih berichtet wird[465]!

Die literarischen Aktivitäten des Ch'en Kuan

Im Einklang mit der soeben aufgezeigten Charakterisierung steht die Tatsache, daß sein literarisches Schaffen erst einsetzte, nachdem er im zweiten Jahr der Devise Ch'ung-ning (1103) von den Auswirkungen der Proskription der Yüan-yu-Parteianhänger endgültig betroffen wurde. Von nun verfaßte er Gedichte[466], Nachworte zu Gedichten und Abhandlungen seiner Zeitgenossen[467], Inschriften für den Grabstein befreundeter Kollegen[468], kleinere Kommentare und Reiseberichte[469]. Ausnahmen bilden lediglich seine Erläuterungen zum klassischen 'Buch der Wandlungen' und seine politische Denkschrift Tsun-yao chi. Beide Werke wur-

---

464 s. YLTT 3143/6a.

465 Noch in der heutigen Zeit wird das vernachlässigte Äußere des großen Reformers in Schulbüchern als warnendes Beispiel hingestellt. Vgl. Li-tai ming-jen ku-shih ts'ung-shu, Wang An-shih.

466 Einige seiner Tz'u-Dichtungen sind im Chiao-chi Sung Chin Yüan jen tz'u, das von Chao Wan-li zusammengestellt worden ist, in einem eigenen Bändchen mit dem Titel Liao-chai tz'u enthalten. Doch erreicht Ch'en Kuan bei weitem nicht in seinen Gedichten das hohe Niveau der Dichtungen seiner berühmten Zeitgenossen.

467 s. YLTT 3144/1b.

468 s. YLTT 3144/20b.

469 s. YLTT 3144/1b.

den auch in die Große Kaiserliche Sammlung[470] aufgenommen.

Das I-shuo

Unter dem Titel I-shuo[471], Erläuterungen zum I-ching, ist eine ganze Reihe von Werken bekannt, u.a. von den Philosophen Chang Tsai (1020-1070)[472], Chu Hsi (1130-1200)[473], von den Historikern Ssu-ma Kuang und Lü Tsu-ch'ien sowie in späterer Zeit von dem hervorragenden Gelehrten Yü Yüeh (1821-1907)[474]. Ch'en Kuan verfaßte sein I-shuo im Jahre 1104 in Ho-pu, wohin er sich vor weiteren Nachstellungen des Ts'ai Ching zurückgezogen hatte, und sandte es seinem Sohne Ch'en Cheng-hui. Sein Enkel Ch'en Cheng-t'ung[475] versah es mit einem Nachwort, das allerdings nicht überliefert ist, und schnitt es 1142 in Holz, um den Druck vorzubereiten. Zu jener Zeit war Cheng-t'ung gerade Präfekt in Ch'ang-chou[476]. Die Kopie dieser Ausgabe, die sich in der Bibliothek des Wu Yü-ch'i[477] befand, wurde als Vorlage von den Kompilatoren der Großen Kaiserlichen Sammlung benutzt. Der ursprüngliche Titel soll Liao-chai i-shuo[478] gelautet haben, der aber nach Yü Chin's[479] Untersuchungen in Liao-weng i-shuo[480] geändert wurde. Er stützte sich dabei ganz auf die Aussage des Hu I-kuei[481], der die Erstausgabe mit

---

470 Ssu-k'u ch'üan-shu 四庫全書 .
471 易說 .
472 張載 .
473 朱熹 .
474 俞樾 .
475 陳正同 .
476 常州 (Chiang-su). TM 797,3; PF 312; HW 4.
477 吳玉墀 . s. EC 811 1.
478 了齋易說 .
479 玉晉 .
480 了翁易說 .
481 胡一桂 . s. Anhang p. 125 Anm. 314.

dem Titel Liao-weng i-shuo noch gesehen haben will[482]. Zwar scheint man der Auffassung des Yü Chin einhellig zuzustimmen, jedoch sollte man nicht vergessen, daß ein anderer Beiname des Ch'en Kuan, der ihm von seinen Schülern und Vertrauten gegeben worden war, eben Liao-chai gewesen war. Somit könnte der Buchtitel Liao-chai i-shuo, da er wohl von Ch'en Kuan's Enkel oder Sohn ausgestellt war, durchaus seine Berechtigung haben.

Über das ohne Unterteilung in Abschnitte oder Kapitel verfaßte Werk, das das gesamte 'Buch der Wandlungen' kommentiert, urteilen berühmte Bibliographen recht unterschiedlich. Während Ch'en Chen-sun bemängelt, daß die Erklärungen zu tief und mysteriös seien[483], bescheinigt Ch'ao Kung-wu dem Verfasser einen echten Beitrag zum Verständnis dieses Klassikers, der eo ipso ja schwer zu verstehen sei[484]. Shao Po-wen (1057-1134)[485] vertrat die Meinung, daß Ch'en Kuan auf den Erklärungen des Liu An-shih fuße und sein Werk dem seines Vaters Shao Yung (1011-1077)[486] nicht nachstehe[487].

Tsun-yao chi

Dieses Buch, das ursprünglich nur ein Kapitel umfaßte, wuchs durch Nachworte und Kommentierungen sowie durch eine geänderte Einteilung auf 11 Kapitel an. Die Ausgabe, die sich im Besitz des Fan Mou-chu (1721-1780)[488] befand, wurde kopiert und in die Große Kaiserliche Samm-

---

482 vgl. SKCSTM 2/11b.

483 CCSLCT 1/13.

484 An welcher Stelle seines Chün-chai tu-shu chih Ch'ao Kung-wu diese Äußerungen macht, ist nicht festzustellen.

485 邵伯溫. BD 1681.

486 邵雍. Der Weggestalter des Neokonfuzianismus entwickelte seine Theorien an Hand des I-ching.

487 vgl. Wen-chien lu p. 111.

488 范懋柱. vgl. EC 230 ff.

lung aufgenommen[489]. Ursprünglich hatte Ch'en Kuan das Tsun-yao chi
im Jahre 1104 in Ho-pu verfaßt, als er sich vor möglichen Verfolgungen
in Lien-chou[490] versteckt hielt. Das Buch enthielt in acht Hauptpunkten
mit 65 Untergliederungen seine ausführliche Kritik daran, daß die Geschichtsbeamten der Shao-sheng-Periode (1094-1098) das Tagebuch des
Wang An-shih als Grundlage ihrer Revidierung der Regesten des Shen-
tsung benutzt hatten. Die Person des Wang An-shih setzte er jedoch kaum
Angriffen aus. Dieses als Ho-pu tsun-yao chi bekannte Werk ist jedoch
nicht mehr erhalten. Einige Jahre später schrieb er das Buch noch einmal um. Das neue Werk, das als Ssu-ming tsun-yao chi[491] überliefert
ist, mir leider jedoch nicht vorlag, beinhaltet die schärfsten Angriffe gegen Ts'ai Pien, der für die zweite Fassung der Regesten der Hauptver-
antwortliche war. Ch'en Kuan warf jenem vor, die Verdienste des Kaisers Shen-tsung geschmälert und alles Vortreffliche seinem leitenden
Minister Wang An-shih zugute gerechnet zu haben. Diese Herabsetzung
des Herrschers verfälsche dermaßen richtig und falsch, daß vor der
Nachwelt die wenig glaubwürdige Geschichtsdarstellung unbedingt einer
erneuten Revision bedürfe[492]. Seiner Eingabe, welche die obige Forderung zum Ausdruck brachte, war einige Jahre zuvor, nur kurz nach dem
Herrschaftsantritt des Hui-tsung, schon nicht entsprochen worden.

Das Tsun-yao chi trug wesentlich dazu bei, daß Ch'en Kuan in eine Art
Sicherheitsverwahrung nach T'ai-chou abgeschoben wurde und war ein
Hauptgrund dafür, daß die Gebrüder Ts'ai ihn ohne Unterlaß mit ihrem
Haß verfolgten. Auch Chang Shang-ying, der das Werk während seiner
kurzen Vizekanzlerschaft (1110, 6. Monat - 1111, 8. Monat) dem Kaiser
vorlegte, wurde u.a. deswegen entlassen; daß dabei das Tsun-yao chi
nur ein Vorwand war, ist offenkundig. Wenig verwunderlich ist, wie oben

---

489 SKCSTM 89/3b.
490 廉州 (Kuang-tung). TM 1003,1; PF 3815; HW 100.
491 四明尊堯集.
492 SKCSTM 89/4a.

gesagt[493], daß dem ersten Kaiser der südlichen Sung-Dynastie dieses Werk zusagte. Schließlich war er es, der die verfolgten Yüan-yu-Parteigänger rehabilitierte und ihre Nachkommen wieder in den Genuß ehemals gewährter Privilegien einsetzte. Kennzeichnend für seine politische Einstellung ist auch der Erlaß, die Regesten des Shen-tsung zum dritten Mal zu redigieren, diesmal ganz auf den Aufzeichnungen des Ssu-ma Kuang und seiner Freunde aufbauend. Inwieweit diese Darstellung, die von vorneherein ebenso wenig Anspruch auf historische Objektivität besitzt wie die zweite Fassung, den Vorstellungen des Ch'en Kuan und seinem Antrag entsprachen, sei dahingestellt.

Die Nachkommen des Ch'en Kuan

Von seinen drei Söhnen, die uns namentlich bekannt sind, erreichte keiner die Bedeutung des Vaters. Sie wurden nicht einmal für wert erachtet, im Anhang zur Biographie des Ch'en Kuan in der offiziellen Geschichte kurz erwähnt zu werden. Lu Hsin-yüan (1834-1894)[494], einer der berühmtesten Bibliophilen der chinesischen Geschichte, sammelte das verfügbare Material zur Lebensbeschreibung des Ch'en Cheng-hui[495] und nahm es in seinen 'Zusatz zur offiziellen Geschichte der Sung-Zeit'[496] auf. Im wesentlichen zog er dazu die Nachrichten in der Lokalchronik der Provinz Fu-chien heran, aus der ja die Familie des Ch'en Kuan stammte. Wie bereits erwähnt, wurde Ch'en Cheng-hui vom Kanzler Ho

---

493　p. 83.

494　陸心源. Vgl. EC 545 f.

495　陳正彙.

496　Sung-shih i 宋史翼. Dieses Werk, das Hiromu Momose in dem oben zitierten biographischen Artikel zur Person des Lu Hsin-yüan mit 'history of the party strife at the end of the Northern Sung Dynasty' charakterisiert, enthält lediglich biographische Materialien zu Persönlichkeiten, die - bis auf wenige Ausnahmen - keine eigene Biographie in der offiziellen Geschichte erhielten. Nur mit sehr viel Kenntnis und Mühe kann man daraus eine 'Geschichte der Parteikämpfe am Ende der nördlichen Sung-Dynastie' zusammenstellen.

Chih-chung auf die Insel Sha-men in der Provinz Shan-tung verbannt[497], wohl auf Betreiben des Ts'ai Ching, dem er umstürzlerische Absichten unterstellt hatte. Erst nach etwa 15 Jahren kehrte Cheng-hui von dort in die Hauptstadt zurück. Vom Tod seines Vaters (1124) hatte er in der Verbannung erfahren, vor Trauer darüber und daß er nicht zu dessen Begräbnis hatte kommen können, soll er gemütskrank geworden sein und nach seiner Rückkehr nicht einmal einer Aufforderung zur Audienz habe Folge leisten können. Nach wenig bedeutungsvollen Ernennungen erreichte Ch'en Cheng-hui im Vollzug der Rehabilitierungsmaßnahmen für die Yüan-yu-Parteigänger und deren Nachkommenschaft im Jahre 1157 ein höheres Amt in der Staatskanzlei. Kurz darauf wurde er durch kaiserliche Gunst zum Interimspräsidenten des Justizministeriums[498] ernannt. Nach weiteren Aufgaben im Geheimen Staatsrat[499] beendete er seine Beamtenkarriere mit Präfektenämtern in verschiedenen Provinzen. Sein Sohn Ch'en Ta-fang[500] wurde der Verdienste seines Vaters wegen zum Ti-kung-Würdenträger[501] und Unterpräfekten in Chien-chou[502] ernannt.

Von den beiden anderen Söhnen des Ch'en Kuan, Cheng-yu[503] und Cheng-t'ung[504], sind lediglich die Ernennungen zu untergeordneten Ämtern in der Provinzialverwaltung bekannt. Ch'en Cheng-yu hatte in der Periode Shao-hsing (1131-1163) das Amt eines Gerichtsintendanten[505] für die Provinz Kuang-hsi inne, während Ch'en Cheng-t'ung 'es nur im Verlauf (seiner Beamtenkarriere) zum Unterpräfekten in Wu-chou'[506] brachte.

---

497 vgl. p.80.
498 ch'üan hsing-pu shih-lang 權刑部侍郎. FdS 892 und 447.
499 shu-mi yüan 樞密院. FdS 196.
500 陳大方.
501 ti-kung lang 迪功郎. FdS 2433.
502 建州 (Fu-chien). TM 614,4; PF 846; HW 21.
503 陳正由.
504 陳正同.
505 t'i-tien hsing-yü 提點刑獄. FdS 2517.
506 婺州 (Che-chiang). TM 887,4; PF 7203 und 1023; HW 174.

VII. ZUSAMMENFASSUNG UND SCHLUSS

Vergleich zwischen Lu Tien und Ch'en Kuan

Obgleich die beiden Politiker aus ganz verschiedenen geistigen Lagern stammten, fanden sie sich doch auf derselben Proskriptionsliste wieder. Lu Tien, der seine prägende Ausbildung von Wang An-shih erhielt, übertraf Ch'en Kuan aus der Schule der Gebrüder Ch'eng wohl an Gelehrsamkeit, der er ja zum größten Teil seine politische Karriere verdankte. Ihm schien es selbstverständlich zu sein, sich mit Klassikerproblemen in Wort und Schrift zu befassen, während Ch'en Kuan erst in der Zeit, in der er wegen der vorherrschenden Machtkonstellationen zu politischer Untätigkeit verdammt war, sein literarisches Schaffen begann. Kennzeichnend dafür ist auch, daß sein erstes größeres Werk eben eine politische Denkschrift und keine gelehrte Abhandlung war. Politisch war Ch'en Kuan zweifelsohne der aktivere. Prononcierter als Lu Tien sprach er sich gegen das herrschende Parteiunwesen aus, jedoch tat er dies erst, als die Gruppe um Ts'ai Ching die Macht stark in Händen hielt. Dagegen sah Lu Tien viel früher bereits in den Parteiungen, aus denen er sich ohne Erfolg herauszuhalten versuchte, das grundsätzliche Übel der Zeiten nach dem Tode des Wang An-shih. Mehr als Lu Tien war Ch'en Kuan quasi ex officio als Zensor dazu verpflichtet, gegen die stärker werdende Korruption und doktrinäre Halsstarrigkeit verbal zu protestieren. In der kurzen, wegen des politischen Kurses unsicheren Zeit zu Beginn der Herrschaft des Hui-tsung kamen sich Lu Tien und Ch'en Kuan in ihrer Sorge um das Wohl des Staates, vielleicht aber auch nur in der gemeinsamen Ablehnung Tseng Pu's und Ts'ai Ching's, in ihren politischen Anschauungen recht nahe. So ist es auch kaum verwunderlich, daß Lu Tien sich entschieden gegen Ch'en Kuan's Bestrafung wegen dessen Kritik an Tseng Pu aussprach[507]. Er achtete wohl Ch'en's persönliche Integrität

---

507 vgl. YLTT 3143/16a. Hier wird das Geschehen um Ch'en Kuan's Denkschrift ausführlich dargelegt.

und maßvolles Karrieredenken, ohne allerdings offen dessen Kritik zu unterschreiben. Zu dieser Zeit war er wohl ganz von dem Gedanken erfüllt, daß eine neutrale Ausgleichspolitik, gestützt auf gemäßigte Reformer und Antireformer, der Gefahren Chinas im Innern wie im Äußern Herr werden könne. Daher wollte er nicht zu einseitig die Partei des Ch'en Kuan ergreifen.

Wenn wir nun nach den eingangs beschriebenen Kategorien[508] des J.T.C. Liu die beiden Persönlichkeiten zu klassifizieren versuchen, so gehören sie beide der Gruppe der idealistischen Beamten-Gelehrten an. Bei Lu Tien liegt jedoch der Akzent mehr auf dem Gelehrten, während Ch'en Kuan's Neigungen und Fähigkeiten stärker in seiner Beamtenkarriere zum Tragen kamen, insbesonders als Zensor. Dagegen, daß letzterer der typische Vertreter der konservativen Richtung war, spricht auch nicht seine Herkunft aus dem mittleren Süden Chinas; seine engen Bindungen an prominente Vertreter der neokonfuzianischen Schulen machen es eher deutlich. Dies hat wohl Kaiser Kao-tsung dazu bewogen, ihn neben der allgemeinen Rehabilitierung der Yüan-yu-Parteianhänger, an der auch die Nachkommen des Lu Tien Nutznießer sein durften, besonders zu ehren und ihm einen posthumen Ehrennamen zu verleihen. Eine derartige Ehrung widerfuhr Lu Tien nicht. Da wir wissen, daß Kaiser Kao-tsung sehr sorgfältig die Yüan-yu-Proskriptionsliste untersuchen ließ und erst dann den von ihm als 'echte Konservative' Anerkannten Ehrungen zukommen ließ, können wir schließen, daß Lu Tien nicht unter diese Kategorie fiel. Das bedeutet zwar nicht, daß er grundlos und willkürlich auf die Proskriptionsliste gesetzt worden war, aber es macht deutlich, welche großen Unterschiede in den Auffassungen der Proskribierten festzustellen sind. Darüber hinaus verstärkt es die Zweifel, daß Ts'ai Ching ausschließlich Yüan-yu-Parteigänger mit der Pro-

---

508 s. p. 4 f.

skriptionsliste erfassen und für alle Zeiten brandmarken wollte[509].

---

[509] Daß die Liste als Warnung für die Beamten aller Zeiten gedacht war, geht nicht nur aus Ts'ai Ching's Vollzugmeldung hervor, die er dem Kaiser einreichte, sondern wird auch aus seinen Äußerungen deutlich, als er von der heimlichen Zerstörung der Steintafel erfuhr: "Die Steintafeln kann man zwar zerstören, die Namen aber nicht!". Vgl. HCP 26/2a.

ANHANG

I. ÜBERSETZUNGEN

Nr. 1

Das Vorwort des Hai Jui in YYTCPK

Die Steintafel der Yüan-yu-Partei wurde in der Sung-Zeit an der Ostwand des Wen-te-Palastes aufgestellt. Ts'ai Ching hat sie abgeschrieben. Die Wei-hsüeh-ni-Liste[1] - diese böse Tat - stammt von Han T'o-chou[2] und wurde im ganzen Reich bekannt gemacht. Zwar litten in beiden Fällen die Weisen und Edlen ihrer Zeit Not und wurden fälschlich angeklagt, doch wie hätten sie wissen können, daß in Wirklichkeit man dadurch die Namen aller Edlen (dieser Zeiten) für alle Zeiten berühmt gemacht hat?![3] Doch kann der Historiker nicht alles vollständig sammeln und damit können die (Schicksale der) Menschen nicht völlig bekannt werden. Jetzt habe ich die Werke Tao-ming lu[4] und T'ao-chu hsin-lu[5] und dergleichen untersucht, alles nach Zusammengehörigkeit unterteilt, zusammengestellt und im folgenden geordnet, damit spätere Gelehrte mit einem Blick Bescheid wissen können und es nicht dazu kommt, daß man das Wort 'man liebt das Gute und haßt das Schlechte' umkehren kann. Nun, hinsichtlich der Yüan-yu-Partei hat Liu Yüan-ch'eng[6] gesagt, daß sie nur 78 Personen umfaßt habe; zur Ch'ing-yüan-Partei[7] hat Huang Mien-chai[8] gesagt, daß diejenigen, die nicht zur Partei gehörten (und doch auf der Liste standen), sehr zahlreich waren.

Nr. 2

Das Nachwort des Wu Chung-yüeh in YYTCPK

Die obige Untersuchung über die Stele mit der Yüan-yu-Parteiliste in einem Kapitel und als Zusatz die Parteiliste der Ch'ing-yüan wei-hsüeh-ni-Partei hat in der Ming-Zeit Hai Jui mit dem Mannesnamen Ju-hsien[9] aus Ch'iung-shan[10] verfaßt. Dieser Meister war ein charakterfester Minister der vergangenen Dynastie, dessen aufrechte Stimme Hof und Reich erschütterte. Auf den Straßen und in den Gassen gibt es keinen, der nicht Hai Kang-feng[11] kennt.

Das vorliegende Buch ist bereits im Ssu-k'u t'i-yao[12] erwähnt und erfaßt. Dort heißt es, daß er (Hai Jui) sich besonders auf das Tao-ming lu des Li Hsin-ch'uan[13] stützte, dessen Mängel er an Hand anderer Werke ausgebessert hat. Daher ist das, was er an Menschenzahl aufzeichnete, im Vergleich zu anderen Büchern umfangreicher. Jetzt habe ich dieses Werk unter Zuhilfenahme des T'ao-chu hsin-lu des Ma Ch'un[14] untersucht. Außer daß in der Rubrik der 177 'sonstigen Beamten' innen Sun O[15] fehlt und Ch'ien Hsi-po[16] zu viel (auf der Liste) steht, fehlen die 25 Militärbeamten und 29 Eunuchen[17]. Rührt das nicht daher, daß die sich auf das T'ao-chu hsin-lu stützende und von den Ming-Leuten gedruckte Ausgabe nicht zufriedenstellend war? Ferner gleicht das, was Lang Ying[18] in seinem Ch'i-hsiu lei-kao[19] aufgezeichnet hat, dem vorliegenden Werk, es fehlen lediglich die Worte des Ts'ai Ching und das Nachwort des Meisters (Hai Jui). Das Vorwort ist nach wie vor aufgeführt, doch fehlt der Name des Meisters (Hai Jui), (so daß es aussieht), als ob es von Lang Ying verfaßt wäre. Nun hat doch Lang Ying sehr viel verfaßt[20], doch warum er sich mit fremden Federn schmückt[21], ist überhaupt nicht zu erklären.

Der Meister hat das Pei-wang chi[22] und das Shun-an cheng-shih kao[23] geschrieben, doch was sich im Umlauf befindet, sind sehr selten die Originalwerke.

Das (vorliegende) Buch wurde in einem kleinen Band im Hsüeh-hai lei pien[24] des Ts'ao Jung[25] im Kapitel Chi-yü (集餘) im Abschnitt Hsing-i (行誼) zusammengestellt. Ich habe es nun geprüft und korrigiert und wieder drucken lassen.

In früheren Zeiten hatte Kung I-cheng[26] bereits die Spuren ihrer Taten verfolgt und zu einem Werk von 100 Kapiteln mit dem Titel 'Yüan-yu-tang chi lieh-chuan pu-shu'[27] zusammengefaßt. Von dem (vorliegenden)

Buch unterscheidet es sich sehr in seiner Ausführlichkeit, das dann nur das ungeschmückte Rad der Staatskarosse oder das angesammelte Wasser für das dicke Eis ist[28].

In seinem Nachwort hat Hai Jui gesagt: 'So ungezwungen wie Tzu-chan[29], doch dieser stieß auf die Neider seiner Zeit; so edelmütig wie Chünshih[30], doch zog jener sich Bestrafungen dadurch zu.'[31] Daß der Meister (Hai Jui) zwar auch fürchtet, bestraft zu werden, aber dennoch diese Worte schreibt, das ist fürwahr beneidenswert!

Am 5.5. hat Ihr Schüler Wu Ch'ung-yüeh ehrerbietigst das Nachwort verfaßt.

Nr. 3

Die verkürzt wiedergegebene Eingabe des Ts'ai Ching in YYTCPK

(Vorbemerkung: Als ein in die Problematik der Yüan-yu-Proskriptionsliste einleitendes Vorwort hat Hai Jui in seiner kritischen Untersuchung und Zusammenstellung der Parteiliste die Vollzugsmeldung - vielleicht kann man sogar von einer Rechtfertigung sprechen - vorangestellt, die Ts'ai Ching im 6. Monat des Jahres 1104 veröffentlichte. Sie ist auch in anderen Quellen[32] in nur wenig geänderter Form erhalten.)

In den fünf Jahren seit seiner Thronfolge hat der Kaiser (Hui-tsung) klar die Unterschiede zwischen gut und schlecht kenntlich gemacht und ein aufrichtiges Vertrauen in Strafe und Belohnung geschaffen. Da er diejenigen Beamten entlassen wollte, die in der Periode Yüan-yu (1086-1094) dem Staat so geschadet hatten und im Strafmaß sich in keinem Fall irren wollte, hat er die zuständigen Beamten beauftragt, gerecht die Tatbestände zu untersuchen, deren gute und schlechte Taten und ihre Parteigänger aufzuführen, damit er (genaue) Kenntnis erhalte. 309 Leute kamen so zusammen. Seine Majestät schrieb (ihre Namen) auf und ließ sie auf eine Steintafel meißeln und an der Ostwand des Wen-te-Palasttores aufstellen, als ewige Warnung für die Nachkommen aller Zeiten. Ferner gab er durch Erlaß kund, daß ich, Ching, die Namen abschreiben solle, damit sie im ganzen Reiche verbreitet würden. Meiner untertänigen Meinung nach bewahrt Seine Majestät in seiner tugendhaften Weisheit und tatkräftigen Kriegskunst die (überkommenen) Regeln und entfaltet die verdienstvollen Leistungen, offenbart das Gute und bestraft das Schlechte, um (die Verdienste) seiner Vorfahren hell erstrahlen zu lassen. Wie könnte ich es wagen, nicht seinem Befehl zu entsprechen, ihn nicht zu verbreiten und nicht den Willen Seiner pietätvollen, bruderliebenden und die Tradition fortsetzenden Majestät durchzuführen!

Ich, Ts'ai Ching, (vormaliger) Arbeitsminister[33], Vizepräsident des Staatsrates[34] und gleichzeitiger Vizekanzler[35], habe es in Ehrerbietung geschrieben.

Nr. 4

Das Nachwort des Hai Jui in YYTCPK

(Gewiß,) wenn die Herren in den Beamtenstellungen und am Hofe in einer chaotischen Welt[36] leben, bleiben sie niemals (von Angriffen) unbehelligt. Selbst ein so freier und ungezwungener (Mensch) wie Tzu-chan[37] traf auf den Neid seiner Zeit, selbst ein so solider und gütiger (Mensch) wie Chün-shih[38] zog sich Strafen zu. Von allen anderen kann man es (dann) mit Sicherheit annehmen! Han Ch'i[39], Fu Pi[40], Ou-yang Hsiu[41], Fan Chen[42], Chao Pien[43] und Ch'eng Hao[44] wurden alle wegen ihrer Kritik an den neuen Gesetzen entlassen. Li Shih-chung[45] sagte (sogar), daß An-shih einen so falschen Blick habe wie Wang Tun[46]. Lü Hui[47], T'ang Chieh[48] und Feng Ching[49] widersetzten sich An-shih, und doch wurden sie alle nicht in die Parteiliste aufgenommen. Lü Kung-chu[50] und Han Wei[51] gaben anfangs Empfehlungen für An-shih, Tseng Pu[52] und Chang Tun[53] schmeichelten der Macht und erhielten Beamtenstellungen; Li Ch'ing ch'en[54] förderte zunächst die Theorien, die 'Tradition fortzusetzen', um günstige Vorzeichen für den Staat zu schaffen; Huang Lü[55] klagte die Vorgänge um die 'Vorhangregierung'[56] an und beschuldigte Lü Ta-fang[57] und Liu Chih[58] und entließ sie; An Tao[59] schwankte zwischen

Ts'ai Chüeh[60] und Chang Tun hin und her, ohne (ihr Handeln) zu korrigieren, und Yeh Tsu-hsia[61] gab (beim Palastexamen auf die Fragen des Kaisers) schriftlich zur Antwort, daß Seine Majestät die Politik der Ahnen, die vielfach nachlässig und töricht war, abschaffen und reformieren müsse, woraufhin er (dennoch) zum Prüfungsbesten auserwählt wurde, doch alle wurden sie mit den Parteileuten (auf die Liste) gesetzt.

Recht und Unrecht, wie paradox sind sie doch! Daß Han, Fu, Ou (-yang) und Fan außer Betracht gelassen wurden, das war eine gerechte Beurteilung des Ts'ai Ching, daß er aber Chang Tun eine Kleinigkeit nicht verzieh, war selbstsüchtiger Haß des Ts'ai Ching.

Anhänger jedoch, die sich schämten, nicht in der Partei zu sein, waren nicht unbedingt tugendhaft, wie auch diejenigen, die sich neutral aus der Kritik heraushielten, nicht unbedingt minderwertig.

In den Diskussionen um die Yüan-yu-Partei hieß es, daß seit zahllosen Jahren einander ausschließende Gegensätze gemeinsam 'galoppierten'. Diese Linie könne niemals auseinandergebracht werden. Daß (Ts'ai Ching) mit aller Kraft sie zu ändern begehrte, wie konnte das richtig sein! Doch woran ich Zweifel habe, ist, ob Ts'ai Ching selbst um diese einander ausschließenden Gegensätze gewußt hat.

Der Steinmetz An Min[62] sagte unter Tränen, als er die (Namen auf die) Steintafel meißeln sollte: "Ich möchte befreit werden davon, die zwei Zeichen 'an 安' und 'min 民' an das Ende der Tafel setzen zu müssen. Ich fürchte, von der Nachwelt angeschuldigt zu werden."

Ach, Ts'ai Ching hatte nicht einmal (die Einsicht) eines Steinmetzes erreicht!

Nr. 5

Die kritische Würdigung des YYTCPK im SKCSTM 61, p. 1318 f.

Hai Jui aus der Ming-Zeit hat es verfaßt. Jui hieß mit Mannesnamen Ju-hsien[63], mit Beinamen Kang-feng[64] und stammte aus Ch'iung-shan[65].

Nach (dem Erwerb des) Chü-jen-Grades[66] brachte er es bis zum Hauptstadtzensor zur Rechten in Nan-ching. Sein nach dem Tode verliehener Ehrenname lautete 'Loyal und Aufrichtig'[67]. Die Spuren seines Lebens sind alle in der Biographie im Ming-shih[68] (zu verfolgen).

Die Steintafel mit den (Namen der) Yüan-yu-Parteianhängern ist im Tao-ming lu[69] des Li Hsin-ch'uan[70] und im T'ao-chu hsin-lu[71] des Ma Ch'un[72] enthalten, jedoch gibt es (zwischen beiden Werken) Unterschiede. (Hai Jui) nahm besonders das Tao-ming lu als Grundlage und ergänzte dessen Mängel an Hand anderer Werke. Daher umfaßt es mehr (Namen von) Menschen als die anderen Bücher. Z.B. sind in der Rubrik der 'leitenden Staatsmänner'[73] Huang Lü, Chang Shang-ying[74] und Chiang Chih-ch'i[75], in der Rubrik der 'höheren Beamten'[76] Chang Lei[77], Ch'en Hsiang-ch'iu[78] und Chou Ting[79] usw., im ganzen zehn Anhänger, in den anderen Werken nicht aufgeführt. Sein sorgfältiges Sammeln kann man als umfassend bezeichnen.

Die angehängte Liste der Ch'ing-yüan-Partei[80] unterscheidet sich nicht von anderen Werken, doch erreicht sie nicht an Ausmaß und Vollständigkeit das im YLTT enthaltene Ch'ing-yüan tang-chin[81].

Nr. 6
Die Biographie des Lu Tien in der offiziellen Geschichte der Sung-Dynastie (Sung-shih 343)

Lu Tien, mit dem Mannesnamen Nung-shih[82], war ein Mann aus Shan-yin[83] in Yüeh-chou[83]. Er wuchs in armen Verhältnissen auf und betrieb mit aller Kraft das Studium. Da er in der Nacht keine Lampe hatte, las er beim Schein des glänzenden Mondes. Wann immer er einen Lehrer finden konnte, zog er seine Strohschuhe an (und machte sich auf zu ihm). Als er nach Chin-ling kam[84], empfing er Unterweisung durch Wang An-shih. Im dritten Jahr der Periode Hsi-ning (1070) entsprach er den Empfehlungen und ging (zur Prüfung) in die Hauptstadt. Es traf sich, daß An-shih gerade das Reich regierte. Als dieser ihn über die neuen Gesetzesregelungen befragte, antwortete Tien: "Es ist nicht so, daß die neuen Gesetze nicht gut sind, jedoch kann man sie nicht so wie ursprünglich gedacht zur Ausführung bringen. Daher laufen sie wie z.B. die Ch'ing-miao-Regelung[85] wiederum auf eine Belästigung für das Volk hinaus." An-shih erschrak und sagte: "Ich habe sie doch mit Lü Hui-ch'ing[86] erörtert und mich auch bei anderen erkundigt." Tien entgegnete: "Wie gerne Sie etwas Gutes hören (und sich dadurch belehren lassen), hat es selbst im Altertum noch nie gegeben. Aber die Leute draußen meinen, daß Sie jegliche Kritik zurückweisen." Lächelnd erwiderte An-shih: "Wie könnte ich jede Kritik zurückweisen! Doch sind der irrigen Theorien soviele, daß ich für ihre Beachtung sie nicht einmal anhören kann." Tien sagte: "Dies ist es gerade, was die Leute zum Reden bringt." Am nächsten Tag rief An-shih ihn zu sich und sagte: "Hui-ch'ing meinte, wenn Privatleute Darlehen gewähren, dann müssen sie auch ein Huhn oder ein halbes Ferkel (als Zinsen) nehmen, sonst kommen sie nicht auf ihre Kosten. Ich habe bereits den Li Ch'eng-shih[87] hinausgeschickt, damit er in Huai-nan[88] (dieses Problem) genau erforsche." Als Ch'eng-shih zurückkehrte, (sagte er:) "Wenn man (in dieser Weise) dem Volk etwas vormacht, so dürfte es keine Unannehmlichkeiten geben. Tien's Auffassungen sind nicht richtig."

Das Ritenministerium reichte seinen Namen an erster Stelle ein. Als beim Palastexamen die Kandidaten[89] (vom Kaiser) geprüft wurden und unerwartete Fragen zur Tagespolitik kamen[90], da erschraken alle Kandidaten. Nur Tien beantwortete einen Abschnitt nach dem anderen ganz gelassen. Er wurde auserwählt in die erste Gruppe (derjenigen, die die Prüfung bestanden hatten).

Darauf wurde er zum Untersuchungsrichter[91] in Ts'ai-chou[92] ernannt. Als man begann, Universitäten in den fünf (um die Hauptstadt liegenden) Provinzen[93] einzurichten (1071), wurde er zum Professor an der Universität in Yün-chou berufen.
Danach ernannte man ihn zum Assistierenden Klassikererklärer an der

Staatsuniversität.

Da An-shih ihn nicht zu seinen politischen Anhängern zählte, betraute er ihn nur mit Klassikerproblemen und beriet sich nie wieder (mit ihm) über politische Angelegenheiten.

Als An-shih's Sohn Fang[94] die Lage ausnutzen wollte (um zu einer eigenen Machtstellung zu kommen), strebte dieser danach, diejenigen, die Karriere machen wollten, wie Staub an seinem Tor zu sammeln. Es war dann so, daß sie ihn mit dem dem Meister geziemenden Anstand verehrten. Tien jedoch behandelte ihn wie gewöhnlich.

Zusammen mit Wang Tzu-shao[95] arbeitete er an der Redigierung des Shuo-wen.

Anläßlich einer Audienz bei Shen-tsung fragte dieser ihn über das 'Staatsgewand bei großer Trauer'[96]. Tien untersuchte dieses Problem hinsichtlich der Riten und antwortete darauf. Shen-tsung war (mit der Antwort) zufrieden und stellte ihn an als Kontrollbeamten für die Riten und (Gebets)texte in den Vorstadttempeln[97]. Zu jener Zeit begleiteten nur Gleichrangige (den Kaiser) als Gefolge, allein Tien als Exekutivassistent für die kaiserlichen Bankette[98] durfte stets bei ihm sein. Jedesmal wenn Tien etwas erklärte, sagte Shen-tsung: "Seit Wang und Cheng hat es keinen gegeben, der so wie Tien die Riten erklären konnte."

Zusätzlich ernannte man ihn zum Textredakteur im Chi-hsien-Palast und Lektor im Ch'ung-cheng-Palast.

Als er vor dem Kaiser das Chou-li[99] erklären wollte, da befand dies der Kaiser für gut, nur solle er am Abend zuvor einen Entwurf darüber einreichen.

Er redigierte mit am 'Tagebuch von Tätigkeit und Ruhe'[100].

Als in der Periode Yüan-feng (1078-1085) die Beamtenregelungen festgelegt wurden, beförderte man ihn zum Obersekretär im Palastsekretariat und (kurz darauf) zum Ratgeber in politischen Angelegenheiten. Als Che-

tsung den Thron bestieg (1085), da bat man im Büro für die kaiserlichen
Opfer[101], daß das Opfern auf elfenbeinernen Schalen im kaiserlichen
Ahnentempel wieder eingeführt werde. Der Professor (in diesem Büro)
Lü Hsi-ch'un[102] und der Vizepräsident Chao Ling-shuo[103] meinten beide, daß man es wieder einführen solle. Tien jedoch wandte ein: "Im kaiserlichen Ahnentempel verfährt man nach den Riten der verstorbenen
Kaiser, daher sind tsu[104] und tou[105] die angemessenen Bezeichnungen.
Im Ching-ling-Palast[106], dem zweiten Ahnentempel[107], verfährt man
nach den Riten der derzeitigen Herrscher, daher sind elfenbeinerne Opferschüsseln die angemessene Bezeichnung." Schließlich folgte man der
Auffassung des Tien. Als man zu dieser Zeit (der Gegenreformen) die
Gesetze und Verordnungen des vorangegangenen Kaisers änderte und die
Parteianhänger des An-shih (aus ihren Positionen) entfernte, da wechselten viele seiner Parteigänger ihren (geistigen) Herkunftsort. Als Wang
An-shih starb, führte Tien jedoch alle Schüler zum (Toten)opfer (an
Buddha). Unter Tränen vollzogen sie die Opfer für ihn. Diejenigen, die
wußten, (wie Tien sich verhalten hatte) freuten sich, daß Tien (seinem
Lehrer) nicht den Rücken zugewandt hatte.

Er wurde zum Vizepräsidenten des Beamtenministeriums befördert. Um
die Regesten des Shen-tsung mitzubearbeiten, versetzte man ihn ins Ritenministerium. Häufig hatte er (bei dieser Arbeit) mit den Geschichts-
(büro)beamten Fan Tsu-yü und Huang T'ing-chien Auseinandersetzungen,
wobei es meistens um Wang An-shih ging, den jene im Verborgenen halten wollten. T'ing-chien sagte: "Wenn man ganz und gar Ihrer Meinung
folgt, so wird alles nur gefälschte Geschichte." Tien entgegnete: "Wenn
man ganz und gar Ihrer Meinung entspricht, wird es dann nicht eine einzige Schmähschrift?"

Man beförderte ihn zum Interimspräsidenten des Ritenministeriums,
doch als Cheng Yung kritisierte, daß er alles an den Haaren herbeiziehe
und passend mache (was gar nicht zusammenpasse), da wurde er zum
Gelehrtenanwärter im Lung-t'u-Pavillon[108] degradiert.

Als Präfekt von Ying-chou errichtete Tien einen Tempel für Ou-yang Hsiu, der Präfekt in Ying-chou gewesen war und (dort) viel Zuneigung hinterlassen hatte.

Als die Regesten vollendet (und akzeptiert) waren, beförderte man ihn zum Hilfsakademiker (des Lung-t'u-Pavillon). Aber als er von Han Ch'uan und Chu Kuang-t'ing kritisiert wurde, nahm man auf kaiserlichen Erlaß hin die gewährte Auszeichnung wieder zurück und versetzte ihn als Präfekt nach Teng-chou. Wenig später wurde er Präfekt von Chiang-ning-fu. Kaum dort angekommen, da opferte er am Grabe des An-shih[109].

Ein Mann aus Chü-jung[110] hatte seine Schwägerin geraubt und seinen Bruder umgebracht. Er verdrehte die Tatsachen und klagte drei Männer des gemeinsamen Anschlags an. Darauf verhörte man alle (drei), und sie mußten es sich gefallen lassen, daß sie zusammen ins Gefängnis geworfen wurden. Der Vater (unter den drei Gefangenen) klagte über die Ungerechtigkeit, jedoch bei denen, die rangniedriger als der Unterpräfekt waren, hieß es, daß jener (Jammerer) sich nur vor dem Tode fürchte; die Strafe sei doch bereits rechtskräftig, daran könne man nichts mehr ändern! Tien prüfte hingegen den Tatbestand und die drei erhielten ihre Freiheit (wieder).

Als man zu Beginn der Periode Shao-sheng (1094-1098) die Regesten (des Shen-tsung) erneut redigierte, wurde Tien zur Strafe in seinem Amte degradiert, man machte ihn zum Präfekten von Ch'in-chou[111], dann versetzte man ihn als Präfekt nach Hai-chou. Erst als man am Hofe seine Beweggründe erörtert und geklärt hatte[112], wurde er rehabilitiert und als Redakteur im Chi-hsien-Palast und Präfekt nach Ts'ai-chou versetzt. Als Hui-tsung den Thron bestieg, ernannte ihn dieser zum Vizepräsidenten des Ritenministeriums. Tien machte folgende Eingabe: Das Prinzip des rechten Anfangs[113] ruht auf dem Kaiser. In jüngster Zeit übertreffen sich die Beamten gegenseitig im Streiten. Wer sich gut darauf versteht, Gefälligkeiten zu erreichen, den hält man für geistvoll. Andere Menschen schlechtmachen zu können, ist zur Mode geworden, Treue und Güte wer-

den nur als Schwäche ausgelegt. Sich in Ruhe zurückzuziehen, schätzt
man gering. Man nimmt sich gegenseitig zum Vorbild und verfährt so.
Keiner denkt daran, damit aufzuhören. Dieses geradezurichten und die
Welt davon zu befreien, das fordert der heutige Tag. Shen-tsung begann,
aufrechte konfuzianische Gelehrte zu fördern. Um zu regieren, stellten
sie Gesetze auf, die man in der Periode Yüan-yu vollständig und zügellos durcheinanderbrachte und änderte. Seit der Periode Shao-sheng hat
ein jeder diese Gesetze gelobt. Doch wer sich darauf verstehen will,
die Werke früherer Menschen fortzusetzen, darf keinesfalls glauben, daß
er, indem er das sogenannte Schlechte verbessert, damit das Gute hervorgehoben hat. Daß man während der Yüan-yu-Periode alles durcheinanderbrachte und änderte, hatte daher den Fehler, daß man wußte, das
Schlechte wiedergutzumachen, aber nicht verstand, das Gute hervorzuheben. Daß man während der Shao-sheng-Periode allseits die Reformen
lobte und pries, hatte den Fehler, daß man zwar wußte, das Gute hervorzuheben, aber sich nicht verstand, das Schlechte abzuschaffen. Ich
bitte nun, sich mit tugendhaften Menschen zu beraten und die politischen Angelegenheiten in dieser Hinsicht zu untersuchen, und nur das,
was wirklich (der jetzigen Lage) entspricht, für wertvoll zu halten. Das
das Heute erfordert eine Zeit der großen Mitte[114].

Daraufhin beauftragte ihn Hui-tsung, die Regesten des Che-tsung zu redigieren[115].

Als er zum Präsidenten des Beamtenministeriums befördert wurde,
führte er eine Gegengesandtschaft[116] zu den Liao. Als sie auf dem Rückweg war, da hörte er auf halbem Wege, daß Hung Chi[117], der Herrscher
der Liao, gestorben sei. Die Begleiter, die er zu den Trauerfeierlichkeiten (zurückgeschickt hatte), sagten nach ihrer Rückkehr spöttelnd zu
Tien: "Wenn ein Staat eine solche Trauer hat, wie kann es da ein korrektes Verhalten sein, daß die Gesandten der Han überhaupt kein Beileid bezeugen?" Tien antwortete gelassen: "Eigentlich war ich der Meinung, daß Sie die Beileidsbezeugungen vollzogen haben, als Sie auf die

Familienmitglieder (des Herrschers) trafen, wenn Sie am Grabe niederknieten und 'in der Wehklage herumsprangen'[118]. Wenn Sie nun sich oberflächlich wie zu normalen Zeiten verhielten, was kann es da jetzt noch zu kondolieren geben!"[119] Die Begleiter waren außerstande zu antworten.

Tien wurde zum Exekutivassistenten zur Rechten befördert.

Als die Zeit kam, da in den südlichen Vorstadttempeln geopfert werden sollte, wollte der Aufseher den großen Kleiderkasten[120] ausschmücken. Er plante, es mit viel Gold zu tun. Tien forderte, dies zu ändern und Silber zu verwenden. Hui-tsung fragte: 'Muß man den Kleiderkasten denn ausschmücken?" Tien gab zur Antwort: "Was das große Gewand betrifft, so schätzte man seine Einfachheit hoch. Daß spätere Generationen Ausschmückungen hinzufügten, das war wider die Riten." Darauf sagte Hui-tsung: "Wenn es so ist, dann soll man das (Ausschmücken) lassen!" Als an mehreren Tagen Feng Chi[121] mehrmals über diese Angelegenheit sprach, da lobte Tien (den Entschluß des Kaisers) und sagte: "Daß der Kaiser zu dieser Ansicht gekommen ist, das ist wirklich ein Verhalten der höchsten Tugend."

Als Hui-tsung in den nördlichen Vorstadttempeln opfern wollte, da waren die hohen Beamten der Auffassung, daß er dies wegen der großen Sommerhitze nicht dürfe. Hui-tsung beharrte jedoch auf seiner Absicht. Als die Audienz beendet war, da sagten alle: "Wenn der Kaiser es nicht für beschwerlich hält, soll man das Opfer durchführen." Li Ch'ing-ch'en[122] hielt dies jedoch nicht für richtig. Tien hielt ihm entgegen: "Daß es in der Yüan-feng-Periode kein gemeinsames Opfer gab, sondern das Opfer in der nördlichen Vorstadt für richtig gehalten wurde, beruhte auf Ihrem Vorschlag. Jetzt wiederum halten Sie es nicht für durchführbar." Daraufhin insistierte Ch'ing-ch'en nicht länger auf seiner Meinung.

Als der Präsident des Zensorenamtes[123] Chao T'ing-chih[124] die Auffassung vertrat, daß alle unangemessenen Diskussionen über irgendwelche Angelegenheiten mit einer Geldstrafe zu belegen seien, sagte Tien: "Der Präsident (des Zensorenamtes) kann (von Amts wegen) keine Strafen verhängen. Verhängt er welche, dann darf er nicht mehr Präsident sein."

Als der Zensor Ch'en Kuan eine Eingabe eingereicht hatte, da erzürnte sich Tseng Pu darüber, daß jener die privaten Dinge so hochschätzte und den Ahnentempel[125] so gering achtete. Tien gab zu bedenken: "Kuan hat eine Eingabe eingereicht; wenngleich man sie nicht akzeptieren kann, braucht man sich deshalb aber nicht so tief zu erzürnen. Denn wenn man sie nicht duldet, dann gereicht sie ihm nur zum Ruhm."[126]

Als Tien die Regierungsangelegenheiten ausführte, da war (seine politische Auffassung der des) Tseng Pu ähnlich, doch im Beharren in Diskussionen war er zumeist viel nachsichtiger. Stets wollte er die Tüchtigen unter den Yüan-yu-Leuten verwenden, denn er haßte besonders, daß man gegeneinander kämpfte. Einst hatte er gesagt: "Wenn es im Reiche viele Schwierigkeiten gibt, dann darf man die Leute nicht nur stur nach den Regeln einsetzen. Wenn friedliche und ruhige Zeiten herrschen, dann muß man die Leute gemäß ihrem Lebenslauf in der Reihenfolge fördern. Wenn man dabei die Beförderungsskala verlangsamt, wissen die Gelehrten-Beamten um ihren Wert." Ferner hatte er gesagt: "Heute gleichen die Verhältnisse im Reiche Menschen, die sehr krank waren und sich nach Gesundung sehnen. Man muß sie mit Arzneien und Kräftigungsmitteln unterstützen und nähren, damit sie ruhig gesund werden. Wenn man ihren Gesundungsprozeß auf die leichte Schulter nimmt und Änderungen unterzieht, so hieße das, sie zum Schießen während des Reitens zu veranlassen."

Er wurde zum Exekutivassistenten zur Linken befördert.

Er kritisierte, daß Lü Hsi-ch'un und Liu An-shih unverzüglich ihre Ämter zurückerhalten hätten und forderte, daß sie abgesetzt würden. Ferner wollte er die Bestrafung der restlichen (Leute der) Yüan-yu-Partei ändern und sagte daher zu Hui-tsung, daß es nicht opportun sei, (die Parteiliste) bis zum Äußersten (durchzugehen und) zu bestrafen. Daraufhin gab der Kaiser einen (diesbezüglichen) Erlaß heraus und machte es in der Audienzhalle bekannt. Verleumder nutzten diese Angelegenheit aus und beschimpften Tien folgendermaßen: "Der Name des Tien steht auf der Parteiliste. Daß er nicht will, daß man in den Bestrafungen bis zum Äußersten geht, dafür ist der Grund eben der, daß er fürchtet, daß die Bestrafungen ihn selbst erreichen." Daraufhin entließ man ihn als hohen Beamten und schickte ihn als Präfekten nach Po-chou. Wenige Monate später starb er im Alter von 61 Jahren. Posthum ernannte man ihn wieder zum Akademiker im Tzu-cheng-Palast.

Tien hat Bücher im Umfang von 242 Kapiteln verfaßt. In den Problemen, die Riten oder Verwaltungsregistratur betrafen, war er äußerst versiert. Was seine Werke wie das P'i-ya, das Li-hsiang oder das Ch'un-ch'iu hou-ch'uan angeht, so sind sie alle auf uns gekommen[127].

Nr. 7
Die kritische Würdigung des T'ao-shan chi im SKCSTM Kap. 154

Lu Tien der Sung-Zeit hat es verfaßt. Daß Tien das P'i-ya geschrieben hat, wurde bereits in dieser Sammlung erwähnt. Gemäß dem Shu-lu chiai-t'i[128] hatte das T'ao-shan chi an sich 20 Kapitel, doch war es lange Zeit zerstreut oder verloren. Jetzt haben wir es an Hand dessen, was das YLTT enthält, in 14 Kapiteln zusammengestellt, d.h. es sind nur 7/10 (des ursprünglichen Werkes) erhalten geblieben.

Tien empfing Belehrung ursprünglich von Wang An-shih. Daher stammen das P'i-ya und das Erh-ya hsin-i zumeist vom Tzu-shuo[129] her - das Erh-ya hsin-i ist schon lange verloren. Heute ist es nur verstreut im YLTT zu sehen, doch verfälscht, verstümmelt, korrupt und unbrauchbar. Es dürfte wohl nicht mehr lesbar sein -. Aber in den Diskussionen um die neuen Gesetze stritt er beharrlich mit An-shih. Später kam er zu guter Letzt auf die Yüan-yu-Parteiliste.

Zum Tode des An-shih verfaßte Tien in Chin-ling für diesen die Opferschrift, in der er (seinen Lehrer) über alle Maßen verehrte. In ihr legte er die tiefe Beziehung zwischen Lehrer und Freund[130] dar, die Politik jedoch wird mit keinem einzigen Zeichen erwähnt. Als man zu Beginn der Yüan-yu-Periode daran ging, die Regesten des Shen-tsung zu bearbeiten, trat (Tien) auch schützend vor An-shih, weshalb er mehrmals heftige Rededuelle mit den Geschichtsbeamten hatte. In der Folge wurde sein Amt von außen besetzt[131]. Zu Anfang der Hui-tsung-Zeit rief man ihn zurück und stellte ihn wieder in Dienst. Da Tien jedoch die 'alten Leute'[132] der Yüan-yu-Partei wieder verwenden wollte, war er erneut mit dem seinerzeitigen Kanzler entgegengesetzter Ansicht und man entließ ihn.

Da er nun leider bei An-shih studiert hatte und dann in den alten Beziehungen verhaftet blieb, kann man nicht umhin, von seinem Schrifttum zu sagen, daß er nicht entlehnt hätte. Doch in seiner politischen Einstellung war er standhaft, nie vernachlässigte er das öffentliche Wohl zugunsten privater Beziehungen[133]. Man kann wohl sagen, daß er 'kerzengerade und charakterfest'[134] gewesen ist.

Nachdem sich Tien gegen die Neue Politik ausgesprochen hatte, befragte An-shih ihn nicht noch einmal über politische Angelegenheiten, sondern betraute ihn nur mit Klassikerproblemen. Als Shen-tsung ihm befahl, Riten und Formen in den Vorstadttempeln ausführlich zu bestimmen, trat Tien fest für seine Erklärungen ein. Was nun im vorliegenden Werk in den verschiedenen Kapiteln enthalten ist, sind eben diese Erläuterungen.

Wenn man alles Geschriebene (im T'ao-shan chi) mit dem überprüft, was die offizielle Geschichte enthält, so paßt alles zusammen. Nur heißt es in der 'Erläuterung zur Staatsrobe der Yüan-feng-Periode'[135], daß Tien Textredakteur im Chi-hsien-Palast war. Die offizielle Geschichte sagt jedoch, daß 'alle im gleichen Rang (den Kaiser) als Gefolge begleiteten, nur allein Tien als Exekutivassistent der kaiserlichen Bankette durfte stets bei ihm sein[136]. Dies muß ein Fehler der offiziellen Geschichte sein. Ferner, Lu Tien wurde zu Beginn der Devise Shao-sheng (1094-1098) zum Präfekten von T'ai-chou degradiert. Nach dem Eintreffen in seinem neuen Aufgaben(gebiet) verfaßte er die (obligatorische) 'Dankschrift'[137], in der folgende Worte stehen: 'Hai-ling[138] ist ein schöner Ort, die kaiserliche Domäne am Huai[139] ist in der Nähe des Bezirks'. Daß die offizielle Geschichte 'Präfekt in Ch'in-chou (shih Ch'in-chou 知 秦 州)' schreibt[140], ist ebenso eine Zeichenverschreibung. Lag es daran, daß das vorliegende Buch, als man die offizielle Geschichte zu kompilieren begann, nicht mehr sehr bekannt war?

Die von Tien verfaßten Werke wie das Li-hsiang etc. schufen ihm zu jener Zeit einen Namen als Experte in Ritenfragen. Im vorliegenden Buch schätzt er z.B. in den 'Erläuterungen zur Staatsrobe der Yüan-feng-Periode' und in anderen Abschnitten im großen und ganzen den Wang (An-shih) hoch und den Cheng (Hsüan)[141] niedrig. Wenn von der Vernunft her (Erläuterungen) verständlich sind, dann ist nichts dagegen einzuwenden, daß jeder eigene Theorien entwickelt. Tien jedoch legt eigene Meinungen zugrunde und macht sie mit allen Mitteln passend. Zum Beispiel vertritt er die Auffassung, daß gemäß dem Kapitel 'T'e-sheng k'uei-shih li'[142] 'der Opferspeiseherd steht an der westlichen Wand'[143] und 'die Gastgeberin sieht den Opferspeiseherd im unteren Teil der Westhalle'[144] dieser (Opferspeiseherd) außerhalb des (eigentlichen) Ahnentempels steht. Er zieht (als Beweis) dafür das Erh-ya heran: 'Die Halle an der Türseite nennt man shu 塾 .'[145] Ob der Opferspeiseherd im unteren Teil der Westhalle außerhalb des Ahnentempels steht, wollen wir jetzt an Hand des I-li[146] untersuchen. Im Kapitel Yen-li[147] heißt es: 'Ein Unteraufsichtsbeamter steht im unteren Teil der Osthalle.'[148] Im Kapitel Ta-she i[149] heißt es: 'Bogen und Pfeile der Gäste befinden sich zusammen mit den Zielbechern im unteren Teil der Osthalle.' 'Die Pfeile der Gäste erhält derjenige, der die Pfeile in Empfang nimmt, im unteren Teil der Westhalle.'[150] Im Kapitel Kung-shih ta-fu li[151] steht: 'Der Unterbeamte steht im unteren Teil der Osthalle.'[152] Im Kapitel Shih-sang li[153] heißt es: 'Die Speisen nimmt man in der Osthalle ein.'[154] Im Kapitel Chi-hsi li[155] lesen wir: 'Das Tablett stellt man in den unteren Teil der Osthalle.'[156] Im Kapitel Shao-lao k'uei-shih li[157] heißt es: 'Der Palastintendant läßt die hölzernen Opferschüsseln, Opferkörbe, Löffel, Kelche, Becher und Krüge reinigen. Der Tisch wird im unteren Teil der Osthalle gewaschen[158].' In all diesen Passagen steht niemals für Ost- oder Westhalle (der Ausdruck) Ost- oder Westvorraum der Halle.

Im Kapitel Shih-kuan li[159] steht: 'Die Gerätschaften und Opfermittel befinden sich im westlichen Vorraum.'[160] Im Kapitel Ping-li[161] heißt es: 'Der Protokollbeamte[162] zieht sich zurück und stellt sich mit dem Rücken gegen den östlichen Vorraum.'[163] Ferner steht: 'Der Protokollbeamte zieht sich zurück und stellt sich mit Rücken gegen den östlichen Vorraum.' Weiter heißt es: 'Er geht aus dem Tor, mit dem Gesicht nach Westen gegen den Süden des östlichen Vorraumes.'[163] Im Kapitel Shih-sang li[164] steht: 'Der Wahrsager und diejenigen, die sich der verbrannten (Schalen) annehmen, befinden sich westlich vom Vorraum.'[165] Im Kapitel T'e-sheng k'uei-shih li[166] heißt es: 'Der Wahrsager nimmt das Hackbrett im westlichen Vorraum entgegen.'[167] Im Kapitel Shih-wu li[168] steht: 'Löffel und Hackbrett befinden sich im Westen des westlichen Vorraumes.'[169] In all diesen (Textstellen) wird niemals der östliche oder westliche Vorraum mit Ost- oder Westhalle bezeichnet.

Ferner heißt es im Kapitel Shih-kuan li[170]: 'Er geht zur östlichen Wand.' [171] Im Kapitel Shih-min li[172] steht: 'Er zieht sich zurück und begiebt sich zur östlichen Wand.'[173] Doch niemals ist gemeint, daß dies außerhalb des Tores sei. Die Erklärungen des Tien sind doch recht an den Haaren herbeigezogen!

Weiterhin meinte Tien, daß es in der Nordhalle eine nördliche Wand gäbe. Überprüfen wir es am Kapitel Ta-she i[174]: 'Der Arbeiterkontrolleur[175] und der Opfergefäßschreiner[176] steigen unten von den nördlichen

Stufen herauf.'[177] Im Kommentar dazu heißt es: 'Der Platz (von wo sie hinaufsteigen) liegt im unteren Teil der Nordhalle.'[178] Nachdem es da nördliche Stufen gibt, weiß man klar, daß da keine Nordwand ist.

Tien hat hier nicht ausführlich untersucht und dabei die Erläuterungen des Chia[179] leichtsinnig verachtet. Das ist keineswegs gerechtfertigt.

Daß er sagt, der Begriff hsi 戯 im Ausdruck hsi-hsi 禧戯 kommt von lung 龍 und lung-i 龍仪 heißen hsi 戯, hat er in enger Anlehnung an das Tzu-shuo gemacht[180]. Darüber hinaus ist es unzulänglich in der Gründlichkeit untersucht.

Fang Hui hat in seinem Ying-k'uei lü-sui[181] gesagt, daß Hu Su und Tien sich in ihrer Dichtweise ähneln. Von Su ist ziemlich viel an Gedichten überliefert, jedoch Gedichte des Tien sind zumeist nicht zu sehen. Nur das Shih-lin wan-hsüan[182] enthält sein Gedicht 'Sung jen chih jun-chou'[183], das Ying-k'uei lü-sui hat sein Gedicht 'Tseng pieh Wu Hsing t'ai-shou chung wen hsüeh-shih'[184] und das Neng-kai-chai-man lu enthält seine Stanze 'Han tzu hua wan shih'[186], sonst gibt es nichts. Nun habe ich das YLTT (nach Gedichten von ihm) untersucht, an Gedichten von ihm enthält es doch recht viele. Im großen und ganzen zeigt er sich wie Su in den 'Sieben-Wort-neue-Form'-Gedichten am besten. Daher stimmt das, was Hui gesagt hat.

In späteren Zeiten hat der Enkel des Tien, (mit Namen) Lu Yu, in der südlichen Sung-Dynastie Gedichte erklingen lassen, die mit denen der Yu Mou[187], Yang Wan-li[188] und Fan Ch'eng-ta[189] gleichrangig gepriesen werden. Wenn er (Lu Yu) auch auf dem Ch'a-shan[190] bei Tseng Chi[191] die (Dicht)Weise erlernt hatte, so freute er sich doch an der 'neuen Form'[192]. Das Wissen war von Haus aus so tief, es dürfte das gewesen sein, woher (seine Dichtkunst) gekommen ist.

Nr. 8
Die kritische Würdigung des P'i-ya im SKCSTM Kap. 40

Lu Tien der Sung-Zeit hat es verfaßt. Tien hieß mit Mannesnamen Nung-shih und stammte aus Shan-yin in Yüeh-chou. In seiner Jugend studierte er bei Wang An-shih. Im 3. Jahr der Devise Hsi-ning wurde er zum chin-shih in der ersten Gruppe 'auserlesen'.

Er erhielt das Amt des Untersuchungsrichters in Ts'ai-chou, wurde (dann) zum Professor (an der Universität) in Yün-chou berufen und schließlich zum stellvertretenden Lektor an der Staatsuniversität ernannt. Im Verlauf der Zeit brachte er es bis zum Exekutivassistenten zur Linken. Nicht lange (nach dieser Ernennung) wurde er als Großbeamter[193] entlassen und als Präfekt nach Po-chou hinausgeschickt, in welchem Amt er dann starb. Diese Tatsachen sind alle in seiner Biographie in der offiziellen Geschichte (enthalten).

Die offizielle Geschichte sagt, daß er 'versiert war in den Problemen, die Riten oder Verwaltungsregistratur betrafen'[194].

Was er verfaßt hat, waren das P'i-ya, das Li-hsiang, das Ch'un-ch'iu hou-ch'uan und dergleichen, insgesamt 242 Kapitel. Wang Ying-ling[195] berichtet zudem in seinem Yü-hai[196], daß (Lu Tien) das Shuo-wen chiai-tzu[197] redigiert und sein Sohn Tsai zu diesem Buch ein Vorwort verfaßt habe. Ferner sagt er, daß (Lu Tien) das Shih-chiang-i[198] und das Erh-ya chu[199] verfaßt habe. Alle diese Werke sind heute verloren. Sein Erh-ya hsin-i ist lediglich zerstreut im YLTT zu sehen, die Sätze sind korrupt und voller Mängel; man kann sie überhaupt nicht zu einem Werk zusammenstellen. Was (daher) der Nachwelt überkommen, ist nichts als dieses Buch.

Insgesamt enthält es (die Kapitel) Shih-yü[200] mit 2 chüan, Shih-chou[201] mit 3 chüan, Shih-niao[202] mit 4 chüan, Shih-ch'ung[203] mit 2 chüan, Shih-ma[204] mit 1 chüan, Shih-mu[205] mit 2 chüan, Shih-ts'ao[206] mit 4 chüan und Shih-t'ien[207] mit 2 chüan. Da in der gedruckten Ausgabe am

111

Ende des Kapitels Shih-t'ien die Bemerkung 'hou-chüeh'[208] steht, bedeutet das, daß die Zusammenstellung des vorliegenden Buches auch Mängel aufweist und demgemäß auch keine vollständige Ausgabe ist.

Im Vorwort des Tsai heißt es, daß Tien in der Shen-tsung-Zeit zur Audienz geladen wurde, um über die 'Natur der Dinge'[209] zu diskutieren. Dazu habe er die zwei Kapitel Shuo-yü[210] und Shuo-mu[211] eingereicht. Sodann hat er beiden (Kapiteln) Verbesserungen hinzugefügt. Zunächst nannte er es Wu-hsing men lei[212]. Später hat er das (gesamte) Erh-ya kommentiert. Nachdem dies beendet war, hat er das (oben erwähnte Wu-hsing men-lei) Werk (erneut) verbessert und den Namen in P'i-ya geändert, was (soviel wie) 'Ergänzungen zum Erh-ya' bedeutet.

Bei der Erläuterung der Dinge legt er im allgemeinen nicht so viel Wert auf Form und Gestalt, sondern erklärt ausführlich Bezeichnung und Bedeutung. Gründlich untersucht er die Ethymologie (der Zeichen) und bringt Bild und Laut in ihre Entsprechung. Notwendigerweise forschte er danach, wodurch die Dinge ihre Benennung erhielten. Darüber hinaus setzte er (alle Ausdrücke) mit den verschiedenen Klassikern in Verbindung, führte indirekte Beweise[213], prüfte Querverbindungen und stützte sich auf die Eigenschaften der Dinge, um ihre Bedeutung zu erhellen. Dabei zitiert er zumeist das Tzu-shuo des Wang An-shih. Denn wenn Tien auch nicht übereinstimmte, wie An-shih die neuen Gesetze durchführte, und er deshalb später auf die Yüan-yu-Proskriptionsliste kam, so stammte die Grundlage seiner Bildung doch tatsächlich von An-shih. Zwar meinte Ch'ao Kung-wu in seinem Chün-chai tu-shu chih, daß dessen (Lu Tien's) Theorien sich nicht nur auf Wang stützten, sondern daß sie auch eigenen Rang zu haben scheinen. Jener (Ch'ao) hat wohl nicht das vorliegende Buch geprüft, denn er irrt darin, daß er in die Kritik (der politischen Ansichten) des Mannes die Kritik der Bücher (einbezieht). Denn betrachtet man im Anfangskapitel den Abschnitt Shuo-lung[214], so heißt es da: 'Tseng Kung-liang[215] erreicht den Rücken des Drachen, Wang An-shih den Augapfel des Drachens.' Sagt dies nicht, wie er An-shih verehrte?

In den Erläuterungen zu den verschiedenen Klassikern stützt er sich weitgehend auf alte Erklärungen, und das, was er anführt, sind meistens Bücher, die ich noch nie gesehen habe.

Wenn er nun Namen und Eigenschaften erläutert, so geschieht dies stets fein und gründlich. Will man das mit 'Klarheit schaffen'[216] bezeichnen, so geht das an, wenn man nicht darüber hinaus es doch mit 'umfassend und erschöpfend'[217] kennzeichnen muß.

Nr. 9

Die kritische Würdigung des Erh-ya hsin-i im SKWSSTY, Kap.2

Lu Tien der Sung-Zeit hat es verfaßt. Tien hat auch das P'i-ya in 20 Kapiteln geschrieben. Das Ssu-k'u ch'üan-shu hat es bereits aufgeführt, ich habe es gelesen.

Im SKCSTM heißt es: Das Erh-ya hsin-i ist nur verstreut im YLTT zu sehen. Zeichen und Sätze sind korrupt und voller Mängel, man kann sie nicht einmal ordnen und zu einem Werk zusammenstellen. Chu I-tsun[218] sagt in seiner 'Allgemeinen Klassikerbibliographie'[219]: 'Nie gesehen.'[220] In Ch'en Chen-sun's Shu-lu chiai-t'i heißt es: 'Vor kurzem in Nan-ch'eng[221] in 18 Kapitel überliefert. Sein Urenkel Tzu-yü[222] hat es in Yen-chou in Holz geschnitten, in 20 Kapiteln.'[223] Die (vorliegende) Sammlung folgt genau dem Sung-Druck und hat als Kopie 20 Kapitel. Es dürfte wohl das sein, was Tzu-yü in Holz geschnitten hat.

Lu Tsai hat in dem für seinen Vater verfaßten Vorwort gesagt: 'Nachdem er das Erh-ya erklärt hatte, überarbeitete er das betreffende Werk[224] und änderte seinen Namen in P'i-ya, d.h. Ergänzungen zum Erh-ya'[225]. Jedoch ist die Art (Form und Stil) der beiden Werke völlig verschieden. Das vorliegende Buch gleicht daher nicht dem P'i-ya, das 'sämtliche Bücher heranzieht, von der Seite eindringt und indirekte Beweise führt.'[226] (Lu Tien) meint dazu im Vorwort: 'Obgleich von Kuo Pu der Weg sauber gefegt wurde, stelle ich mich doch auf die Fußspitzen und sehe nach dem Staub.[227] Hierzu meint Ch'en Chen-sun: 'Ich Einfältiger habe es gesehen, im großen und ganzen geht es nicht über die Theorien des Herrn Wang hinaus.'[228] Doch hinsichtlich der Interpunktionen unterscheiden sich beide (Gelehrten) häufig. So setzt z.B. Tien im Kapitel Shih-mu (im Satz) 'pu-pao che wei ch'en ts'ai hsin'[229] den Punkt nach dem Zeichen wei 謂 und kommentiert dazu: 'Erst muß man benennen, dann weiß man die neue Bedeutung.'[230] Im Kapitel Shih-ch'ung nimmt Tien das Zeichen ts'an 蠶 aus dem Ausdruck 'ch'in-yin ch'ien ts'an'[231] und verbindet es mit 'mo-ho'[232] zu 'einem Satz. Seine Erklärung dazu lautet: 'Wenn die Seidenraupe (ts'an) alt ist, dann erst schläft sie.'[233] Er hat nicht erkannt, daß man nach dem Ching-tien shih-wen[234] ts'an wie t'ien 佃典 liest. Ferner verbindet Tien das im folgenden Satz stehende ting 叮 mit dem Satz 'mo-ho t'ang-lang mou'[235]. Zwar basiert er damit auf dem Fang-yen[236], doch bereits Hsing Ping[237] hatte unter Hinweis auf das Shuo-wen dargelegt, daß (das Fang-yen) in dieser Bedeutung irrt. Die Literatur jedoch, auf die sich Tien stützte, galten zu seiner Zeit als die besten Werke.

Wenn er nun im Kapitel Shih-yen (die Ausdrücke) 'chih chu yen'[238] in 'chih chu yeh'[239], 'huang hua yeh'[240] in 'hua huang yeh'[241], im Kapitel Shih-t'ien das 'ssu-shih-ho'wei chih yü-chu'[242] in 'ssu-ch'i-ho'[243], 'ho-ku wei chih ch'ien-niu'[244] in 'ho-ku'[245] korrigiert, im Kapitel Shih-ch'iu[246] für 't'ang t'u wu ch'iu'[247] 'tang t'u'[248], im Kapitel Shih-shui[249] für 'ho shui ch'ing ch'ieh lan i'[250] 'lan-i'[251] setzt, im Kapitel Shih-ts'ao 'p'ing-p'ing'[252] in 'p'ing-p'ing'[253] sowie 'fu ma mu'[254] in 'pi ma mu'[255], 'hsiao ti'[256] in 'hsiao chiu'[257], 'chüan p'ei ts'ao'[258] in 'chüan shih ts'ao'[259] und 'huo t'o han'[260] in 'chüeh t'o han'[261] verbessert, im Kapitel Shih-mu für 'yang niao pai chüeh'[262] 'yang pai chüeh'[263], für 'niao ch'üeh ch'ou'[264] 'wu ch'üeh ch'ou'[265] setzt, so sind alle diese Verbesserungen dazu angetan, die textkritischen Arbeiten (zum Erh-ya) zu unterstützen. Auf jeden Fall sind sie für jeden, der die Klassiker studiert, unentbehrlich.

Nr. 10

Die Biographie des Ch'en Kuan in der offiziellen Geschichte der Sung-Dynastie (Sung-shih Kap. 345)

Ch'en Kuan, mit dem Mannesnamen Jung-chung[266], war ein Mann aus dem Kreise Sha in der Präfektur Nan-chien. Als er jung war, liebte er das Studium. Doch er fand keinen Gefallen daran, der Karriere wegen zu lernen. Seine Eltern drängten ihn dazu aus Rücksicht auf das Ansehen der Familie. Daraufhin unterzog er sich der Prüfung und kam in die erste Kategorie.

Man entsandte ihn (zunächst) als Sekretär[267] nach Hu-chou, dann als Signatarinspektor nach Yüeh-chou. Ts'ai Pien bemerkte seine Tüchtigkeit, bei jeder Gelegenheit behandelte er ihn besonders zuvorkommend. Doch Kuan lotete dessen Absichten aus und versuchte, sich fern von ihm zu halten. Des öfteren führte er Krankheit an und bat darum, heimkehren zu dürfen. Doch die Eingaben gelangten nicht bis oben (zum Kaiser), sondern es wurde ihm befohlen, die Stelle eines Unterpräfekten in Ming-chou zu verwalten.

Pien hatte von jeher den Taoisten Chang Huai-su verehrt, von dem er sagte, er sei kein Mensch von dieser Welt. Als jener zu dieser Zeit nach Yüeh kam, da wollte Pien den Kuan eine Weile aufhalten, aber Kuan wollte nicht, sondern gebot (Pien) Einhalt mit den Worten: "Der Meister sprach nicht von außergewöhnlichen, übernatürlichen Kräften, nicht von Verwirrendem und Geistern. Doch dieser ist nahe am Übernatürlichen! Da Sie als Präfekt[268] Vertrauen genießen, wird das Volk (wie das Getreide) dem Wind nachgeben und sich beugen. Daß ich jedoch diesen (Kerl) nicht kennenlerne, das ist fürwahr kein Unglück." Später nach 20 Jahren wurde Huai-su mit dem Tode bestraft.

Die Einkünfte aus dem Beamtenland in Ming-chou waren reichlich, doch Kuan nahm sie nicht an, sondern verzichtete zugunsten der Behörde und kehrte nach Hause zurück.

Als Chang Tun Kanzler wurde[269], da machte sich Kuan zu seiner Aufwartung auf. Da Tun sein Name schon bekannt war, forderte er allein ihn auf, mit ihm näher Umgang zu haben, um über die Tagespolitik zu diskutieren[270]; Kuan sagte: "Darf ich (die Politik) mit dem Beladen eines Bootes vergleichen. Wenn man es einseitig beschwert, fährt es dann überhaupt? Verlegt man dann das, was links ist, auf die rechte Seite, besteht dann nicht die gleiche Einseitigkeit? Wenn man dies klar durchschaut, dann kann man alles durchführen. Der Himmelssohn hat Sie nun mit der Regierung betraut. Ich wage zu fragen, was Sie zuerst tun wollen." Tun antwortete: "Die Verbrechen des Ssu-ma Kuang müssen zuerst erledigt werden, keine Angelegenheit ist dringender als diese!" Darauf meinte Kuan: "Damit begehen Sie einen Fehler! Ihr Vorgehen gleicht dem Versuch, die Lage des Bootes zu beruhigen, indem man das, was links ist, auf die rechte Seite verlegt. Wenn Sie so verfahren, enttäuschen Sie die Hoffnungen des Reiches!" Tun erwiderte mit strenger Miene: "Kuang hat sich nicht damit beschäftigt, die verdienstvollen Taten unserer Vorfahren[271] fortzusetzen, sondern änderte in großem Stile den bereits festgefügten Kern (der Reformen). Wenn man so einem Staat Verderben bringt, wie kann man da anders als von Verbrechen sprechen?" Kuan antwortete: "Wenn man nicht die Motive prüft, sondern lediglich die Fakten kritisiert, dann dürfte man den Staat noch mehr in Verwirrung bringen. Die Pläne für das Heute (= die Tagespolitik) (können nur darin bestehen), die Parteiungen zu beseitigen und einen Mittelkurs zu halten, damit man (das Reich) von den Mißständen befreien kann." Obgleich er mit seiner Ansicht gegen Tun stand, gab es doch erstaunlicherweise Worte (des Tun), ihn auf seine Seite zu ziehen.

Als er in die Hauptstadt kam, wurde er zum Professor an der Staatsuniversität berufen. Es kam (allerdings) dazu, daß Pien und Tun ihre Absichten vereinten, weshalb aufrichtige Kritik abgeschafft wurde. Als die Anhänger des Pien, Hsieh Ang und Lin Tzu, die an der Staatsuniversität

Beamtenstellungen innehatten, in Diskussionen über das Tzu-chih t'ung-chien[272] lästerten, da nutzte Kuan das Staatsexamenprüfungssystem aus[273], wobei er auf das von Shen-tsung verfaßte Vorwort hinwies. Somit war dann den Meinungen des Ang und des Tzu ein Ende gemacht.

Man ernannte ihn zum Archivar in der kaiserlichen Bibliothek.

Als die Theorien, 'die Tradition fortzusetzen'[274], aufblühten, da machte Kuan eine Eingabe an (den Kaiser) Che-tsung, in der es hieß: 'Yao, Shun und Yü nahmen alle das 'sich in Einklang (mit dem Volk) setzen und das Altertum erforschen' als Lehrsatz[275]. Jo 若 bedeutet hier 'in Einklang (mit der Natur oder dem Volk) handeln', chi 稽 bedeutet 'prüfen, was richtig und was falsch ist'. Da sie notwendigerweise sich den Empfindungen des Volkes anpaßten, übten sie eine 'Regierung der ti-wang 帝王' aus[276]. Nun ist das pietätvolle Verhalten des Himmelssohnes nicht gleich (dem pietätvollen Verhalten) der Großwürdenträger.' Der Kaiser befragte ihn ausführlich und war danach in seinem Herzen bewegt und erfreut. Er ordnete an, daß Kuan noch einmal zur Audienz kommen sollte. Als diejenigen, die die politische Macht innehatten, davon erfuhren, ärgerten sie sich darüber und versetzten ihn als Unterpräfekten nach Ts'ang-chou und dann als Präfekt nach Wei-chou.

Als Hui-tsung den Thron bestieg, berief er ihn zum Politischen Ratgeber zur Rechten. Dann wurde er zum Politischen Zensor zur Linken befördert.

In seiner Kritik (als Zensor) hielt er sich immer an die Gerechtigkeit und bemühte sich, die große Linie zu bewahren. Geringfügige Anlässe benutzte er nie als Vorwand, niemals suchte er nach Fehlern (verursacht) durch die Dummheit der anderen. Einst hatte er gesagt: "Wenn der Menschenherrscher Worten vertrauen will, dann ist er auf seine Ohren und Augen angewiesen. Daher darf man nicht mit Seichtem (Geschwätz) seinem Sehen und Hören nahekommen und so seine Klugheit und Einsicht durcheinanderbringen."

Jedoch die Untaten der Ts'ai Pien, Chang Tun, An Tun[277] und des Hsing Shu[278] diskutierte er völlig aus.

Als der Zensor Kung Kuai den Ts'ai Ching anklagte, da wollte man am Hofe den Kuai vertreiben. Doch Kuan wandte ein: "Seit der Periode Shao-sheng wurden in sieben Jahren fünfmal Zensoren (vom Hofe) entfernt. Ch'ang An-min, Sun O, Tung Tuan-i, Ch'en Tzu-sheng und Tsou Hao, diese fünf waren alle anderer Meinung gewesen als Ching und mußten (deshalb) gehen. Jetzt will man wieder den Kuai entlassen, wie kann das mit dem allgemeinen Recht in Einklang stehen?" Sodann verfaßte er eine Eingabe und kritisierte den Ching, doch diese gelangte nicht bis zum Kaiser.

Zu dieser Zeit hatte die Kaiserin-Witwe die Regierungsgewalt wieder übernommen[279]. Da meinte Kuan, daß die Brüder Hsiang Tsung-liang, Verwandte der Kaiserin, Umgang pflegten mit Leuten, die sie umgaben und die nach Karriere sich sehnten, so daß das Gerede weit verbreitet war, die Kaiserinwitwe besetze immer noch die Regierungsgewalt. Wegen dieser Rede entließ man ihn (und degradierte ihn zum) Inspektor des Getreideversorgungsamtes in Yang-chou. Als Kuan die Hauptstadt verließ, händigte er (zuvor noch) vier Eingaben an den Kaiser ein, die alle die Verleumdungen der Hsüan-jen klar legten. Der Kaiser schickte daraufhin einen Boten und schenkte ihm 100 Unzen Gold. Die Kaiserin[280] forderte ihn auf, nicht so plötzlich abzureisen und gewährte ihm zehn Mönchszertifikate als Reisegepäck.

Er wurde als Präfekt (dann) nach dem Militärbezirk Wu-wei versetzt. Im nächsten Jahr kehrte er als Sekretär für das Kalenderwesen[281] (in die Hauptstadt) zurück. Nachdem er zum Direktor zur Rechten im Rechtsbüro[282] und gleichzeitig zum provisorischen Politischen Ratgeber befördert worden war, ließ der (Vize) Kanzler Tseng Pu ihm durch jemand sagen, daß er dieses Amt fest besetzen könne. Daraufhin sagte Kuan zu seinem Sohn Cheng hui: "In meinen Diskussionen mit dem Vizekanzler waren wir meist nicht einer Meinung. Wie die Lage nun ist, so will mich dieser mit dem Beamtenrang ködern. Wenn ich jetzt seiner Empfehlung entspreche, dann habe ich sowohl vor der öffentlichen Meinung als auch wegen der persönlich gewährten Gnade Gewissensbisse. Ich habe nun eine Schrift, in der ich dessen Fehler kritisiere, ich beabsichtige, sie zu übergeben, um es auf die Entscheidung, wohin ich gehen soll, ankommen zu lassen. Schreibe du sie doch ab. Nun sind die Vorortsopfer nicht fern. Wenn jener keine Verzeihung gewährt, dann dürften Gunstbezeugungen dich nicht erreichen! Soll man da nicht vorsichtiger in seinen Absichten sein?" Cheng-hui wollte die Schrift (jedoch) haben.

Am Morgen nahm er (= Ch'en Kuan) sie und ging in das Amt. Pu hatte mehrere Leute zur Audienz vorgeladen. Kaum hatte Kuan die Matte betreten, da zog er sogleich das Schriftstück hervor. Pu wurde sehr wütend. Im Verlauf des Wortstreites kam es dazu, daß Pu die Beine hochmütig von sich streckte und ihn beschimpfte. Kuan's Gesichtsausdruck bewegte sich nicht, gemessen stand er auf und sagte gelassen: "Was ich kritisiert habe, sind Staatsangelegenheiten. Ob zu Unrecht oder zu Recht liegt bei der öffentlichen Meinung. Sie aber dürfen nicht das gegenüber einem Gelehrten angemessene Verhalten verlieren!" Pu veränderte vor Scham seinen Ausdruck.

Nach zwei Nächten wurde Kuan als Präfekt nach T'ai-chou versetzt.

In der Periode Ch'ung-ning (1102-1107) strich man seinen Namen von der Beamtenliste. Er versteckte sich in Yüan-chou, Lien-chou und wechselte dann nach Ch'en-chou. Wenig später wurde er wieder zum Hsüante-Würdenträger ernannt.

Als Cheng-hui in Hang war, erzählte er, daß Ts'ai Ching am Erbe des Thronfolgers rüttele[283]. Der Präfekt von Hang, Ts'ai I[284], ergriff den Cheng-hui und schickte ihn zur Hauptstadt. In einer Vorausdepesche machte er Ts'ai Ching davon Mitteilung, damit dieser seine Vorbereitungen treffen konnte. Man warf Cheng-hui ins Gefängnis von K'ai-feng und verhaftete gleichzeitig Kuan. Der Gefängnisaufseher Li Hsiao-ch'eng versuchte, ihn zu zwingen, das Vergehen seines Sohnes zu bezeugen, aber Kuan sagte dagegen: "Cheng-hui hat in Erfahrung gebracht, daß Ching beabsichtigte, etwas zu tun, was den Heimatgöttern nicht förderlich ist. Dies hat er unterwegs verkündet. Wie sollte es möglich sein, daß ich vorher davon Kenntnis hatte? Wenn ich nun in meiner Unwissenheit das Verhältnis zwischen Vater und Sohn nicht beachte, und sein Vergehen bestätige, dann gibt es bei meinen Empfindungen etwas, was ich nicht übers Herz bringe. Wenn ich nun das persönliche Gefühl hege, mich mit seinen Theorien in Einklang zu setzen, so gibt es wiederum bei der Gerechtigkeit etwas, was dies nicht duldet. Die schurkischen Taten des (Ts'ai) Ching führen zwangsläufig zum Unglück des Staates. (Ich) Kuan habe wohl dies vormals kritisiert, Mahnungen und Prüfungen hätten daher nicht auf den heutigen Tag zu warten gebraucht."[285] Als die Eunuchen Huang Ching-ch'en und Li Chü von seinen Worten erfuhren, da seufzten sie mit verlorener Stimme: "Wenn der Herrscher wirklich die Wahrheit erreichen will, dann kann er es nur, wenn man mit solcher Rede ihm antwortet."

Zwar folterte man den Cheng-hui, doch gemäß dem, was er aussagte, verbannte man ihn nur aus Mangel an Beweisen an einen entlegenen Ort. Zudem degradierte man (seinen Vater) Kuan und versetzte ihn nach T'ung-chou.

Kuan hatte einst das Tsun-yao chi verfaßt, in dem es hieß: 'Die Geschichtsbeamten in der Periode Shao-sheng stützten sich allein auf das Tagebuch des Wang An-shih und änderten und redigierten derart die Regesten des Shen-tsung. Sie brachten richtig und falsch völlig durcheinander und vermochten keine Glaubwürdigkeit zu vermitteln.' Deutlich erhellte er die Verleumdungen, um das gerechte Verhältnis zwischen Herrscher und Untertan wieder herzustellen. Als Chang Shang-ying (Vize) Kanzler wurde, nahm er dieses Buch, doch nachdem er es eingereicht hatte, wurde Shang-ying entlassen.

Kuan wurde wiederum nach T'ai-chou versetzt. Der Kanzler erließ eine

Anordnung an alle Stellen, daß jede Bezirk(sbehörde), (deren Gebiet) Kuan passierte, Truppen aussenden und ihm Kontrollgeleit gewähren solle, bis er in T'ai-chou ankäme. Jeden zehnten Tag müsse Kuan weiterreisen und sich (ab)melden. Überdies beauftragte er den rabiaten Shih Chieh mit der Überwachung der Dinge in T'ai-chou. Dieser ergriff nun den Kuan und brachte ihn vor Gericht. In großem Maße wollte er die Folterung anwenden, um ihn gewaltsam zu Tode zu bringen. Kuan ahnte diese Absichten und rief laut aus: "Diese Handlungen jetzt, wie können sie Willen des Kaisers sein!" Chieh verlor daraufhin die Fassung und erzählte ihm dann folgendes: "Der Kaiser hat befohlen, das Tsun-yao chi einzuziehen." Kuan entgegnete: "Wenn es so ist, was müßt Ihr mich derartig behandeln? Wenn man veranlaßt, daß der Herrscher den Yao verehrt, begründet man nicht dadurch seinen Ruhm? Ich habe nun den verstorbenen (Kaiser) Shen-tsung mit Yao verglichen und den jetzigen Herrscher mit Shun. Shun zu helfen und Yao zu ehren, wie kann man dafür bestraft werden? Gegenwärtig ist die Bildung und (Regierungs)Methodik des Kanzlers mangelhaft und primitiv, er wird von anderen Leuten betrogen. Was können Sie da erreichen? Haben Sie denn überhaupt keine Angst vor der öffentlichen Meinung, daß Sie sich so gegen Ihre Stellung vergehen?" Chieh schämte sich und zog sich bescheiden zurück. Alle Versuche, Kuan zu beschimpfen und zu mißhandeln, konnten ihm letztlich doch nichts antun. Der Kanzler schätzte hingegen den Chieh als feige und entließ ihn.

Nachdem (Ch'en Kuan) fünf Jahre in T'ai-chou verbracht hatte, erreichte er seine Freizügigkeit wieder und erhielt sogleich den Titel eines Ch'eng-shih-Würdenträgers.

Als der Kaiser (den Einwurf zur) Einkommenssteuer begutachtete und das, was vorgeschlagen war, für nicht angemessen empfand, befahl er, einen geeigneten Beamten (für einen neuen Entwurf) zu benennen. Sodann beauftragte er Ch'en Kuan damit, aber die politischen Machthaber verzögerten (diese Ernennung) und führten sie nicht aus. So wählte er sich als 'Wohnort'²⁸⁶ Chiang-chou aus. Doch es gab wieder Leute, die ihn verleumdeten, weshalb man ihm nicht gestattete, nach Belieben aus der Hauptstadt zu gehen, sondern man befahl ihm, seinen Wohnsitz in Nan-k'ang zu nehmen. Kaum war er dort angekommen, mußte er nach Ch'u-chou umziehen.

Kuan hatte seit jeher Pien und Ching kritisiert. In allem hatte er ihre Absichten ans Licht gebracht und ihre Geheimnistuereien aufgedeckt. Er war derjenige, der am meisten (von ihnen) gehaßt wurde, washalb sein Unglück sehr grausam war, an keinem Tag kam er auch nur ein wenig zur Ruhe.

Im sechsten Jahr der Devise Hsüan-ho (1119-1126) starb er im Alter von 65 Jahren.

Kuan war bescheiden und friedfertig, er stritt nicht um materiellen Vorteil, sondern lebte zurückgezogen, stolz und voller Selbstbeherrschung. Seine Worte kamen nicht leichtfertig (aus seinem Mund). Er war versiert in den Voraussagungen an Hand des I-ching; was er über wichtige Staatsangelegenheiten (voraus) gesagt hatte, bewahrheitete sich später zumeist.

Zu Anfang der Devise Ching-k'ang (1126-1127) wurde er zum politischen Zensor posthum ernannt, seinem Sohn Cheng-hui gewährte man einen Beamtenrang²⁸⁷. Im 26. Jahr der Periode Shao-hsing (1131-1163) hat der (Kaiser) Kao-tsung zu seinen hohen Ministern gesagt: "Ch'en Kuan war ehedem ein Zensor, der eine aufrichtige Sprache sprach. Jüngst habe ich das von ihm verfaßte Tsun-yao chi angesehen. Darin macht er die große Trennung zwischen Herrscher und Untertan deutlich, im Einklang mit dem I (-ching, in dem es heißt:) 'Der Himmel ist hoch zu ehren, die Erde niedrig zu schätzen.' Er bringt es mit den Beispielen der 'Frühlings- und Herbstannalen' in Verbindung, den Kaiser zu achten. Wang An-shih dagegen, der sich versiert in den Klassikerauslegungen wähnte, hatte die folgenden Worte: 'Wessen Tao hervorragend und wessen Tugend erhaben ist, denjenigen muß der Himmelssohn mit dem Gesicht nach

Norden befragen!'[288] Diese Anschauung ist doch sehr gegen die Klassiker und verwirrt völlig deren Prinzipien. Darum soll Kuan ein besonderer Ehrenname verliehen werden, um (seine korrekte Auslegung) kenntlich zu machen." Sein Ehrenname lautete 'Loyal und schlicht'.

Nr. 11
Die Biographie des Ch'en Cheng-hui im SSI, Kap. 10

Ch'en Cheng-hui war ein Sohn des Kuan und stammte aus dem Kreise Sha[288a] in der Provinz Fu-chien. Über zehn Jahre war er auf eine Insel im Meer verbannt. Zu Anfang der Periode Ching-k'ang kehrte er auf Grund einer Amnestie (in die Hauptstadt) zurück. Er erhielt das Amt eines Vizepräsidenten des kaiserlichen Fuhrparkes[289]. Zu dieser Zeit war Kuan bereits tot. Cheng-hui trauerte dermaßen darüber, daß er seinen Vater nicht (mehr) hatte sehen können, daß er in der Folge gemütskrank wurde. Als Kao-tsung seinen Namen hörte, rief er ihn zur Audienz in den Palast, doch (jener) konnte dem bereits nicht mehr entsprechen.

Er wurde zum Hilfsgelehrten in der kaiserlichen Bibliothek[290] und zum Aufseher des Ming-tao-Palastes[291] in Po-chou[292] befördert. Ta-fang[293], der Sohn des Cheng-hui, wurde zum Ti-kung-Würdenträger[294] zur Rechten und später zum Unterpräfekten von Chien-chou[295] auserwählt.

Sein Bruder Cheng-yu[296] war in der Periode Shao-hsing Gerichtsintendant für die Provinz Kuang-hsi[297]. Sein (anderer) Bruder Cheng-t'ung[298] brachte es im Verlauf (seiner Beamtenkarriere) zum Unterpräfekten in Wu-chou[299].

Als es zu einer Hungersnot kam, da half und rettete (Cheng-hui) auf eine bestimmte Weise. Daraufhin wurde durch Erlaß verkündet, daß seine Methode in allen Provinzen anzuwenden sei.

Im 26. Jahr (der Periode Shao-hsing; 1156) wurde er zum Prüfer und Korrektor der öffentlichen Angelegenheiten aller Kanzleien[300] in der Staatskanzlei ernannt. Bei der Audienz antwortete er (auf diesbezügliche

Fragen) mit folgenden Worten: "Pflicht aller Lokalbeamten ist es, dem Volk äußerst nahe zu sein. Heutzutage sind jedoch die Strafen streng, aber die Unterschiede (zwischen Gut und Böse, Pflichterfüllung und -vergessenheit) erklärt und dem Guten folgt man nicht. Ich erhoffe einen Befehl, daß alle Beamten in den Provinzen Erkundigungen einziehen und einige (Tüchtige) hervorheben sollen, damit Autorität und Güte gemeinsam geübt werden, so daß die Menschen wissen, daß das Gute gefördert und dem Schlechten Einhalt geboten wird." Kao-tsung lobte und billigte (den Vorschlag) und machte ihn zum Interimsvizepräsidenten des Justizministeriums. Darauf wurde er als Gelehrter im Fu-wen-Pavillon, der mit der Herausgabe der kaiserlichen Erlasse betraut war, und leitender Übermittler der Erlasse in den Geheimen Staatsrat[301] versetzt.

Nach mehreren Monaten wurde er zum Präfekten in P'ing-chiang-fu[302] (ernannt), (darauf) als Präfekt nach T'ai-p'ing-chou[303] und schließlich als Präfekt nach Chien-ning-fu[304] versetzt.
(Quellenangabe) Pa-min t'ung-chih[305].

Nr. 12

Die kritische Würdigung des Liao-weng i-shuo im SKCSTM, Kap. 2

Liao-weng i-shuo[306], ein Kapitel. Ch'en Kuan aus der Sung-Zeit hat es verfaßt. Kuan hieß mit Mannesnamen Yung-chung[307]. Liao-weng ist sein selbstgewählter Beiname. Er stammte aus Yen-p'ing.

Im zweiten Jahr der Periode Yüan-feng (1078-1086) wurde er zum chin-shih in der ersten Gruppe promoviert. Zu Anfang der Periode Chien-chung ching-kuo (1101-1102) war er politischer Zensor zur Rechten.

Damals legte er eine Schrift vor, in der er Tseng Pu tadelte und die Untaten Ts'ai Ching's und Ts'ai Pien's ans Licht brachte. Sie umfaßte mehrere 10 gefaltete Blätter[308]. Auf sie hin ließ der Kaiser seinen Namen aus der Beamtenliste streichen und sandte ihn als 'Sträfling bis zum Tode'[309] nach Ho-pu. Die Spuren dieser Tatsachen sind alle in seiner Biographie in der offiziellen Geschichte (zu verfolgen).

Das vorliegende Werk wurde von seinem Enkel Cheng-t'ung[310] in der Periode Shao-hsing in Holz geschnitten (und zum Druck vorbereitet). Feng I[311] hat gesagt, daß er einst bei (Ch'en Kuan's) Enkel Ta-ying[312] studiert und eine Gesamterklärung des I-ching in mehr als einem Kapitel von Liao-weng gesehen habe, die zumeist auf Weissagungen beruhte und den Erklärungen des Chu Tzu-fa[313] ähnlich gewesen sei. Hu I-kuei[314] erwähnte, daß er noch den Erstdruck gesehen habe, der den Titel Liao-weng i-shuo hatte und nicht in Kapitel unterteilt war. Die vorliegende Ausgabe ist sodann diejenige, die I-kuei gesehen hatte.

Shao Po-wen[315] meinte in seinem Wen-chien lu[316], daß Kuan's Erläuterungen 'die Gelehrsamkeit des K'ang-chieh erreichen'[317]. Shen Tso-che[318] hatte sodann in seinem Yü-chien[319] folgendes gesagt: 'Ch'en Yung-chung hatte einst, weil Shao K'ang-chieh bei der Kommentierung des I-ching die Erklärung der Symbolik und der Voraussagungen völlig abgelehnt hatte, darüber den Liu Ch'i-chih[320] befragt. Ch'i-chih hatte zur Antwort gegeben: "Das I ist sicherlich zur Staatsführung zu gebrauchen. Wenn man die Erläuterung der Symbolik und der Voraussagungen völlig verwirft, wozu hat es dann genutzt, daß die Heiligen die Diagramme erstellten und die Sprüche errichteten? Denn was man erfährt in der Symbolik und der Voraussage sind doch alles nur Anspielungen. Erst dann kann man über das I duskutieren. Daher heißt es: 'Erfaßt man den Sinn, kann man die Symbolik vergessen, erfaßt man die Symbolik, kann man das Reden (darüber) vergessen.' Wenn man aber dies(e Vollendung) noch nicht erreicht hat und doch plötzlich (Symbolik und Voraussage) verwirft, wie kann man dann nach dem Prinzip, Glück und Unglück mit dem Volke zu teilen, da noch Voraussagen treffen? Ich fürchte, daß dies nicht den Kerngedanken (des I-ching) entspricht.'[321] Demgemäß gründeten sich Kuan's Kenntnisse im I-ching auch auf Liu An-shih und entsprangen nicht gänzlich vom Meister Shao.

Da seine Ausdrucksweise ziemlich kompliziert ist, bemängelte Ch'en Chen-sun in seinem Shu-lu chiai-t'i, daß 'Worte und Sinn zu tief und dunkel seien'[322]. Ch'ao Kung-wu hingegen meinte im Tu-shu chih, da seine Voraussagen an Hand des I-ching[323] hinsichtlich der Führung des Reiches zumeist unerwarteterweise sich bewahrheiteten, daß Kuan wirklich daher etwas vom I-ching verstand und nicht einer war, der wegen der Schwierigkeiten den dunklen Text gegen einen leichten eintauschte. Man dürfe ihn wahrhaftig nicht wegen der Leseschwierigkeiten verwerfen!

Nr. 13

<u>Die kritische Würdigung des Ssu-ming tsun-yao chi im SKCSTM, Kap. 89</u>

Ssu-ming tsun-yao chi[324], 11 Kapitel. Ch'en Kuan aus der Sung-Zeit hat es verfaßt. Ch'en Kuan's Liao-weng i-shuo wurde bereits (im zweiten Kapitel) kritisch gewürdigt.

Das (vorliegende) Werk wird im Shu-lu chiai-t'i mit nur einem Kapitel aufgeführt[325]. Die jetzige Ausgabe umfaßt 11 Kapitel; Nachkommen haben sodann die ursprüngliche Denkschrift mit Vorworten und Nachworten zusammengefaßt und es so herausgegeben.

Da die Geschichtsschreiber der Shao-sheng-Periode[326] 'allein auf die Tagebuchaufzeichnungen des Wang An-shih gestützt, die Regesten des Shen-tsung redigiert hatten und dabei richtig und falsch so in Verwirrung brachten, daß keine Glaubwürdigkeit vermittelt werden konnte'[327], deshalb verfaßte Kuan das (vorliegende) Werk, um die Lügen zu widerlegen. Es wurde in der Zeit geschrieben, als er sich anfangs in Lien-chou verborgen hielt, mit dem Titel Ho-pu tsun-yao chi. Aber in den zehn Abhandlungen griff er noch nicht An-shih direkt an. Als er nach Norden zurückkehrte[328], da änderte er (das erwähnte Werk) und verfaßte das vorliegende Buch.

Es ist in acht Sachpunkten eingeteilt: 1. Lehren der Heiligen[329]; 2. Über das Tao[330]; 3. Statt einer Verehrung[331]; 4. Finanzordnung[332]; 5. Grenzprobleme[333]; 6. Über das Militär[334]; 7. Eigener Standpunkt[335]; 8. Anspielungen[336]. Jetzt erst klagte er Wang An-shih's Verleumdungen an.

In allen Punkten zitierte er den Text der Regesten und verfaßte für jeden eine polemische Kritik, die insgesamt in 65 Abschnitte unterteilt ist. Auf diese (Polemik) hin wurde er in Sicherheitsverwahr nach T'ai-chou gebracht.

In seiner zusammenfassenden Kritik heißt es: 'Als An-shih sich nach Chung-shan[337] zurückzog, hat er jene blasphemische Schrift verfaßt und sie dem Ts'ai Pien übermittelt. Pien hat ihr während der Yüan-yu-Periode durch Hinzufügungen oder Kürzungen Farbe verliehen und über neun Jahre Lob und Tadel ausgesprochen.'[338]

Im großen und ganzen war sein Hauptanliegen die Bestrafung des Pien, daher heißt es in der offiziellen Geschichte, daß er 'von den Gebrüdern Pien und Ching am meisten gehaßt wurde, weshalb sein Unglück sehr grausam war'[339]. Jedoch Chu Tzu[340] bemängelte, daß Ch'en Kuan 'aus Rücksichtsnahme nicht genau An-shih's dunkle Machenschaften treffen konnte.'

II. ANMERKUNGEN zu den im Anhang übersetzten Texten

1 僞學逆籍. Hierunter ist die Proskriptionsliste zu verstehen, die im Jahre 1198 veröffentlicht wurde und Chu Hsi und 58 weitere Konfuzianer enthielt. Ihnen wurde vorgeworfen, einer 'ketzerischen Lehre (wei-hsüeh 僞學)' anzuhängen, nämlich der der Gebrüder Ch'eng 程. Die Parallelen zur Yüan-yu-Proskriptionsliste sind unverkennbar. Hai Jui hat diese Liste der sog. Ch'ing-yüan-Partei ebenfalls untersucht und geordnet. Zudem hat er noch eine kleinere Abhandlung über sie hintangesetzt.

2 韓侂冑. Der Kanzler der südlichen Sung zu Beginn des 13. Jahrhunderts, der seine Machtstellung den verwandtschaftlichen Beziehungen zur Kaiserin verdankte, wollte mit dieser Liste seine politischen Konkurrenten ausschalten. Die Anklage 'to be a clique which entertained the purpose of usurping the government', wie Chang (1948), p. 251 sie faßte, wurde auch von Ts'ai Ching gegenüber der Yüan-yu-Partei gebraucht.

3 Als sich zu Beginn der südlichen Sung-Dynastie die sogenannten Konservativen wieder durchsetzten, wurde die Liste zum Ausgangspunkt für die Belohnungen genommen, die der Kaiser Kao-tsung den bis dahin verleumdeten Gegnern der Reformen verlieh. J.C. Ferguson meinte sogar, daß der Ausdruck 'yüan-yu chih cheng (元祐之政) seit dieser Zeit ein Synonym für eine gute Regierung war. Ferguson (1927), p. 43.

4 道命錄.

5 陶朱新錄.

6 劉元城. Yüan-ch'eng ist ein Beiname des Liu An-shih, vgl. p.146 Anm.320.

7 s.o. Anm. 1. 慶元之黨.

8 黃勉齋. Mien-chai ist der Beiname des Huang Kan (黃榦, 1152-1221), des Lieblingsschülers des Chu Hsi, der ihm seine Tochter zur Frau gab. Huang Kan hat nach allgemeiner Auffassung die beste Biographie des großen Philosophen Chu Hsi geschrieben, der an Bedeutung für den gesamten ostasiatischen Bereich sogar Konfuzius übertreffen dürfte.

9 海瑞, tzu: 汝賢.

10 瓊山 (Kuang-tung). TM 1347,1; PF 1322. Aus dem Namen Hai Jui, dem Mannesnamen Ju-hsien und dem Herkunftsort Ch'iung-

shan kombiniert R.M. Hartwell zwei Verfasser für die Yüan-yu tang chi-pei k'ao, nämlich Ch'iung Shan-hai und Jui Ju-hsien. Dieser kuriose Flüchtigkeitsfehler mindert jedoch nicht den Wert seines materialreichen Aufsatzes. Hartwell (1971), p. 715 Anm. 137.

11 Kang-feng 岡峯 ist der Ehrenname des Hai Jui.

12 四庫提要. Dies ist eine andere Bezeichnung für den gewaltigen 'Kaiserlichen Katalog (Ssu-k'u ch'üan-shu tsung-mu t'i-yao 四庫全書總目提要), der 1781 Kaiser Ch'ien-lung präsentiert werden konnte. Die 200 Kapitel (chüan 卷), die nach über 10 Jahren Arbeit kompiliert wurden, stellen die wohl umfangreichste und zuverlässigste Bibliographie des chinesischen Schrifttums von den Anfängen bis zur Ch'ien-lung-Zeit dar. Vergl. TB 21 f.

13 李心傳 (1166-1243). Vgl. Balasz (1957), p. 220.

14 馬純 . S. p.32 Anm.144.

15 孫諤. YYTCP 107.

16 錢希白 . Hsi-po ist u.a. der Mannesname des Ch'ien I, der ein Nachkomme des schon erwähnten Wu-Yüeh Wang war und im Jahre 999 zum chin-shih promoviert hatte. Wie sein Name auf die Liste gehören soll, ist mir nicht erklärlich. Es muß sich also um einen Unbekannten Ch'ien Hsi-po hier handeln, Ch'ien I kann nicht gemeint sein.

17 Beides sind Rubriken auf der Liste.

18 郎瑛 (geb. 1487). Vgl. TYRD 8-535, 3-472A und Ajia 4-175.

19 七修類稿, 51 Kapitel. Dieses Werk wurde 1775 in den Druck gebracht, von dem die heutigen Ausgaben nachgedruckt wurden. Vgl. SKCSTM 127 und Ajia 4-175.

20 Was uns überliefert ist, ist nur das oben genannte Werk.

21 lüeh-mei 掠美 bedeutet wörtlich 'das Schöne an sich reißen'.

22 備忘集, 10 Kapitel.

23 淳安政事 . Es scheint als selbständiges Werk nicht mehr zu existieren. In unserer Ausgabe des Pei-wang chi bildet es u.a. zusammen mit Briefen den Anhang (fu-lu 附錄).

24 學海類編. Dieses Ts'ung-shu stellte Ts'ao Jung aus seiner

25 曹溶. Als Bibliophile war er sehr interessiert an den Werken berühmter Leute der Sung- und Yüan-Dynastien. Vgl. EC 740 f.

26 龔頤正. Seine Lebensdaten sind nicht genau zu bestimmen; das CKWHCTTT Nr. 2492 gibt als Geburtsjahr die Zeit um 1162 an, WTW meint, daß er nach 1190 gestorben sei. Der Enkel des Kung Yüan (YYTCP 73) dürfte zur Abfassung dieses Werkes aus ähnlichen Beweggründen veranlaßt worden sein - beiden ging es wohl um die Rehabilitierung und Lobpreisung ihrer Vorfahren.

27 元祐黨籍列傳譜述. Dieses umfangreiche Werk scheint schon recht früh verloren gegangen zu sein. Auch im SKCSTM findet sich kein Hinweis auf dieses Buch.

Einleitung: Privatbibliothek zusammen. Sein Schüler T'ao Yüeh 陶越 erweiterte es, so daß insgesamt 431 Titel Aufnahme fanden. 1831 ging es zum ersten Mal in den Druck. Vgl. EC 740 ro.

28 d.h. an Umfang kommt es dem verschollenen Werk des Kung I-cheng in keinster Weise gleich.

29 子瞻. Mannesname des Su Shih (1036-1101). S. p.13 Anm. 57.

30 君實. Mannesname des Ssu-ma Kuang. S. p.2 Anm. 6.

31 YYTCPK, p. 12.

32 z.B. HCP 24/8b; HTC 84/2273.

33 szu-k'ung 司空. FdS 1764.

34 shang-shu tso-p'u-yeh 尚書左僕射. FdS 1545.

35 men-hsia shih-lang 門下侍郎. FdS 87.

36 Mit der 'Welt in Unordnung (luan-shih 乱世)' haben sich die chinesischen Denker, besonders die Taoisten, ausführlich auseinandergesetzt. Eine eigenwillige Darstellung dieser Zeiten finden wir bei Ho-kuan Tzu 2/3a, wo die Umdrehung aller Werte und ihre damit bewiesene Relativität aufgezeigt wird.

37 子瞻. S. p. 130 Anm. 29.

38 君實. S. p. 130 Anm. 30.

39 韓琦 (1008-1075).

40 富弼 (1004-1083).

41 歐陽修 (1007-1072).

42 范鎮 (1008-1088).

43 趙抃 (1008-1084).

44 程顥 (1032-1085).

45 李師中 (1013-1078).

46 王敦 . Dieser Vergleich läßt auch noch andere Parallelen mitanklingen, denn Wang Tun war wegen seines anmaßenden Benehmens und illoyalen Verhaltens berüchtigt. Er lehnte sich gegen seinen Kaiser auf und konnte nur mit Waffengewalt von seinen ehrgeizigen Plänen abgebracht werden.

47 呂誨 (1014-1071).

48 唐介 (1010-1068).

49 馮京 (1021-1094).

50 呂公著 (1018-1089). YYTCP 3.

51 韓維 (1017-1098). YYTCP 16.

52 曾布 (1035-1107). YYTCP 7.

53 章惇 (1035-1101). YYTCP 309.

54 李清臣 (1032-1102). YYTCP 20.

55 黃履 . YYTCP 25.

56 ch'ui-lien chih shih 垂簾之事 . Die faktische Regentschaft einer Kaiserin bezeichnet man so, da sie, bei den kaiserlichen Audienzen hinter einem Vorhang verborgen, alle Vorgänge verfolgt und von dort ihre Anweisungen erteilt. Dies war auch der Fall beim Thronantritt des unmündigen Kaisers Che-tsung, für den seine Großmutter Hsüan-jen die Regentschaft ausübte.

57 呂大防 (1027-1097). YYTCP 4.

58 劉摯 (1030-1097). YYTCP 5.

59　安燾 . YYTCP 23.

60　蔡確 (1037-1093).

61　葉祖洽 (gest. ca. 1117). YYTCP 75. Er war auf Vorschlag des Lü Hui-ch'ing (1032-1111) an die erste Stelle gesetzt worden.

62　安民 . Die Geschichte taucht immer wieder auf, z.B. Hsüan-ho i-shih p. 13; Fang (1954), p. 356. In der sozialen Gegenüberstellung zwischen dem Kanzler und dem einfachen Handwerker soll die charakterliche Verruchtheit und moralische Verantwortungslosigkeit deutlich gemacht werden.

63　汝賢 .

64　剛峯 .

65　瓊山 (Kuang-tung).

66　舉人 . Im Jahre 1549 bestand er das Provinzexamen und wurde zum chü-jen ernannt. Im März 1586 wurde er zum Hauptstadtzensor ernannt.

67　Chung-chiai 忠介 .

68　明史 . Die Abfassung dieser offiziellen Geschichte dauerte unverhältnismäßig lange. Unter Leitung des Chang T'ing-yü (張廷玉 , 1672-1755) wurde sie erst nach 61 Jahren 1739 vollendet.

69　道命錄 .

70　李心傳 .

71　陶朱新錄 .

72　馬純 .

73　ts'eng-jen chih-cheng 曾任執政 .

74　張商英 (1043-1121). YYTCP 26.

75　蔣之奇 (1031-1104). YYTCP 27.

76　ts'eng-jen tai-chih 曾任待制 .

77　張耒 (1052-1112). YYTCP 80.

78 岑象求 . YYTCP 64.

79 周鼎 . YYTCP 65.

80 慶元偽學 . S. Anm. 1.

81 慶元黨篡 . S. SKTTT 0-28, 2 und Ajia 3-96b.

82 農師 .

83 山陰 (Che-chiang). TM 97,1; PF 5462,2; HW 139.

84 金陵 (Chiang-su). TM 544,3; PF 1032 und 749; HW 20; 27.

85 青苗法 . Häufig scheiterten die Reformgesetze am Übereifer der Reformanhänger, an der Dichotomie zwischen Zentral- und Lokalverwaltung, an der Korruptheit der lokalen Unterbeamten oder an den regionalen Besonderheiten einzelner Gebiete, die in dem Gesetz keine Berücksichtigung gefunden hatten.

86 呂惠卿 . Zu seiner Klassifizierung als 'abusive manipulative type' vgl. Liu (1968), p. 75 f.

87 李丞之 . Er war ein Sohn des bekannten Malers Li Ti (967-1043, 李迪). Vgl. SS 310 und Ajia 9-243b.

88 淮南 (An-hui). TM 824,4; PF 2247; HW 72/73.

89 d.h. nur diejenigen der erfolgreichen chin-shih, deren Platz dann errechnet wurde.

90 ts'e-t'i 策題 .

91 t'ui-kuan 推官 . FdS 2811.

92 蔡州 (Ho-nan). TM 1185,3; PF 6505; HW 161.

93 Dabei handelte es sich um Ching-tung 京東 , Ching-hsi 京西 , Ho-tung 河東 , Ho-pei 河北 und Shen-hsi 陝西 .

94 Wang Fang (1044-1076). Zu seiner Biographie vgl. CKWHTTT 2153.

95 王子韶 (gest. 1103). SS 329/10a.

96 ta-sang hsi-kun 大喪襲袞 .

97 hsiang-ting chiao-miao li wen kuan 詳定郊廟礼文官 . FdS 1634.

98 kuang-lu ch'eng 光祿丞 . FdS 1062.

99 周礼 . Zur Entstehungsgeschichte dieses konfuzianischen Klassikers, der dem Chou-kung zugeschrieben wird, aber sicher erst in der ersten Han-Zeit kompiliert wurde, vgl. Karlgren (1931), p.1-59. Für die ursprüngliche Bezeichnung wird meistens Chou li gebraucht. Hiermit soll Hsün Yüeh (148-209) in seinem Han-chi begonnen haben.

100 t'ung-hsiu ch'i-chü chu 同修起居注 . FdS 2656. Dieses Tagebuch wurde von amtlichen Historikern geführt und stellte die wichtigste Quelle für die 'Täglichen Berichte jih-li 日歷 ' dar.

101 t'ai-ch'ang ssu 太常寺 . FdS 1934.

102 呂希純 . YYTCP 51. Er war ein Sohn des Lü Kung-chu, der eine führende Rolle während der Krankheit des Ssu-ma Kuang und nach dessen Tod in der Gegenreformperiode spielte.

103 趙令鑠 . Nähere Angaben zu seiner Person konnte ich nicht finden.

104 俎 .

105 豆 .

106 景靈宮 .

107 yüan-miao 元廟 . Vgl. Shih-chi 8/36b, MH 2/403 Anm.2. Auch 原廟 .

108 lung-t'u k'o tai-chih 龍圖閣待制. FdS 1218.

109 Das Familiengrab befand sich in Chung-shan (鍾山 , Chiang-su).

110 句容 (Chiang-su). TM 196,1; PF 1409; HW 40.

111 秦州 (Kan-su). TM 744,2; PF 1105. Dies ist ein Irrtum der Kompilatoren der Sung-Geschichte, wie bereits im SKCSTM 154 festgestellt wurde, in der kritischen Würdigung seines T'ao-shan chi. Stattdessen muß es T'ai-chou (泰州 , Chiang-su) heißen.

112 d.h. die Beweggründe für sein Verhalten bei der ersten Abfassung der Regesten des Kaisers Shen-tsung.

113 cheng-shih chih tao 正始之道 .
114 ta-chung chih ch'i 大中之期 .

115 哲宗 (1076-1100). Als der sechste Sohn des Shen-tsung die Thronfolge antreten sollte, war er erst 10 Jahre alt. Seine Großmutter Hsüan-jen, die Gemahlin des Ying-tsung, führte bis zu ihrem Tode (1093) für ihn die Regierungsgeschäfte.

116 pao-p'ing 報聘. Dieser Ausdruck wird bereits im Tso-chuan gebraucht (Hsüan 10; Legge (1960), p. 306, Paraphrase 12) und bezeichnet stets die freundschaftliche Erwiderung eines Besuches. Inwieweit dieser immer den Rang einer Gesandtschaft hatte, müßte eingehender untersucht werden.

117 洪基 (1032-1101). Der älteste Sohn des Hsing-tsung war als Tao-tsung 道宗 46 Jahre an der Regierung (1055-1101).

118 Hier dürfte der chinesische Trauerritus den Liao aufoktroiert sein, denn die K'i-tan pflegten nicht auf diese Art um ihre Toten zu wehklagen.

119 d.h. jetzt wäre es auf jeden Fall zu spät.

120 ta-ch'iu-hsia 大裘匣. In ihm wurde das Opferzeremonialgewand des Herrschers aufbewahrt.

121 豐稷 (1033-1107). YYTCP 57.

122 李清臣 (1032-1102). YYTCP 20.

123 yü-shih chung-ch'eng 御史中丞. FdS 3413.

124 趙挺之 (1040-1107).

125 Mit dem 'Ahnentempel' ist der der Dynastie und damit der Kaiser selber gemeint.

126 Diese Aussage ist nur auf dem Hintergrund der Parteikämpfe zu verstehen. Wenn die Eingabe des Ch'en Kuan von denen, die zu dieser Zeit die politischen Geschicke bestimmten, zurückgewiesen und eine Bestrafung ausgesprochen worden wäre, hätte die Eingabe eine unangemessene Aufwertung erfahren.

127 Von diesen Werken sind heute nur noch die 'Ergänzungen zum Erhya (P'i-ya 埤雅)' erhalten.

128 Ch'en Chen-sun, Chih-chai shu-lu chiai-t'i 17/486.

129 字說.

130 d.h. zwischen seinem verehrten Meister und sich.

131 Wegen seiner Beteiligung an der Abfassung der Regesten wurde Lu Tien zu Beginn der Nachreformperiode degradiert und in die Provinzen abgeschoben.

132 chiu-jen 舊人 .

133 Der Ausdruck 'Begünstigung privater Beziehungen und Vernachlässigung des öffentlichen Wohles (i-ssu fei-kung 以私廢公)' wird häufig bei der Kritik an Ts'ai Ching und seinen Anhängern gebraucht. Er soll die Charakterlosigkeit dieser 'skurpellosen Beamten (chien-ch'en 姦臣)' geißeln.

134 kang-chih yu-shou che 剛直有守者 .

135 Yüan-feng ta-ch'iu i 元豐大裘議 . TSC 5/53.

136 SS 343/7b.

137 piao 表 . Vgl. hierzu TSC 7/85 T'ai-chou hsieh-shang piao. Dort heißt es genau: Shen hai-ling chih shan-ti, i huai-tien chih chin chou.

138 海陵 (Chiang-su). TM 725,4; PF 1925; HW 49.

139 淮甸 .

140 SS 343/8a.

141 鄭玄 (127-200). Dieses Urteil wird von Lu Tien nirgendwo gefällt. Es stellt also die Meinung des Ch'en Ch'u-che (陳初哲) dar, der für diesen Beitrag im SKCSTM verantwortlich zeichnet.

142 特牲饋食礼 . Zur Übersetzung dieser Stelle im 15. Kapitel des I-li vgl. Couvreur (1951), p. 541 ff.

143 I-li yin-te 15/4b; Couvreur (1951), p. 575.

144 I-li yin-te 15/2a; a.a.O., p. 547.

145 Erh-ya yin-te 16/5/16.

146 儀礼 .

147 燕礼 .

148 I-li yin-te 6/2a; a.a.O., p. 179.

149 大射儀.

150 I-li yin-te 16a-b; a.a.O., p. 237.

151 公食大夫礼.

152 I-li yin-te 9/1b; a.a.O., p. 352.

153 士喪礼.

154 I-li yin-te 12/14a; a.a.O., p. 451.

155 既夕礼.

156 I-li yin-te 13/14a; a.a.O., p. 505.

157 少牢饋食礼.

158 I-li yin-te 16/4a; a.a.O., p. 586.

159 士冠礼.

160 I-li yin-te 1/1b; a.a.O., p. 2.

161 聘礼.

162 I-li yin-te 8/9a; pin-che 賓 , im vorliegenden Text 擯 geschrieben.

163 I-li yin-te 8/11a; a.a.O., p. 299; p. 302; p. 304.

164 士喪礼.

165 I-li yin-te 12/22b; a.a.O., p. 478.

166 特牲饋食礼.

167 I-li yin-te 15/1b; a.a.O., p. 541.

168 士虞礼.

169 I-li yin-te 14/8a-b; a.a.O., p. 517.

170 士冠礼 .

137

171　I-li yin-te 1/8a; a.a.O., p. 13.

172　士昏礼.

173　I-li yin-te 2/12a; a.a.O., p. 46.

174　大射儀.

175　kung-jen shih 工人士.

176　tzu-jen 梓人.

177　I-li yin-te 7/16b; a.a.O., p. 238.

178　I-li chu shu 17/7a.

179　Hier dürfte wohl auf Chia Kung-yen (T'ang-Zeit, 賈公彥) ange-spielt sein, der durch seine umfassenden Kommentare zum Chou-li und zum I-li - der oben genannte stammt von ihm - bekannt geworden ist. Zu seiner Person vgl. Chiu T'ang-shu 189/I/6b.

180　Diese Ausführungen machte Lu Tien in seinen 'Erläuterungen zur Staatsrobe der Yüan-yu-Periode'. Vgl. TSC 5/55.

181　瀛奎律髓 S. p.64.

182　詩林萬選. Eine Gedichtsanthologie mit diesem Titel habe ich nicht ausmachen können.

183　送人之潤州.

184　贈別吳興太守中文學士.

185　Dieses Werk des Wu Ts'eng (gest. nach 1170; vgl. SSI 29), das zur Sui-pi-Literatur gehört, enthält seine Stanze im achten Kapitel auf p. 214, allerdings ohne Gedichtüberschrift.

186　韋子華挽詩

187　尤袤 (1127-1194).

188　楊萬里 (1127-1206).

189　范成大 (1126-1193). Diese vier Dichter wurden die 'Vier Großen der südlichen Sung (南宋四大) genannt.

190　葉山. TM 750,4.

191 曾幾 (1084-1166).

192 chin-t'i 近體.

193 Der Ausdruck 'chung-ta-fu 中大夫 ' hebt m.E. die Beamten der Zentralverwaltung und hauptstädtischen Würdenträger von den Provinzialbeamten ab.

194 SS 343/9a.

195 王應麟 (1223-1296). Ihn halten manche modernen Gelehrten für den 'most learned scholar of the Sung-Dynasty'. Vgl. TB p.122.

196 玉海. Diese herausragende Enzyklopädie, gedacht als Materialsammlung zur Examensvorbereitung, enthält u.a. auch sehr viele Einzelheiten zur Sunggeschichte, die sie den Primärquellen entnommen hat und die nicht in der offiziellen Geschichte aufgenommen sind.

197 說文解字.

198 詩講義.

199 爾雅註.

200 釋魚.

201 釋獸.

202 釋鳥.

203 釋蟲.

204 釋馬.

205 釋木.

206 釋草.

207 釋天.

208 後開.

209 wu-hsing 物性.

210 說魚.

211 說木.

212 物性門類.

213 ch'ü-cheng 曲謘.

214 説龍.

215 曾公亮 (978-1078). Wo hier der Vergleichspunkt zwischen Wang und Tseng lag, kann ich nicht klären. Es scheint eine eigenwillige Wertung des Lu Tien zu sein.

216 po-tsa 駁雜.

217 po-ao 博臭.

218 朱彝尊 (1629-1709). Zur Person des Bibliographen vgl. EC 182 f.

219 ching-i k'ao 經義考. Das 1701 vollendete Werk, das einen sehr guten Ruf besitzt, umfaßt 297 Kapitel. Zunächst kamen jedoch nur 167 Kapitel in den Druck, die restlichen erschienen erst 1755. Vgl. EC 182.

220 wei-chien 未見.

221 南城 (Ho-nan). TM 590,1 ; PF -; HW 119.

222 子邁.

223 CCSLCT 3/83.

224 Darunter ist das Wu-hsing men-lei zu verstehen, wie aus dem Kontext hervorgeht.

225 Erh-ya hsin-i hsü-lu 1/1b.

226 SKCSTM 40/17b.

227 Erh-ya hsin-i, hsü 1a.

228 CCSLCT 3/83.

229 樸梅者謂櫼采薪.

230 EYHI 14/10a.

231 蝰蚓螶蠶.

232 莫貈.

233 EYHI 15/9a.

234 經典釋文, 30 Kapitel. Verfasser ist Lu Te-ming (陸德明), der uns auch durch seine Kommentierung zum Tao-te-ching bekannt ist.

235 莫貈螳蜋蚚.

236 方言. Zu dieser Sammlung von Dialektausdrücken, die von Yang Hsiung (53 v. Chr.-18 n. Chr.) zusammengestellt worden war, hat der bereits erwähnte Kuo P'u einen Kommentar verfaßt.

237 邢昺 (932-1010). Der für seine Klassikererklärungen bekannte Gelehrte wurde 976 zum chin-shih promoviert, nachdem er bereits 9 x einen Anlauf genommen hatte.

238 揩 拄也.

239 楷 柱也. EYHI 4/15a.

240 皇華也.

241 華皇也. EYHI 5/5a.

242 四時和謂之玉燭.

243 四氣和. EYHI 8/14a.

244 河鼓謂之牽牛.

245 何鼓. EYHI 9/10a.

246 釋邱.

247 堂途梧邱.

248 當途. EYHI 10/7b.

249 釋水.

250 河水清且瀾游.

251 瀾游. EYHI 11/7a.

252 釋草；葬蒲.

253 苹萍 . EYHI 13/1a.

254 荢麻母 .

255 荢麻母 . EYHI 13/5a.

256 蕭荻 .

257 蕭荻 . EYHI 13/12b.

258 卷施草 .

259 卷施草 . EYHI 13/15a.

260 權橐含 .

261 櫻橐含 . EYHI 13/15b.

262 楊鳥白鷺 .

263 鸞白鷺鳥 . EYHI 17/10b.

264 鳥鵲醜 .

265 鳥鵲醜 . EYHI 18/2a.

266 瑩中 .

267 chang-shu chi 掌書記 . FdS 2021. Er stand zwar im Rang einen Grad höher als der gewöhnliche Sekretär 'chih-shih 記事 ', hatte jedoch in etwa den gleichen Aufgabenbereich.

268 Wörtlich steht hier der Ausdruck 'chou-mu 州牧 ', der bereits zur Hanzeit Titel des Provinzgouverneurs war. Lu Tien befleißigt sich, wohl aus Vorsicht, einer großen Höflichkeit.

269 1094, 4. Monat.

270 Vgl. hierzu p. 73/73.

271 Hierunter sind die Reformen des Wang An-shih zu verstehen, die Ssu-ma Kuang als Amtsnachfolger des Reformers außer Kraft setzte.

272 資治通鑑 . Mit dieser Kritik sollte Ssu-ma Kuang, wie es dem Geist der Zeit entsprach, weitere Schmach angetan werden.

273 In seiner Eigenschaft als ta-hsüeh po-shih konnte er Prüfungsthemata vorschlagen.

274 shao-shu 紹述. Die Fortsetzung der Politik des Wang An-shih seit dem neunten Monat des Jahres 1093 wird mit diesem knappen Ausdruck belegt.

275 若稽古. Die Anfangsworte des Shu-ching werden hier mit der wortgetreuen Wiedergabe des Kommentares des Ma Jung (79-166) erklärt. Vgl. Legge (1966), Vol. III p.1 sowie Sun Hsing-yen, Shang-shu chin-ku-wen chu shu 1/1b/10.

276 ti-wang chih chih 帝王之治.

277 安惇 (1042-1104).

278 邢恕. Er wurde auch unter die 'skrupellosen Minister' klassifiziert. Vgl. seine Biographie SS 471/4a.

279 Nach dem frühzeitigen Tode des Kaisers Che-tsung im ersten Monat des Jahres 1100 versuchte die Kaiserinwitwe Ch'in-sheng, Gattin des Kaisers Shen-tsung, die Regierungsgewalt in ihre Hände zu bringen. Doch ihr Tod im folgenden Jahr 1101 machte den Hoffnungen der 'Konservativen', die sie unzweifelhaft begünstigte, ein jähes Ende.

280 Die oben genannte Kaiserinwitwe war eine geborene Hsiang 向. Hsiang Tsung-liang und Hsiang Tsung-hui, Söhne des Hsiang Ch'uan-fan (向傳範, 1010-1074) und Enkel des Kanzlers der frühen Sung-Zeit, Hsiang Min-chung (向敏中, 949-1020), waren Brüder der Kaiserinwitwe. Die Kaiserin, die hier erwähnt wird, dürfte die Gattin des Hui-tsung sein, eine geborene Wang 王. Ihr kaiserlicher Ehrenname war Hsien-kung 顯恭. Ihre Kurzbiographie in der offiziellen Geschichte gibt als Lebensdaten 1084-1108. Vgl. SS 243.

281 chu-tso lang 著作郎. FdS 2381.

282 yu ssu-yüan wai-lang 右司員外郎. FdS 3334.

283 Wörtlich heißt es: das Vermächtnis des Ostpalastes durcheinanderschütteln (tung-yao tung-kung chi 動搖東宮). Der Ostpalast ist der Wohnsitz u.a. des Thronfolgers, daher die obige Übersetzung.

284 蔡薿. Der Parteigänger des Ts'ai Ching war 1106 zum chin-shih promoviert worden. S. SS 354.

285 Die Kritik an den Intrigen und Machenschaften des Ts'ai Ching und seiner Anhänger zieht sich wie ein roter Faden durch die Lebensbeschreibung des Ch'en Kuan. Daher ist seine erfolgreiche Verteidigung gegenüber Li Hsiao-ch'eng durchaus einleuchtend.

286 pu-chü 卜居.

287 Ch'en Cheng-hui wurde zum Vizepräsidenten des kaiserlichen Fuhrparkes ernannt. Vgl. SSI 10/20a.

288 d.h. als Belehrung Heischender. Vgl. hierzu HKT, Kap.1, in dem der Kaiser (= Herrscher) aufgefordert wird, in seiner Haltung gegenüber Edlen und Weisen die Rolle des fast Rechtlosen zu spielen, um jene zur Mitarbeit an seinem Staate zu gewinnen.

288a 沙縣 (Fu-chien). HW 137.

289 t'ai-p'u-ssu ch'eng 太僕寺丞. FdS 1929.

290 chih-pi-ko 直秘閣. FdS 2129.

291 chu-kuan Ming-tao-kung 主管明道宮. Vgl. FdS 2341.

292 亳州 (An-hui). TM 679,2; PF 5229; HW 134.

293 大方.

294 yu ti-kung lang 右迪功郎. FdS 2433.

295 建州 (Fu-chien). TM 614,4; PF 846; HW 21.

296 陳正由.

297 t'i-tien hsing-yu 提點刑獄. FdS 2519.

298 陳正同.

299 婺州 (Che-chiang). TM 887,4; Pf 7203 und 1023; HW 174.

300 men-hsia-sheng chien-cheng chu-fang kung-shih 門下省檢正諸房公事. FdS 794.

301 shu-mi-yüan tu-ch'eng-chih 樞密院都丞旨. FdS 195.

302 平江府 (Chiang-su). TM 209,3; PF 5140,4 und 5904; HW 132, 148.

303 太平州 (An-hui). TM 139,4; PF 6169; HW 153.

304 建甯府 (Fu-chien). TM 614,4; PF 859; HW 21, 23.

305 八閩通志. Nachdem die Provinz Fu-chien in der Mongolenzeit in acht Teile aufgeteilt wurde, nannte man das Gebiet 'Pa-min'.

306 了翁易說. Die Ausgabe, die in den Großen Kaiserlichen Kathalog kopiert wurde, stammte aus der berühmten Bibliothek des Wu Yü-ch'ih, dessen Vater Wu Ch'o (1670-1733) diese mit Namen P'ing-hua chai (瓶花齋) gegründet hatte. Vgl. EC 8111.

307 螢中.

308 Die Eingaben an den Kaiser wurden blattweise gefaltet und aneinandergeklebt. Der Ausdruck 'chang shih shuo 章數十' besagt daher, daß seine Eingabe von bemerkenswerter Länge war.

309 li Ho-p'u i ssu 糅合浦以死

310 陳正同. Nicht mit dem Sohn des Ch'en Kuan zu verwechseln, dessen Namen gleich geschrieben wird.

311 Der 1193 zum chin-shih promovierte Feng I (馮椅) wurde u.a. durch ein umfangreiches Werk über das I-ching bekannt, das als Hou-chai i-hsüeh 厚齋易學 auf uns gekommen ist. Vgl. SKCSTM 3/7a.

312 陳大廳. Er dürfte der Sohn des Ch'en Cheng-hui gewesen sein, wenn die Familie konsequent bei der Namensgebung geblieben ist, wie es zu dieser Zeit üblich war. Ch'en Cheng-hui's anderer Sohn hieß Ch'en T A-fang, während die Kinder seiner Brüder Ch'en Cheng-... hießen.

313 朱子發. Hinter diesem Namen muß sich ein I-ching-Kommentator verbergen, doch dessen Werke und seine Person scheinen nicht mehr bekannt zu sein.

314 胡一桂. YS 189/5b. Hu I-kuei setzte die Tradition seines Vaters Fang-p'ing fort, der auch bereits einen guten Klang in der I-ching-Wissenschaft hatte.

315 邵白溫 (1057-1134). BD 1681. Der Sohn des Philosophen Shao Yung (1011-1077) vollendete die Erläuterungen seines Vaters zum I-ching. Po-wen war übrigens auch ein erklärter Gegner des Ts'ai Ching und seiner Anhänger. In einem Werk mit dem Titel 'Chiai Yüan-yu-tang-ku (解元祐黨錮)' versuchte er, die Yüan-yu-

(Partei zu rechtfertigen.

316 聞見錄 .

317 K'ang-chieh 康節 lautete der in der Yüan-yu-Periode verliehene Ehrenname des Shao Yung, einem der Wegbereiter des Neo-Konfuzianismus. Er erklärte das I-ching philosophisch-mathematisch und ließ ethische wie praktische Gesichtspunkte bewußt außer Acht.

318 沈作喆 . JM 488,4.

319 寓簡 .

320 劉器之 . Ch'i-chih ist der Mannesname des Liu An-shih, der in den Auseinandersetzungen innerhalb der Gegner der Reformen eine bedeutende Rolle in der Nord-Partei (shuo-tang) zu spielen vermochte, weshalb er auch auf die Proskriptionsliste gesetzt wurde. Daß hier nicht der Liu Ch'i-chih gemeint ist, der im JM 1483,4 erwähnt wird, geht aus dem Zusammenhang hervor und wird dadurch erhärtet, daß Liu An-shih einen guten Ruf als Experte in I-ching-Fragen besaß.

321 Yü-chien 1/4.

322 CCSLCT 1/13.

323 Das 'Buch der Wandlungen' gliedert sich inhaltlich in drei Teile. Der erste behandelt die philosophischen Grundgedanken (i-li 易理), der zweite enthält die mannigfachen Symbolisierungen. Der dritte Teil schließt die Nutzanwendungen ein, die sich aus den ersten beiden ziehen lassen, und wird mit i-shu 易術 bezeichnet.

324 四明尊堯集 .

325 CCSLCT 5/160.

326 i.e. die zweite Fassung unter der Leitung des Ts'ai Pien.

327 Diese Textstelle ist aus dem SS entlehnt. Vgl. SS 345/7b.

328 d.h. als er seine Freizügigkeit (tzu-pien 自便) im Jahre 1110 wiedererlangte und in die Hauptstadt zurückkehren durfte.

329 聖訓 .

330 論造 .

331 獻替.

332 理財.

333 邊機.

334 論兵.

335 處己.

336 寓言.

337 鍾山.

338 d.h. Ts'ai Pien hat die Tagebuchaufzeichnungen nach eigenem Ermessen bearbeitet, um deutlichere Akzente gegen die Anti-Reformer setzen zu können.

339 SS 345/8a.

340 Chu Hsi (1130-1200). Dieses Zitat aus den Werken des Chu Hsi habe ich nicht lokalisieren können.

III. CHRONOLOGISCHER LEBENSABRISS DES LU TIEN (1042-1102)

1042	Lu Tien in Shan-yin (Che-chiang) geboren.
ca.1066-1069	Schüler des Wang An-shih in Chin-ling, wohin sich der spätere Kanzler nach dem Tod seiner Mutter zurückgezogen hatte und das ihm seit dem dritten Monat des Jahres 1067 in seiner Eigenschaft als Präfekt von Chiang-ning-fu unterstand.
1070	12. Monat Promotion zum <u>chin-shih</u>, an 5. Stelle in der ersten Gruppe.
1071	Untersuchungsrichter in Ts'ai-chou. Errichtung von Universitäten in den fünf um die Hauptstadt liegenden Provinzen.
1079	Textkorrektor im Chi-hsien-Palast.
1082	4. Monat Großsekretär im Palastsekretariat. 5. Monat Zum Politischen Ratgeber befördert.
1086	Tod seines Lehrers Wang An-shih. Die Regesten des Kaisers Shen-tsung werden unter Leitung des Fan Tsu-yü und des Huang T'ing-chien kompiliert. Lu Tien wird zur Mitarbeit ins Ritenministerium versetzt.
1091	Als Gelehrtenanwärter des Lung-t'u-Pavillon zum Präfekten in Ying-chou ernannt.
1092	Als Präfekt nach Teng-chou versetzt.
1093	Präfekt von Chiang-ning-fu.
1094	Ts'ai Pien erhält im 4. Monat dieses Jahres den Auftrag, die Regesten des Shen-tsung neu abzufassen und reicht dieses Werk bereits fünf Monate später ein.
1096	Im Zusammenhang mit der Degradierung der für die erste Fassung der Shen-tsung-Regesten Verantwortlichen als Präfekt nach T'ai-chou versetzt.
1098	Präfekt in Hai-chou.
1099	Gewisse Rehabilitierung: Als Redakteur im Chi-hsien-Palast zum Präfekten in Ts'ai-chou ernannt.

1100   2. Monat Vizepräsident des Beamtenministeriums.
        6. Monat Interimspräsident des Beamtenministeriums.
        Zu Ende dieses Jahres führt er eine Gesandtschaft zu den
        Liao.
1101   5. Monat Präsident des Beamtenministeriums.
        6. Monat Mit der Abfassung der Regesten des Kaisers Che-
        tsung beauftragt.
        7. Monat Als Nachfolger des Fan Ch'un-li zum Exekutivas-
        sistenten zur Rechten befördert.
        11. Monat Exekutivassistent zur Linken; diese einflußreiche
        Position war nach der Entlassung des Ts'ai Ching aus diesem
        Amt (1100, 5. Monat) eineinhalb Jahre nicht besetzt.
1102   5. Monat Entlassung aus dem obigen Amt und Degradierung
        zum Präfekten in Po-chou. Sein Amtsnachfolger wird Ts'ai
        Ching.
1131   Im Zuge der Rehabilitierung der Yüan-yu-Parteianhänger
        zum Akademiker im Tzu-cheng-Palast ernannt.

IV. CHRONOLOGISCHER LEBENSABRISS DES CH'EN KUAN

1057 Ch'en Kuan geboren, als sein Vater Präfekt in Hsün-chou war.
1079 Promotion zum chin-shih.
       Sekretär in Hu-chou.
       Signatarbeamter in Yüeh-chou.
       Unterpräfekt in Ming-chou.
1084 Im Range eines Hsüan-i-Würdenträgers Verwalter des in der Ferne Eroberten in Hao-chou.
1085 Kontrolleur bei den Hauptstadtexamina.
1086 Tod seines Vaters Ch'en Ch'eng.
       (Da wir für die folgenden Jahre keine Daten zur Verfügung haben, können wir annehmen, daß er zumindest die geziemende Trauerzeit zurückgezogen verbracht hat.)
1090 Lehnt Ernennung zum Professor an der Staatsuniversität ab, die auf Empfehlung des Tseng Pu an ihn gegangen war.
1094 Ernennung zum Professor an der Staatsuniversität auf Vorschlag des Kanzlers Chang Tun, mit dem er kurz zuvor in Shan-yang grundsätzliche Probleme erörtert hatte.
1096 Archivar in der kaiserlichen Bibliothek.
1097 Im Range eines Hsüan-te-Würdenträgers nach Ts'ang-chou als Unterpräfekt versetzt.
1098 Lehnt den Rang eines Chu-tso-Würdenträgers und die Ernennung zum Kompilator im Geheimen Staatsrat ab.
1099 Seiner Bitte um Entlassung aus seinem Amte wird nicht entsprochen, man befördert ihn zum Präfekten in Wei-chou. Weitere Protektion durch Chang Tun lehnt er aus Enttäuschung über dessen Mitwirken an seiner Degradierung des Jahres 1097 entschieden ab.
1100 Auf Empfehlung von Tseng Pu und Han Chung-yen zum Politischen Zensor zur Linken in die Hauptstadt zurückgeholt. Fünf Monate später zum Politischen Zensor zur Linken beför-

dert, doch wegen seiner Kritik an Familienmitgliedern der Kaiserinwitwe Ch'in-sheng zum Inspektor des Getreideversorgungsamtes in Yang-chou degradiert.

9. Monat In Abmilderung seiner Bestrafung zum Präfekten der Militärpräfektur in Wu-wei ernannt.

1101 Lehnt die erneute Verleihung des chu-tso-Würdenträgerranges und gleichzeitig das Amt eines Textkorrektors im Regestenbüro ab.

7. Monat Erneute Redigierung der Regesten des Shen-tsung.

8. Monat Vizedirektor des Rechtsbüros und gleichzeitig provisorischer Politischer Ratgeber. Versetzt nach T'ai-chou.

1102 Proskriptionsliste mit 120 Namen veröffentlicht.

1103 1. Monat In untergeordneter Stellung nach Lien-chou geschickt, im Zusammenhang mit der Durchführung der Proskriptionsmaßnahmen.

2. Monat Nimmt seinen Wohnsitz in Ho-p'u, wo er sich literarisch betätigt.

1105 3. Monat Beendet sein heute unbekanntes Werk Ho-p'u tsun-yao chi.

11. Monat Erlangt seine Freizügigkeit wieder.

1106 Stele mit der Proskriptionsliste auf Befehl des Kaisers zerstört. Allgemeine Amnestie.

Ch'en Kuan zieht nach Ch'en-chou, von wo er wenig später nach Ming-chou übersiedelt. Dort vollendet er im 9. Monat des Jahres das Ssu-ming tsun-yao chi.

1109 Unter Anklage der Mitwisserschaft an Verbrechen seines Sohnes Ch'en Cheng-hui in K'ai-feng ins Gefängnis gebracht.

1110 Strafversetzt nach T'ung-chou. Ende des Jahres erlangt er seine Freizügigkeit zurück.

1111 Sicherheitsverwahrung in T'ai-chou.

1116 Nach Erreichen der Freizügigkeit zunächst zum Hsüan-te-Würdenträger wieder ernannt, dann zum Ch'en-shih-Würdenträger.

           7. Monat Will nach Nan-k'ang verziehen.

1121   Auf Anordnung hin nimmt er seinen Wohnsitz in Ch'u-chou.

1124   Stirbt in Ch'u-chou. Begraben in Kuang-ling.

1126   Ehrung und Ernennung zum Ch'ien-i ta-fu.

1156   Nach der Würdigung seiner Persönlichkeit durch Kaiser Kao-tsung wird ihm der posthume Ehrenname 'Loyal und Würdig' verliehen.

V. STAMMBAUM DES LU TIEN (1042-1102)

```
                              Lu Chao
                                  │
                              Wu Chih
                                  │
                    Lu Chen   Wu-shih (1006-1091)
                                  │
                          ┌───────┼──────────────────┐
                       Lu Kuei                    Lu Ch'i
                          │                          │
                   ┌──────┼──────┐              ┌────┴────┐
                Lu Tien  Lu Pi                Lu Yen   Lu Shen
                   │
   ┌───────┬───────┼───────┬───────────┐
 Yang    Lu-shih                    
 Ta-ya                              
   │        │
 Shih    Lu-shih      Lu Tsai   Lu Chü  Lu Ch'ang-min
 Hui-chih                                    
   │                                         
   │        │         Lu Kuang  Lu Yu   Lu Chu   Lu Ching-chih
 Lu Chih  
   │                                         
 Lu Shih                                     

Lu Yen  Lu Tsung  Lu An  Lu Hsüan  Lu Yüan  Lu Kuang  Lu Yu  Lu Tzu-lung  Lu Tzu-hsü  Lu Tzu-t'an  Lu Tzu-yü  Lu Tzu-hei

Lu Tzu-yeh  Lu Tzu-pu  Lu Tzu-t'an
```

Dieser Stammbaum wurde aus folgenden Quellen zusammengestellt:

1. Wei-nan chi 31/1a; 2. TSC 14; 3. SS 343/7b; 4. Shang-yu lu 21; 5. OYYSC 61/3a.

VI. STAMMBAUM DES CH'EN KUAN (1057-1124)

Ch'en Ch'ang

Ch'en Ang

Ch'en Wen-yü

Ch'en Shih-ch'ing (953-1016)

Ch'en Ch'eng (1015-1086)   Ch'en Yen   Ch'en Wei   Ch'en K'an   Ch'en P'ei

Ch'en Sheng   Ch'en Chüeh   Ch'en Ch'iung   Ch'en Kuan   Ch'en-shih   Ch'en-shih   Ch'en-shih
                                                          Li Shen   Yang Kung-fu Yeh T'ang-chi Chang Chih-ku

Ch'en Cheng-hui   Ch'en Cheng-t'ung   Ch'en Cheng-yu

Ch'en Ta-fang

Dieser Stammbaum wurde aus folgenden Quellen zusammengestellt:

1. Pi-shu shao-chien tseng li-pu shang-shu Ch'en-kung shen-tao-pei ming, in YFLK 47/3a.
2. YLTT 3141/16 b;   3. SS 307/9a;   4. SSI 10/20;   5. YLTT 3143/1aff.;   6. TTSL 100/5a.

154

VII. SCHEMATISCHER ÜBERBLICK DER PARTEILISTEN DER JAHRE 1102 und 1104

Rubriken	1102		1104	
wen-ch'en chih-cheng kuan	22		27	
tai-chih i-shang kuan	35		49	
yü kuan	48		176	
nei-ch'en	8		29	
wu-ch'en	4		25	
pu-chung ts'eng-jen-ts'ai kuan	-		2	

Regionale Herkunft der Proskribierten

Ho-nan	21	21 %	33	16,3 %
Chiang-su	11	11 %	19	9,4 %
Shan-tung	9	9 %	11	5,4 %
An-hui	5	5 %	12	5,9 %
Ho-pei	7	7 %	9	4,5 %
Shen-hsi	5	5 %	6	3,0 %
Shan-hsi	3	3 %	4	2,0 %
Hu-pei	2	2 %	3	1,5 %
Kan-su	-	-	1	0,5 %
Ssu-ch'uan	11	11 %	26	12,8 %
Fu-chien	11	11 %	29	14,4 %
Chiang-hsi	9	9 %	26	12,8 %
Che-chiang	5	5 %	17	8,4 %
Hu-nan	-	-	3	1,5 %
Kuang-tung	-	-	2	1,0 %
Nicht bestimmbar	9		78	
Norden	63	63 %	98	48,5 %
Ssu-ch'uan	11	11 %	26	12,8 %
Mittlerer Süden	25	25 %	75	37,1 %
Süden	-	-	2	1,0 %

VIII. AUFGLIEDERUNG DER PARTEILISTE DES JAHRES 1104

	Yüan-yu	Yüan-fu
Kanzler und höchste Exekutivbeamte	24	3
Hohe Exekutivbeamte	36	13
Sonstige Beamte	39	138
Militärbeamte		keine Unterteilung
Eunuchen		29
verräterische Kanzler		keine Unterteilung

Nr.	Name	Lebensdaten	Herkunftsort	Provinz	Materialien zur Biographie	Sonstiges
1	Ssu-ma Kuang	1019-1086	Shan-chou	Ho-nan	SS 336	
2	Wen Yen-po	1006-1097	Fen-chou	Shan-hsi	SS 313	
3	Lü Kung-chu	1018-1089	Shou-chou	An-hui	SS 336	
4	Lü Ta-fang	1027-1097	Ching-chao-fu	Shen-hsi	SS 340	
5	Liu Chih	1030-1097	Yung-ching-chün	Ho-pei	SS 340	
6	Han Chung-yen	1038-1109	Hsiang-chou	Ho-nan	SS 312	
7	Tseng Pu	1035-1107	Chien-ch'ang-chün	Chiang-hsi	SS 471	
8	Liang Tao	1034-1087	Yün-chou	Shan-tung	SS 342	
9	Wang Yen-sou	1042-1092	Ch'ing-p'ing	Shan-tung	SS 342	
10	Su Ch'e	1039-1112	Mei-chou	Ssu-ch'uan	SS 339	
11	Wang Ts'un	1023-1101	Jun-chou	Chiang-su	SS 341	
12	Fan Ch'un-jen	1027-1101	Su-chou	Chiang-su	SS 314	
13	Cheng Yung	1031-1098	Hsiang-i	Ho-nan	SS 342	
14	Fu Yao-yü	1024-1091	Meng-chou	Ho-nan	SS 341	
15	Chao Chan	1019-1090	Feng-hsiang-fu	Shen-hsi	SS 341	

Nr.	Name	Lebensdaten	Herkunftsort	Provinz	Materialien zur Biographie	Sonstiges
16	Han Wei	1017-1098	K'ai-feng-fu	Ho-nan	SS 315	
17	Sun Ku[1]	1034-1090	Kuan-ch'eng	Ho-nan	SS 341	
18	Fan Po-lu	1067-1131	Ch'eng-tu-fu	Ssu-ch'uan	SS 337	
19	Hu Tsung-yü		Ch'ang-chou	Chiang-su	SS 318	
20	Li Ch'ing-ch'en	1032-1102	Wei-chou	Ho-pei	SS 328	
21	Liu Feng-shih	1041-1113	Lin-chiang-fu	Chiang-hsi	SS 319	Sohn des Liu Ch'ang
22	Fan Ch'un-li	1031-1106	Su-chou	Chiang-su	SS 314	
23	An Tao		K'ai-feng-fu	Ho-nan	SS 328	
24	Lu Tien	1042-1102	Yüeh-chou	Che-chiang	SS 343	
25	Huang Lü		Shao-wu	Fu-chien	SS 328	
26	Chang Shang-ying	1043-1121	Shu-chou	Ssu-ch'uan	SS 351	
27	Chiang Chih-ch'i	1031-1104	Ch'ang-chou	Chiang-su	SS 343	
28	Su Shih	1036-1101	Mei-chou	Ssu-ch'uan	SS 338	
29	Liu An-shih	1048-1125	Ta-ming-fu	Ho-pei	SS 345	
30	Fan Tsu-yü	1041-1098	Ch'eng-tu-fu	Ssu-ch'uan	SS 337	

Nr.	Name	Lebensdaten	Herkunftsort	Provinz	Materialien zur Biographie	Sonstiges
31	Chu Kuang-t'ing	1037-1094	Yen-shih	Ho-nan	SS 333 TTSL 94	
32	Yao Mien		Shao-hsing-fu	Che-chiang	SBI 88 SSI 2	
33	Chao Chün-hsi		Lo-yang	Ho-nan	SS 284	Enkel des Chao An-jen
34	Ma Mei		Tan-chou	Shan-tung	SS 344 TTSL 92	
35	K'ung Wu-chung		Lin-chiang-chün	Chiang-hsi	SS 344 TTSL 94	Bruder des K'ung Wen-chung
36	K'ung Wen-chung	1038-1088	Lin-chiang-chün	Chiang-hsi	SS 344	
37	Wu An-chih		Chien-chou	Fu-chien	SS 312/11a/7 TTSL 63	Sohn des Wu Ch'ung
38	Ch'ien Hsieh	1034-1097	K'ai-feng-fu	Ho-nan	SS 317	
39	Li Chih-ch'un		Ts'ang-chou	Ho-pei	SS 344	
40	Sun Chüeh	1028-1090	Kao-yu-chün	Chiang-su	SS 344 TTSL 92	
41	Hsien-yü Hsien	1019-1087	Lang-chou	Ssu-ch'uan	SS 344 TTSL 92	
42	Chao Yen-jo	-1094	Ch'ing-chou	Shan-tung	TTSL 60 SS I 3	
43	Chao Wo		Ch'iung-chou	Ssu-ch'uan	SS 332 TTSL 91	
44	Wang Ch'in-ch'en		Ying-t'ien-fu	Ho-nan	SS 294	
45	Sun Sheng		Kao-yu-chün	Chiang-su	SS 347	

Nr.	Name	Lebensdaten	Herkunftsort	Provinz	Materialien zur Biographie	Sonstiges
46	Li Chou		T'ung-chou	Shen-hsi	SS 344	
47	Wang Fen		Chi-chou	Shan-tung	SS 293/8a/13 TTSL 39	Urenkel des Wang Yü-ch'eng
48	Han Ch'uan		Shan-chou	Ho-nan	SS 347	
49	Ku Lin		K'uai-chi	Che-chiang	SS 344	
50	Chia I		Wu-wei-chün	An-hui	SS 355	
51	Lü Hsi-ch'un		Shou-chou	An-hui	SS 336	
52	Tseng Chao	1047-1107	Chien-ch'ang-chün	Chiang-hsi	SS 319	Bruder des Tseng Kung
53	Wang Ti	-nach 1068	T'ai-chou	Chiang-su	SS 344	
54	Fan Ch'un-ts'ui	-1101	Su-chou	Chiang-su	SS 314	Sohn des Fan Chung-yen
55	Lü T'ao	1029-1105	Ch'eng-t'u-fu	Ssu-ch'uan	SS 346	
56	Wang Ku		Hsin	Shan-tung	SSI 5 YYTJC 3/1a	Sohn des Wang Tan
57	Feng Chi	1033-1107	Ming-chou	Che-chiang	SS 321 TTSL 94	
58	Chang Shun-min	ca. 1034- ca. 1110	Pin-chou	Shen-hsi	SS 347 TTSL 94	
59	Chang Wen		Hsiang-yang	Hu-pei	YYTJC 3/4b	
60	Yang Wei	1044-1112	Lo-yang	Ho-nan	SS 355	

Nr.	Name	Lebensdaten	Herkunftsort	Provinz	Materialien zur Biographie	Sonstiges
61	Tsou Hao	1060-1111	Ch'ang-chou	Chiang-su	SS 345	
62	Ch'en Tz'u-sheng	1044-1119	Hsing-hua-chün	Fu-chien	SS 346	
63	Hsieh Wen-kuan		Ch'en-chou	Ho-nan	SS 354	
64	Ch'en Hsiang-ch'iu		Tzu-chou	Ssu-ch'uan	SSI 4 YYTJC 3/7a	
65	Chou Ting				YYTJC 3/17a	
66	Hsü Chi		Hsüan-chou	An-hui	SS 348	
67	Lu Ch'ang-heng		K'ai-feng-fu	Ho-nan	SS 354	
68	Tung Tuan-i		Chi-chou	Chiang-hsi	SS 355	
69	Shang-kuan Chün	1038-1115	Shao-wu	Fu-chien	SS 355 TTSL 99	
70	Yeh T'ao		Ch'u-chou	Che-chiang	SS 355	
71	Kuo Chih-chang	-ca.1111	Chi-chou	Chiang-hsi	SS 355	
72	Yang K'ang-kuo		Wei	Ho-pei	SSI 6	
73	Kung Yüan		Ch'u-chou	Che-chiang	SS 353 TTSL 114	
74	Chu Fu		Fu-chou	Fu-chien	SSI 3	
75	Yeh Tsu-hsia	-ca.1117	Shao-wu	Fu-chien	SS 354	

Nr.	Name	Lebensdaten	Herkunftsort	Provinz	Materialien zur Biographie	Sonstiges
76	Chu Shih-fu		Hai-chou	Chiang-su	YYTJC 3/28b	
77	Ch'in Kuan	1049-1100	Yang-chou	Chiang-su	SS 444	
78	Huang T'ing-chien	1045-1105	Hung-chou	Chiang-hsi	SS 444	
79	Ch'ao Pu-chih	1053-1110	Chi-chou	Shan-tung	SS 444	
80	Chang Lei	1052-1112	Ch'u-chou	Chiang-su	SS 444	
81	Wu An-shih		Chien-chou	Fu-chien	SS 312/11b/12 TTSL 63	
82	Ou-yang Fei	1047-1113	Lu-ling	Chiang-hsi	SS 319	Sohn des Ou-yang Hsiu
83	Liu T'ang-lao		Lo-yang	Ho-nan	SSI 4	
84	Wang Kung	1048-nach 1102	Ta-ming-fu	Ho-pei	SS 320/5a-/6 SSI 29	Sohn des Wang Su
85	Lü Hsi-che	-ca.1114	Lo-yang	Ho-nan	SS 336	
86	Tu Ch'un	1032-1095	P'u-chou	Shan-tung	SS 330	
87	Chang Pao-yüan				YYTJC 4/10b	
88	K'ung P'ing-chung		Lin-chiang-chün	Chiang-hsi	SS 344	Sohn des K'ung Wen-chung
89	T'ang Kuo[2]				YYTJC 5/9a	
90	Ssu-ma K'ang	1050-1090	Shan-chou	Ho-nan	SS 336	Sohn des Ssu-ma Kuang

Nr.	Name	Lebensdaten	Herkunftsort	Provinz	Materialien zur Biographie	Sonstiges
91	Sung Pao-kuo		An-lu	Hu-pei	YYTJC 5/9a	
92	Huang Yin		Hsing-hua-chün	Fu-chien	YYTJC 5/9b	
93	Pi Pao-yu		Tai-chou	Shan-hsi	YYTJC 5/11b	Bruder des Pi Chung-yu
94	Ch'ang An-min	ca.1042-ca.1102	Ch'iung-chou	Ssu-ch'uan	SS 346	Nicht m.d.gleichnamigen Mann in SSI 24 identisch
95	Wang Yen			YYTJC 5/1	YYTJC 5/12b	
96	Yü Shuang		Hung-chou	Chiang-hsi	SS 333/11b/13 YYTJC 5/12b	Bruder d.Yü Pien
97	Cheng Hsieh	1041-1119	Fu-chou	Fu-chien	SS 321	
98	Ch'ang Li		Ju-yin	An-hui	YYTJC 5/19b	
99	Ch'eng I	1033-1107	Lo-yang	Ho-nan	SS 427	
100	T'ang I-wen		Chiang-ling-fu	Hu-pei	SS 316 TTSL 73	Sohn des T'ang Chieh
101	Yü Pien		Hung-chou	Chiang-hsi	SS 333/11b/13 TTTJC 5/20b	
102	Li Ko-fei	-nach1106	Chi-nan-fu	Shan-tung	SS 444	
103	Ch'en Kuan	1057-1124	Nan-chien-chou	Fu-chien	SS 345	
104	Jen Po-yü	ca.1047-ca.1119	Mei-chou	Ssu-ch'uan	SS 345	
105	Chang T'ing-chien		Kuang-an-chün	Ssu-ch'uan	SS 346	

163

Nr.	Name	Lebensdaten	Herkunftsort	Provinz	Materialien zur Biographie	Sonstiges
106	Ma Chüan		Nan-pu	Ssu-ch'uan	YYTJC 6/10a	
107	Sun O	1051-1109	Shao-wu	Fu-chien	SS 346	
108	Ch'en Fu		Chien-yang	Fu-chien	SSI 19 YLTT 3141/1b	chin-shih 1057
109	Chu Kuang-i			Ho-nan	YYTJC 6/12a	
110	Su Chia	-1129	T'ung-an	Fu-chien	SSI 4	Sohn des Su Sung
111	Kung Kuai	1057-1111	Ying-chou	Ho-pei	SS 346	
112	Wang Hui	1049-1101	Hsien-yu	Fu-chien	SS 345	
113	Lü Hsi-chi		Shou-chou	An-hui	YYTJC 6/14a	
114	Wu Ch'ou			Fu-chien	YYTJC 6/14b	
115	Ou-yang Chung-li		Yüan-chou	Chiang-hsi	YYTJC 6/15a	
116	Yin Ts'ai		Lo-yang	Ho-nan	YYTJC 6/15a	
117	Yeh Shen		Chia-hsing	Che-chiang	YYTJC 6/17b	
118	Wu Ch'u-hou	-ca.1093	Shao-wu	Fu-chien	SS 471	
119	Li Ko-chih				YYTJC 6/18a	
120	Li Chi-chung		Tuan-chou	Kuang-tung	SS 395 YYTJC 6/19b	

Nr.	Name	Lebensdaten	Herkunftsort	Provinz	Materialien zur Biographie	Sonstiges
121	Shang I		Tzu-ch'uan	Shan-tung	SSI 26	
122	Ch'en Yu		Hsien-ch'ing-lan	Ssu-ch'uan	SS 346	
123	Yü Fang		Wu-chin	Chiang-su	YYTJC 6/23a	chin-shih 1073
124	Li Chih		Wei	Ho-pei	YYTJC 6/23a	Sohn des Li Ch'ing-ch'en
125	Li Shen		Kuang-tse	Fu-chien	SSI 5	
126	Li Chih-i	-nach 1108	Ts'ang-chou	Ho-pei	SS 344	
127	Fan Cheng-p'ing		Su-chou	Chiang-su	SS 314	Sohn des Fan Ch'un-jen
128	Yang Lin				YYTJC 6/28b	
129	Ts'ao Kai				YYTJC 6/28a	
130	Su Ping		Wu-kung	Shen-hsi	SS 428	
131	Ko Mou-tsung				YYTJC 6/29a	
132	Liu Wei		Tao-chiang	Ssu-ch'uan	YYTJC 6/29a	
133	Ch'ai Kun		Lung-kang	Ho-pei	YYTJC 6/29b	Nachkomme des Shih-tsung v. Chou
134	Hung Yü		Nan-ch'ang	Chiang-hsi	YYTJC 6/29b	chin-shih 1097. Bruder d. Hung Ch'u
135	Chao T'ien-yu				YYTJC 6/30a	

Nr.	Name	Lebensdaten	Herkunftsort	Provinz	Materialien zur Biographie	Sonstiges
136	Li Hsin	-nach 1123	Mei-chou	Ssu-ch'uan	SSI 6	chin-shih 1090
137	Heng Chün				YYTJC 4/11a	
138	Kun Kung-shih				YYTJC 4/11a	
139	Feng Po-yao[3]		Kuo-chou	Ssu-ch'uan	YYTJC 4/11b	
140	Chou I				YYTJC 4/11b	
141	Sun Tsung				YYTJC 4/11b	
142	Fan Jou-chung		Nan-ch'eng	Chiang-hsi	YYTJC 4/12b	
143	Teng K'ao-fu[4]		Lin-ch'uan	Chiang-hsi	SS 458 YYTJC 4/12b	
144	Wang Ch'a				YYTJC 4/13a	
145	Chao Hsün		Hsi-an	Che-chiang	YYTJC 4/13a	
146	Feng Chüeh-min				YYTJC 4/13a	
147	Hu Tuan-hsiu		Ch'ang-chou	Chiang-su	YYTJC 4/13b	Sohn des Hu Tsung-yü
148	Li Chieh		Shao-chou	Hu-nan	YYTJC 4/14a	
149	Li Pen				YYTJC 4/15a	
150	Chao Ling-chih	ca.1051-1134	K'ai-feng-fu	Ho-nan	YYTJC 4/15a	Nachk.d.2.Sohnes d.Sung T'ai-tsu

Nr.	Name	Lebensdaten	Herkunftsort	Provinz	Materialien zur Biographie	Sonstiges
151	Kuo Chih-chung	-1131	Hua-yang	Ssu-ch'uan	YYTJC 4/15b	
152	Shih Fang		Mei-chou	Ssu-ch'uan	YYTJC 4/16a	
153	Chin Chi		Lo-p'ing	Chiang-hsi	YYTJC 4/16b	
154	Kao Kung-ying				YYTJC 4/16b	
155	An Hsin-chih				YYTJC 4/17a	
156	Chang Chi				YYTJC 4/17a	
157	Huang Ts'eh	1070-1132	Su-chou	Chiang-su	SSI 26 / SBI 179	
158	Wu An-hsün				YYTJC 4/18a	
159	Chou Yung-hui				YYTJC 4/18a	
160	Kao Chien		P'ing-hsiang	Chiang-hsi	YYTJC 4/18b	
161	Chang Su				YYTJC 4/18b	
162	Hsien-yü Cho		Yang-chai	Ho-nan	YYTJC 4/19a	
163	Lü Liang-ch'ing		Chin-chiang	Fu-chien	YYTJC 4/19b	Bruder des Lü Hui-ch'ing
164	Wang Kuan				YYTJC 4/19b	
165	Chu Hung				YYTJC 4/20a	

Nr.	Name	Lebensdaten	Herkunftsort	Provinz	Materialien zur Biographie	Sonstiges
166	Wu Ming		Ch'üan-chiao	An-hui	YYTJC 4/20a	
167	Liang An-kuo				YYTJC 4/20b	
168	Wang Ku		Chien-te	Che-chiang	YYTJC 4/20b	
169	Su Hui		Mei-chou	Ssu-ch'uan	YYTJC 4/21a	Verwandter des Su Shih
170	T'an Ku		Ch'ih-chou	An-hui	YYTJC 4/21a	chin-shih 1070
171	Ho Ta-shou		Ya-chou	Ssu-ch'uan	YYTJC 4/21b	
172	Wang Chen	1049-1101	Ch'ing-shen	Ssu-ch'uan	SBI 19	
173	Shu Min-ch'iu				YYTJC 4/22a	
174	Chiang Kung-wang		Mu-chou	Che-chiang	SS 346	
175	Tseng Yü	1073-1135	Fu-chou	Fu-chien	SBI 166	4. Sohn des Tseng Pu
176	Kao Shih-yü		Hao-chou	An-hui	YYTJC 4/24a	Sohn des Kao Tsun-yü
177	Teng Chung-ch'en	-nach 1103	T'an-chou	Hu-nan	SSI 26	chin-shih 1069
178	Ch'ung Shih-tao[5]	1051-1126	Lo-yang	Ho-nan	SS 325	Enkel des Ch'ung Shih-heng
179	Han Chih		Hsiang-chou	Ho-nan	SS 312/7a/3 SSI 4	Sohn des Han Chung-yen
180	Tu K'uang		Ling-ch'uan	Shan-hsi	YYTJC 4/29a	

Nr.	Name	Lebensdaten	Herkunftsort	Provinz	Materialien zur Biographie	Sonstiges
181	Ch'in Hsi-fu		Su-chou	Chiang-su	YYTJC 4/29a	chin-shih 1080
182	Ch'ien Ching-hsiang		Lin-an-fu	Che-chiang	YYTJC 4/30b	Urenkel d. letzten Herrschers von Wu-Yüeh
183	Chou Fu		Lung-ch'i	Fu-chien	YYTJC 4/30b	chin-shih 1073
184	Ho Ta-cheng		Ta-yü	Chiang-hsi	YYTJC 4/30b	
185	Lü Yen-tsu		K'ai-feng-fu	Ho-nan	YYTJC 4/30b	
186	Liang K'uan		Hsin-yü	Chiang-hsi	YYTJC 4/31a	chin-shih 1073
187	Shen Kan[6]		Kuei-an	Che-chiang	YYTJC 4/31b	
188	Ts'ao Hsing-tsung				YYTJC 4/32a	
189	Lo Ting-ch'en				YYTJC 4/32a	
190	Liu Po		Mei-shan	Ssu-ch'uan	YYTJC 4/32b	
191	Wang Cheng				YYTJC 4/32b	
192	Huang An-ch'i				YYTJC 4/33a	
193	Ch'en Shih-hsi	1057-1125	Chien-chou	Fu-chien	SS 346	
194	Yü Chao				YYTJC 4/33b	
195	Huang Ch'ien		Ling-ching	Ssu-ch'uan	YYTJC 4/34a	

Nr.	Name	Lebensdaten	Herkunftsort	Provinz	Materialien zur Biographie	Sonstiges
196	Mo-ch'i Cheng				YYTJC 5/1a	
197	Hsü Yao-fu		P'u-t'ien	Fu-chien	YYTJC 5/1a	chin-shih 1094
198	Yang Fei		Fu-chou	Fu-chien	SBI 183 YYTJC 5/1b	chin-shih 1091
199	Hu Liang				YYTJC 5/2a	
200	Mei Chün-ch'ien[7]				YYTJC 5/2a	
201	K'ou Tsung-yen				YYTJC 5/2a	
202	Chang Chü		Chen-ning	Kan-su	YYTJC 5/2b	chin-shih 1091
203	Li Hsiu			Kuang-tung	YYTJC 5/2b	
204	Feng Ch'un-hsi				YYTJC 5/3a	
205	Kao Ts'un-k'o		Hao-chou	An-hui	YYTJC 5/3a	
206	Huang Ts'ai				YYTJC 5/3b	
207	Ts'ao Kuan				YYTJC 5/3b	
208	Hou Hsien-tao				YYTJC 5/3b	
209	Chou Tsun-tao		Lin-ch'uan	Chiang-hsi	YYTJC 5/4a	chin-shih 1097
210	Lin Fu		Fu-ch'ing	Fu-chien	SS 343/6a/10	Sohn des Lin Tan

Nr.	Name	Lebensdaten	Herkunftsort	Provinz	Materialien zur Biographie	Sonstiges
211	Ko Hui				YYTJC 5/4a	
212	Sung Shou-yüeh				YYTJC 5/4b	
213	Wang Kung-yen		Wen-chou	Che-chiang	YYTJC 5/4b	
214	Wang Chiao				YYTJC 5/4b	
215	Chang P'u				YYTJC 5/5a	
216	Hsü An-hsiu		Hui-chou	An-hui	YYTJC 5/5a	
217	Liu Chi-fu				YYTJC 5/5b	
218	Hu Ch'ien				YYTJC 5/5b	
219	Tung Hsiang				YYTJC 5/5b	
220	Yang Kuei-pao[8]		Kuan-ch'eng	Ho-nan	YYTJC 5/6a	
221	Ni Chih-ju[9]		Chien-te	Che-chiang	YYTJC 5/6b	chin-shih 1085
222	Chiang Chin		P'i-ling	Che-chiang	YYTJC 5/6b	chin-shih 1070
223	Wang Shou				YYTJC 5/7a	
224	Teng Yün-chung				YYTJC 5/7a	
225	Liang Chün-min				YYTJC 5/7a	

Nr.	Name	Lebensdaten	Herkunftsort	Provinz	Materialien zur Biographie	Sonstiges
226	Wang Yang				YYTJC 5/7b	
227	Chang Yü				YYTJC 5/8a	
228	Lu Piao-min				YYTJC 5/7b	
229	Yeh Shih-ying				YYTJC 5/7b	
230	Hsieh Ch'ien		T'ing-chou	Fu-chien	YLTT 7894/6b YYTJC 5/8a	Chin-shih 1097
231	Ch'en T'ang				YYTJC 5/8b	
232	Liu Ching-kuo				YYTJC 5/8b	
233	Hu Ch'ung			Ssu-ch'uan	YYTJC 8/1a	
234	Chang Shu		Yang-chou	Chiang-su	YYTJC 8/1a	Jüngster Sohn des Chang Fang-p'ing
235	Ch'en Ping		Hung-chou	Chiang-hsi	SSI 5	
236	Hung Ch'u	-1126	Hung-chou	Chiang-hsi	YYTJC 8/13b	chin-shih 1094
237	Chou O	1070-1122	Chi-chou	Chiang-hsi	SBI 73 YYTJC 8/14a	
238	Hsiao Wan				YYTJC 8/15b	Freund der Gebrüder Su
239	Chao Yüeh				YYTJC 8/15b	
240	T'eng Yu[10]		Ying-t'ien	Ho-nan	YYTJC 8/16a	

Nr.	Name	Lebensdaten	Herkunftsort	Provinz	Materialien zur Biographie	Sonstiges
241	Chiang Hsün				YYTJC 8/16a	
242	Fang K'ua		P'u-t'ien	Fu-chien	YYTJC 8/17a	
243	Hsü Tuan-ch'ing		Hsin-ting	Che-chiang	YYTJC 8/17b	
244	Li Chao-ch'i	-ca.1126	Chi-nan-fu	Shan-tung	SS 347	
245	Hsiang Hsün				YYTJC 8/18b	
246	Ch'en Ch'a		Su-chou	Che-chiang	YYTJC 8/18b	
247	Chung Cheng-fu		Ting-chou	Hu-nan	YYTJC 8/19a	chin-shih 1065
248	Kao Mou-hua		Hsiang-fu	Ho-nan	SSI 27 YYTJC 8/20b	
249	Yang Yen-chang				YYTJC 8/21a	
250	Liao Cheng-i		Chiang-lo	Fu-chien	YYTJC 8/21b	chin-shih 1079
251	Li I-hsing				YYTJC 8/22a	
252	P'eng Shun		Lu-ling	Chiang-hsi	YYTJC 8/24a	chin-shih 1073
253	Liang Shih-neng				YYTJC 8/24a	
254	Chang Sun		K'ai-feng-fu	Ho-nan	YYTJC 9/1a	Sohn des Eunuchen Chang Mou-tse
255	Li Pei				YYTJC 9/1b	

Nr.	Name	Lebensdaten	Herkunftsort	Provinz	Materialien zur Biographie	Sonstiges
256	Wang Hsien-k'o		Tse-chou	Shan-hsi	SSI 7 YYTJC 9/1b	
257	Hu T'ien		Feng-hsin	Chiang-hsi	YYTJC 9/2a	
258	Ma Nien				YYTJC 9/2b	
259	Wang Lü	1080-1127	K'ai-feng-fu	Ho-nan	SSI 30 YYTJC 9/3a	
260	Chao Hsi-i		K'ai-feng-fu	Ho-nan	YYTJC 9/3b	
261	Jen Chün				YYTJC 9/3b	
262	Kuo Tzu-ch'i				YYTJC 9/3b	
263	Ch'ien Sheng				YYTJC 9/4a	
264	Chao Hsi-te		K'ai-feng-fu	Ho-nan	YYTJC 9/4a	
265	Wang Ch'ang-min				YYTJC 9/4a	
266	Li Yung[11]				YYTJC 9/4b	
267	Wang T'ing-ch'en				YYTJC 9/4b	
268	Chi Shih-hsiung				YYTJC 9/4b	
269	Li Yü				YYTJC 9/4b	
270	Wu Hsiu-fu[12]				YYTJC 9/5a	

Nr.	Name	Lebensdaten	Herkunftsort	Provinz	Materialien zur Biographie	Sonstiges
271	Ts'ui Ch'ang-fu[13]				YYTJC 9/5a	
272	P'an Tzu		Fu-chou	Fu-chien	YYTJC 9/5b	Sohn des P'an Chih
273	Kao Shih-ch'üan[14]		Hao-chou	An-hui	YYTJC 9/5b	
274	Li Chia-liang[15]				YYTJC 9/5b	
275	Li Ch'ung[16]				YYTJC 9/6a	
276	Liu Chao[17]				YYTJC 9/6a	
277	Yao Hsiung		Wu-yüan	Shen-hsi	SS 349 TTSL 104	Sohn des Yao Ssu
278	Li Chi				YYTJC 9/7a	
279	Liang Wei-chien				SSI 39	
280	Ch'en Yen		K'ai-feng-fu	Ho-nan	SS 468 SSI 39	
281	Chang Shih-liang				YYTJC 9/10a SSI 39	
282	Liang Chih-hsin				SS 468/1b YYTJC 9/11b	
283	Li Cho				YYTJC 8/12a	
284	T'an I				YYTJC 9/12a	
285	Tou Yüeh				YYTJC 9/12a	

Nr.	Name	Lebensdaten	Herkunftsort	Provinz	Materialien zur Biographie	Sonstiges
286	Chao Yüeh				YYTJC 9/12a	
287	Huang Ch'ing-ts'ung				YYTJC 9/12b	
288	Feng Shuo				YYTJC 9/12b	
289	Tseng Tao				YYTJC 9/13a	
290	Su Shun-min				YYTJC 9/13a	
291	Yang Ch'eng				YYTJC 9/13a	
292	Liang Pi				YYTJC 9/13b	Sohn des Liang Wei-chien
293	Ch'en Hsün [18]		K'ai-feng-fu	Ho-nan	YYTJC 9/13b	Sohn des Ch'en Yen
294	Chang Mou-tse		K'ai-feng-fu	Ho-nan	SS 467	
295	Chang Lin		Kuei-ch'i	Chiang-hsi	SSI 31/3b/4 YYTJC 9/14b	Sohn des Chang Hsien
296	P'ei Yen-ch'en				SSI 39	
297	Li Ch'eng				YYTJC 9/15a	
298	Yen Shou-ch'in				YYTJC 9/15b	
299	Wang Fu				YYTJC 9/15b	
300	Li Mu				YYTJC 9/16a	

Nr.	Name	Lebensdaten	Herkunftsort	Provinz	Materialien zur Biographie	Sonstiges
301	Ts'ai K'o-ming				SSI 39	
302	Wang Hua-chi				YYTJC 9/17a	
303	Wang Tao				SKTTT 192/1010-4-38 YYTJC 9/17a	
304	Teng Shih-ch'ang				YYTJC 9/17a	
305	Cheng Chü-chien				YYTJC 9/17b	
306	Chang Yu		T'ai-yüan	Shan-hsi	SBI 120	
307	Wang Hua-ch'en				YYTJC 9/17b	
308	Wang Kuei	1019-1085	Ch'eng-tu-fu	Ssu-ch'uan	SS 312	
309	Chang Tun	1035-1105	Chien-chou	Fu-chien	SS 471	

X. ANMERKUNGEN zur Yüan-yu-Parteiliste des Jahres 1104

1 Nach der von Hai Jui überlieferten Version der Parteiliste soll an dieser Stelle ein gewisser Chang Ku proskribiert worden sein. Hier scheint Hai Jui jedoch einer Fehlinformation aufgesessen zu sein, denn bereits auf der Liste des Jahres 1102 nahm Sun Ku den 15. Rang ein, während eine Persönlichkeit mit dem Namen 'Chang Ku' überhaupt nicht bekannt war. Lu Hsin-yüan hat diesen Irrtum in seiner Bearbeitung sofort berichtigt, ohne näher auf die Diskrepanz der Namen einzugehen.

2 Eine weitere Namensschreibung dieses unbekannten Reformgegners ist 湯𫷷 .

3 Statt des Familiennamens 'Feng' schreibt Hai Jui 'Hung'. Lu Hsin-yüan's Auffassung ist aus 3 Gründen zuzustimmen: 1. Feng Po-yao erscheint als Name im 'Zeitgericht' des Teng Hsün-wu unter der Kategorie 'Mittelböse Ketzer' aufgeführt. 2. Während der Rehabilitationen der Kao-tsung-Zeit wird Feng Po-yao ein Würdenträgeramt verliehen. 3. Ab der Nr.100 der Liste von 1104 handelt es sich bis auf wenige Ausnahmen alles um Personen, die wegen ihrer Erwähnung und Einstufung im 'Zeitgericht' der Liste des Jahres 1102 hinzugefügt wurden.

4 Andere Quellen führen einen gewissen Teng Hsiao-fu auf. 'Hsiao' und 'k'ao' können wegen der Ähnlichkeit der Zeichen leicht verschrieben werden.

5 Lu Hsin-yüan hat den u.a. von Hai Jui genannten Namen 'Ch'ung Shih-chi' unter Hinweis auf die Biographie des Ch'ung Shih-tao in der offiziellen Geschichte in 'Ch'ung Shih-tao' geändert, da 'Shih-chi' der ursprüngliche Name (Yüan-ming 原如) des Ch'ung Shih-tao gewesen war.

6 Hai Jui schreibt 'Shen Ch'ien'.

7 Die Lesung 'Yang Chün-ch'ien', die Hai Jui darbietet, berichtigt Lu Hsin-yüan wiederum unter Hinweis auf das 'Zeitgericht', in dem Mei Chün-ch'ien in der Kategorie der 'Verruchtesten Ketzer' immerhin an 16. Stelle plaziert wurde.

8 Hai Jui liest 'Yang Huai-pao'.

9 Für das Zeichen 'ju 儒 ' setzen andere Ausgaben zuweilen 'ju 獳 '.

10 Für das von Hai Jui überlieferte 'Sheng Yu 勝友 ' setzt Lu Hsin-

yüan ohne Angabe von Gründen 'T'eng Yu 滕友'. Da mir die Ausgabe des Bibliophilen der Ch'ing-Zeit in ihrer Gesamtheit gründlicher und richtiger erscheint, habe ich auch hier ihre Version übernommen.

11 Hai Jui führt statt Li Yung einen 'Li Ping 李冰' auf.

12 Nach dem YYTJC ist Wu Chung-fu, der im 322. Kapitel der offiziellen Geschichte eine Biographie erhalten hat, sein Bruder.

13 Möglicherweise ist Ts'ui T'ai-fu einer seiner Brüder, wonach er dann aus P'u-yin (Ho-pei) stammen würde.

14 Möglicherweise ein Bruder der Kaiserin-Witwe Hsüan-jen, was eine Proskribierung rechtfertigen könnte. Mit Kao Shih-yü ist mit Sicherheit einer der Brüder dieser Herrscherin auf der Liste enthalten.

15 Lu Hsin-yüan vermutet, daß der in SS 257 mit einer Biographie geehrte Li Chao-liang sein Bruder ist.

16 Andere Ausgaben schreiben 'Wang Ch'ung'; vgl. YYTJC 9/6a.

17 Das YYTJC führt an seiner Stelle einen gewissen Liu Yen-ch'ün auf. Da über beide Personen keinerlei Nachrichten übermittelt sind, habe ich Hai Jui's Meinung bis zur weiteren Klärung den Vorzug gegeben.

18 Da Lu Hsin-yüan ausdrücklich darauf hinweist, daß Ch'en Hsün der Sohn des Eunuchen Ch'en Yen ist, habe ich die Möglichkeit, daß er mit dem Sohn des Ch'en Hsi-liang (vgl. SS 298/18b/5) identisch ist, außer Acht gelassen.

XI. LISTE DER ANHÄNGER DER REFORMEN

Die folgende Zusammenstellung erhebt keinen Anspruch auf Vollständigkeit. Gleichwohl dürften die wichtigsten Leute, die Chang Tun und Ts'ai Ching während der Nachreformperiode besonders bei der Verfolgung der Reformgegner zur Seite standen, erfaßt worden sein.

Zu beachten ist ferner noch, daß die als Anhänger der 'Neue-Politik-Partei (hsin-fa tang)' Bezeichneten ebenso wenig wie die Leute der sogenannten Yüan-yu-Partei einen einheitlichen Block bildeten, um ihre politischen und persönlichen Ziele tatkräftig zu verwirklichen. Dies sieht man schon daran, daß einige ihrer Hauptvertreter sogar auf die Proskriptionsliste des Jahres 1104 gesetzt und damit ausgeschaltet wurden, wie es mit Chang Tun, Chang Shang-ying und Tseng Pu der Fall war.

Regionale Zugehörigkeit der Anhänger der Reformen
(hsin-fa tang)

Fu-chien	13	39,4 %
Che-chiang	7	21,2 %
Chiang-hsi	2	6,1 %
Ssu-ch'uan	4	12,1 %
An-hui	2	6,1 %
Ho-nan	2	6,1 %
Shan-tung	2	6,1 %
Mittlerer Süden	22	66,7 %
Ssu-ch'uan	4	12,1 %[1]
Norden	6	18,2 %
Nicht bestimmbar	1	3,0 %

---

[1] Erstaunlich bleibt die Tatsache, daß der prozentuale Anteil von Leuten aus der Provinz Ssu-ch'uan sowohl bei den beiden Parteilisten als auch unter den Reformanhängern sich konstant im Bereich um 12 % bewegt. Dies darf als weitere Bestätigung der Sonderrolle der Provinz gelten.

Nr.	Name	Lebensdaten	Herkunftsort	Provinz	Materialien zur Biographie	Sonstiges
1	Ts'ai Ching	1046-1126	Hsien-yu	Fu-chien	SS 472	
2	Ts'ai Pien	1058-1117	Hsien-yu	Fu-chien	SS 472	
3	Chang Tun	1035-1105	Chien-chou	Fu-chien	SS 471	
4	Lü Hui-ch'ing	1032-1111	Chin-chiang	Fu-chien	SS 471	
5	Tseng Pu	1035-1107	Nan-feng	Chiang-hsi	SS 471	
6	Chang Shang-ying	1043-1121	Shu-chou	Ssu-ch'uan	SS 351	
7	Hsing Shu		Yang-wu	Ho-nan	SS 471	
8	An Tun	1042-1104	Kuang-an	Ssu-ch'uan	SS 471	
9	Teng Hsün-wu	1055-1119	Shuang-liu	Ssu-ch'uan	SS 329	
10	Chao T'ing-chih	1040-1107	Chu-ch'eng	Shan-tung	SS 351	
11	Lin Hsi		Fu-chou	Fu-chien	SS 343	
12	Lin Tzu		Hsing-hua	Fu-chien	SSI 40	
13	Lin Shu		Fu-chou	Fu-chien	SS 351	
14	Yü Shen		Lo-yüan	Fu-chien	SS 352	
15	Hsieh Ang		Hang-chou	Che-chiang	SS 352	

Nr.	Name	Lebensdaten	Herkunftsort	Provinz	Materialien zur Biographie	Sonstiges
16	Ch'ien Yü	1050-1121	P'u-chiang	Che-chiang	SS 356	
17	Chien Hsü-chen		Shuang-liu	Ssu-ch'uan	SS 329	
18	Hsü To		P'u-t'ien	Fu-chien	SS 329	
19	Wu Chü-hou		Hung-chou	Chiang-hsi	SS 343	
20	Wang Han-chih		Ch'ang-shan	Che-chiang	SS 347	
21	Wen I		Ch'üan-chou	Fu-chien	SS 343	
22	Hsü Chih-ch'ang		Chien-yang	Fu-chien	JM 784, 2	
23	Hsü Chiang		Min	Fu-chien	SS 343	
24	Shu Tan	1042-1104	Ming-chou	Che-chiang	SS 329	
25	Tung Pi		Nan-ling	An-hui	SS 355	
26	Liu Cheng		Nan-ling	An-hui	SS 356	
27	Lai Chih-shao		Hsien-p'ing	Ho-nan	SS 355	
28	Shih Kung-pi		Hsin-ch'ang	Che-chiang	SS 348	
29	Liang Tzu-mei		Hsü-ch'eng	Shan-tung	TTSL 66	
30	Chu O		Hua-t'ing	Che-chiang	SS 351	

Nr.	Name	Lebensdaten	Herkunftsort	Provinz	Materialien zur Biographie	Sonstiges
31	Liu Cheng-fu	1062-1117	Hsi-an	Che-chiang	SS 351	
32	Fan T'ang					
33	Fan Chih-hsü	ca. 1065-1129	Chien-yang	Fu-chien	SS 362	

XII. ABKÜRZUNGSVERZEICHNIS

Ajia	Ajia rekishi jiten, 10 Bde., Tokyo 1959.
BD	Giles, H.A., A Chinese Biographical Dictionary, London-Shanghai 1898.
BDRC	Boormann, Howard L.(ed.), Biographical Dictionary of Republican China, New York - London 1967-1971.
CCSLCT	Ch'en Chen-sun, Chih-chai shu-lu chiai-t'i. ed. TSCC.
CKWHCTTT	Chung-kuo wen-hsüeh-chia ta-tz'u-tien.
CTYL	Chu Hsi, Chu-tzu yü-lei. ed. SKCS.
CYTC	Ch'ien Ta-hsin, Ch'ien-yen t'ang-chi. ed. SPTK.
EC	Hummel. Arthur W.(ed.), Eminent Chinese of the Ch'ing-Period (1644-1912), 2 vols., Washington 1943.
EYHI	Lu Tien, Erh-ya hsin-i. ed. TSCC.
FdS	Chang Fu-jui, Les fonctionnaires des Song. Index des titres (Matériaux pour le manuel de l'histoire des Song, V.), Paris 1962.
GS	Karlgren, Bernhard, Grammata Serica. Stockholm 1940.
HCP	Li Tao, Hsü Tzu-chih-t'ung-chien ch'ang-pien, Taipei 1964 rp.
HTC	Pi Yüan, Hsü Tzu-chih-t'ung-chien, Taipei 1962 rp.
HHS	Fan Yeh, Hou-han-shu. ed. SPPY.
HS	Pan Ku, Han-shu. ed. SPPY.
HW	Wright, Hope, Alphabetical List of Geographical Names in Sung China (Matériaux pour le manuel de l'histoire des Song, I.), Paris 1956.
JJWK	Wang Yün-wu, Jen-jen wen-k'u.
JM	Chung-kuo jen-ming ta-tz'u-tien, Shanghai 1931.
KSTK	Ch'ien Mu, Kuo-shih ta-kang, 2 Bde., Shanghai 1947-48.
LY	Lun-yü. ed. Harvard Index.
OYWCKC	Ou-yang Hsiu, Ou-yang wen-chung kung chi. ed. SPPY.
PF	Playfair, G.M.H., The Cities and Towns of China, Taipei 1971 rp.
PPTSCC	Pai-pu ts'ung-shu chi-ch'eng.
SBI	Aoyama Sadao, Sung Biographical Index, Tokyo 1968.

SKCS	Chi Yün et al., Ssu-k'u ch'üan-shu.
SKCSCPCC	Ssu-k'u ch'üan-shu chen-pen ch'u-chi.
SKCSTM	Chi Yüan et al., Ssu-k'u ch'üan-shu tsung-mu, Taipei 1969 rp.
SKTTT	Yang Chia-lo, Ssu-k'u ta-tz'u-tien, Taipei 1967
SPPY	Ssu-pu pei-yao.
SPTK	Ssu-pu ts'ung-k'an.
SS	Sung-shih. ed. SPPY.
SSI	Lu Hsin-yüan, Sung-shih i, 2 Bde., Taipei 1967 rp.
SSPM	Feng Ch'i (ed.), Sung-shih chi-shih pen-mo, 4 Bde., Peking 1955.
SYHA	Huang Tsung-hsi, Sung-Yüan hsüeh-an. ed. SPPY.
SYL	Liao Yung-hsien, Shang-yu lu. ed. SKCS.
TB	Teng Ssu-yü und Knight Biggerstaff, An Annotated Bibliography of Selected Chinese Reference Works, 3.A., Cambridge/Mass. 1971.
TCKM	Chu Hsi, Tzu-chih t'ung-chien kang-mu. ed. SPPY.
TM	Chung-kuo ku-chin ti-ming ta-tz'u-tien, Peking 1948.
TRD	Tōyō rekishi daijiten, 8 Bde., Tokyo 1948.
TSC	Lu Tien, T'ao-shan chi. ed. TSCC.
TSCC	Ts'ung-shu chi-ch'eng.
TTSL	Wang Ch'eng, Tung-tu shih-lüeh, 4 Bde., Taipei 1967.
WHTK	Ma Tuan-li, Wen-hsien t'ung-k'ao, Shanghai 1901.
WTW	Weng T'ung-wen, Répertoire des Dates des Hommes célébres des Song, Paris 1962.
YLTT	Yung-lo ta-tien.
YYTCP	Yüan-yu-tang-chi pei.
YYTCPK	Hai Jui, Yüan-yu-tang-chi pei k'ao. ed. TSCC.

N.B. Die Abkürzungen für Periodica folgen den in Lust (1964) gemachten Angaben.

XIII. LITERATURVERZEICHNIS

1. Quellen

Chiao-chi Sung-Chin-Yüan-jen tz'u, von Chao Wan-li, ed. TSCC.
Chih-chai shu-lu chiai-t'i, von Ch'en Chen-sun, ed. TSCC.
Ching-i k'ao, von Chu I-tsun, ed. TSCC.
Chün-chai tu-shu chih, von Ch'ao Kung-wu, ed. SPPY.
Erh-ya, ed. SPPY.
Erh-ya hsin-i, von Lu Tien, ed. PPTSCC.
Fang-yen, von Yang Hsiung, ed. SPPY.
Han-shu, von Pan Ku, ed. SPPY.
Ho-kuan Tzu, ed. SPPY.
Hou-Han-shu, von Fan Yeh, ed. SPPY.
Hsü Tzu-chih t'ung-chien, von Pi Yüan, ed. SPPY.
Hsü Tzu-chih t'ung-chien ch'ang-pien, von Li Tao, Taipei 1964 rp.
(Ta-Sung) Hsüan-ho i-shih, JJWK 117.
I-li, ed. SPPY.
Liao-weng i-shuo, von Ch'en Kuan, ed. SKCSCPCC.
Lun-yü, ed. Harvard Index.
Ou-yang wen-chung kung chi, von Ou-yang Hsiu, ed. SPPY.
Pei-wang chi, von Hai Jui, 3 Bde., Taipei 1970 rp.
P'i-ya, von Lu Tien, ed. TSCC.
San-kuo chih, ed. SPPY.
Shang-yu lu, von Liao Yung-hsien, ed. SKCS.
Shang-shu chin-ku-wen shu, von Sun Hsing-yen, ed. SPPY.
Shih-chi, ed. SPPY.
Shuo-wen chiai-tzu, ed. SPPY.
Ssu-k'u ch'üan-shu tsung-mu, von Chi Yün, Taipei 1964 rp.
Ssu-ming tsun-yao chi, von Ch'en Kuan, ed. SKCS.
Su-shui chi-wen, von Ssu-ma Kuang, ed. Han-fen lou.
Su Wei-kung wen-chi, von Su Sung, ed. SKCS.

Sung-shih chi-shih pen-mo, von Feng Ch'i (ed.), 4 Bde., Peking 1955.

Sung-shih i, von Lu Hsin-yüan, 2 Bde., Taipei 1967, Neudruck.

Sung-Yüan hsüeh-an, von Huang Tsung-hsi, ed. SPPY.

Tao-ming lu, von Li Hsin-ch'uan, ed. TSCC.

T'ao-shan chi, von Lu Tien, ed. TSCC.

Tung-tu shih-lüeh, von Wang Ch'eng, 4 Bde., Taipei 1967, Neudruck.

Wei-nan wen-chi, von Lu Yu, ed. TSCC.

Wen-chien lu, von Shao Po-wen, ed. TSCC.

Yü-chien, von Shen Tso-che, ed. TSCC.

Yüan-feng lei-kao, von Tseng Kung, ed. SPPY.

Yüan-shih, ed. SPPY.

Yüan-yu-tang-jen chuan, von Lu Hsin-yüan, ed. Ch'ien-yüan tsung-chi.

Yüan-yu-tang-chi pei k'ao, von Hai Jui, ed. TSCC.

2. Nachschlagewerke und Indices

Ajia rekishi jiten, 10 Bde., Tokyo 1959.

Bernsdorf, Wilhelm ed., Wörterbuch der Soziologie, 2.A., Stuttgart 1969.

Chang Fu-jui, Les fonctionnaires des Song. Index des titres. (Matériaux pour le manuel de l'histoire des Song, V). Paris 1962.

Cheng Ch'ien, "Sung-jen sheng-tsu k'ao shih li (A Study of the Chronological Data on Birth and Death of Some Prominent People of the Sung Dynasty)", in: The Youth Quarterly Vol.6, 1,2,3.

Chiang Liang-fu, Li-tai ming-jen nien li pei chuan tsung-piao, Taipei 1965.

Chung-kuo jen-ming ta-tz'u-tien, Shanghai 1931.

Chung-kuo ku-chin ti-ming ta-tz'u-tien, Shanghai 1931.

Dai kan-wa ji-ten, 13 Bde., Tokyo 1955-1960.

Erh-shih-wu shih jen-ming so-yin, Peking 1954, Nachdruck.

Giles, Herbert A., A Chinese Biographical Dictionary, London-Shanghai 1898.

Hummel, A.W., Eminent Chinese of the Ch'ing Period (1644-1912), Taipei 1964, Nachdruck.

I-li yin-te, Harvard Index No. 6.

Karlgren, Bernhard, Grammata Serica, Stockholm 1940.

Kracke, Edward A., Translation of Sung Civil Service Titles (Matériaux pour le manuel de l'histoire des Song, II), Paris 1957.

Playfair, G.M.H., The Cities and Towns of China, Taipei 1965, Nachdruck.

Saeki Tomi, Index to Wen-chi of the Sung Period, Kyoto 1970.

Ssu-shih-ch'i -chung Sung-tai chuan chi tsung-ho yin-te, Harvard Index No. 34.

Sung Biographical Index, von Aoyama Sadao, Tokyo 1968.

Tōyō rekishi daijiten, 8 Bde., Tokyo 1948.

Weng T'ung-wen, Réportoire des Dates des Hommes célébres des Song, Paris 1962.

Wieger, Leon, Chinese Characters, New York 1965 (übers.).

Wright, Hope, Alphabetical List of Geographical Names in Sung China (Matériaux pour le manuel de l'histoire des Song I), Paris 1956.

Yang Chia-lo, Ssu-k'u ta-tz'u-tien, Taipei 1967.

3. Literatur in chinesischer und japanischer Sprache

Ch'en (1939): Ch'en Shu, "Tung-tu shih lüeh chuan-jen Wang Shang Ch'eng fu-tzu" in: CYYY 8 (1939), pp. 129-138.

Ch'en (1928): Ch'en Yüan, "Shih-wei chü-li" in: YCHP 4 (1928), pp. 537-651.

Ch'ien (1956): Ch'ien Mu, Hsien-Ch'in chu-tzu hsi-nien, 2 Bde., Hong Kong 1956.

Ch'ien (1947): Ch'ien Mu, Kuo-shih ta-kang, 2 Bde., Shanghai 1947-1948.

Chin (1963): Chin Fa-ken, "Tung-Han tang-ku jen-wen ti fen-hsi" in: CYYY 34 (1963).

Chu (1968): Chu Tung-jun, Huang T'ing-chien ti cheng-shih t'ai-tu chi ch'i lun shih chu-chang, Taipei 1968.

Fang (1954): Fang Hao, Sung-shih, 2 Bde., Taipei 1954.

Liang (1926): Liang Ch'i-ch'ao, Yin-pin-shih wen-chi, Shanghai 1926.

Lo (1957): Lo Ch'iu-ch'ing, "Pei-Sung ping-chih yen-chiu" in: HYHP 3,1 (1957).

Miyazaki (1953): Miyazaki Ichisada, "Sōdai no shi-fū" in: Shigaku-zasshi 62,2, pp. 139-169.

Nieh (1941): Nieh Ch'ung-ch'i, "Sung-tai fu-chou-chün-chien chih fen-hsi", in: YCHP 29 (1941), pp. 1-56.

Shiba (1970): Shiba Yoshinobu, Commerce and Society in Sung China (tr.), Ann Arbor 1970.

Sudō (1950): Sudō Yoshiyuki, "Sōdai kanryōshi to daitochi shoyu" in: Shakai hoseishi taikei 8 (1950).

Sun (1964): Sun K'o-k'uan, "Wan-Sung cheng-cheng-chung chih Liu Hou-tsun" in: SSYCC 2 (1964), pp. 371-403.

Sung (1964): Sung Hsi, "Sung-tai shih-fu tui shang-jen ti hsiung-tu" in: SSYCC 2 (1964), pp. 199-212.

Teng (1953): Teng Kuang-ming, Wang An-shih, Peking 1953.

Yin (1956): Yin Wei-i, Li-tai pei-t'ieh ta-kuan, Taichung 1966.

Yü (1961): Yü Pei-shan, Lu Fang-wen nien-p'u, Shanghai 1961.

4. Literatur in europäischen Sprachen

Altree (195): Altree, Wayne, "Toynbees Bild der chinesischen Geschichte", in: Saeculum

Balasz (1957): Balasz, Etienne, "Chinesische Geschichtswerke als Wegweiser zur Praxis der Bürokratie", in: Saeculum 8 (1957), pp. 210-223.

Balasz(1970): Balasz, Etienne, Chinese Civilisation and Bureaucracy, 5.Aufl., New Haven 1970 (tr.).

Bary (1969): Bary, Wm. Theodore de, Sources of Chinese Tradition, 2 Bde., New York 1969.

Bauer (1959): Bauer, Wolfgang, Der chinesische Personenname, Wiesbaden 1959.

Biot (1969): Biot, E., Le Tcheou-li ou rites des Tcheou, 3 Bde., Taipei 1969, Nachdruck.

Buriks (1954): Buriks, Peter, Fan Chung-yens Versuch einer Reform des chinesischen Beamtenstaates in den Jahren 1043/44, Göttingen 1954, Diss.

Candlin (1946): Candlin, Clara M., The Rapier of Lu-Patriot Poet of China, London 1946.

Chan (1967):	Chan, Wing-tsit, Reflections on Things at Hand, New York 1967.
Chang (1958):	Chang, Carsun, The Development of Neo-Confucian Thought, London 1958.
Chang (1968):	Chang Hsüan, The Etymology of 3000 Chinese Characters in Common Usage, Hong Kong 1968.
Chavannes (1967):	Chavannes, Edouard, Les Mémoires Historiques de Se-ma Ts'ien, 5 Bde., Paris 1967, Nachdruck.
Ch'en (1956):	Ch'en, Kenneth, "The Sale of Monk Certificats During the Sung Dynasty. A Factor in the Decline of Buddhism in China", in: HTR 49 (1956), pp. 307-327.
Chi (1963):	Chi Ch'ao-ting, Key Economic Areas in Chinese History, New York 1963 rp.
Chiang (1954):	Chiang Yee, Chinese Calligraphy. An Introduction to its Aestetic and Technique, London 1954.
Couvreur (1951):	Couvreur, Séraphin, Cérémonial, Paris 1951, Nachdruck.
Eichhorn (1938):	Eichhorn, Werner, "Übersicht über die gesellschaftliche Lage der nördlichen Sung-Dynastie", in: Sinica 13 (1938), p. 3 ff.
Eichhorn (1961):	Eichhorn, Werner, "Bestimmungen für Tributgesandtschaften zur Sung-Zeit", in: ZDMG 114 (1961), pp. 382-396.
Edwards (1948):	Edwards, E.D., "A Classified Guide to the Thirteen Classes of Chinese Prose", in: BSOAS 12 (1948), pp. 780 ff.
Fang (1969):	Fang Chao-yin, "Hai Jui", in: Ming Biographical History Project, Draft Ming Biography, 1969.
Ferguson (1903):	Ferguson, John C., "Wang An-shih", in: JNCBRAS 25 (1903), p. 65 ff.
Ferguson (1924):	Ferguson, John C., "The Emperor Hui-tsung", in: CJ 2 (1924), p. 204 f.
Ferguson (1927):	Ferguson, John C., "Political Parties of the Northern Sung Dynasty", in: JNCBRAS 58 (1927), p. 36 ff.
Fischer (1955):	Fischer, J., "Fan Chung-yen (989-1052). Das Lebensbild eines chinesischen Staatsmannes", in: OE 2 (1955), p. 39 ff. und 142 ff.
Fitzgerald (1961):	Fitzgerald, C.P., China - A Short Cultural History. 3.Aufl., London 1961.

Franke (1968):	Franke, Herbert und Rolf Trauzettel, Das chinesische Kaiserreich, Frankfurt 1968.
O. Franke (1930):	Franke, Otto, Das Tse tschi t'ung kien und das T'ung kien kang mu, ihr Wesen, ihr Verhältnis zueinander und ihr Quellenwert, Berlin 1930.
O. Franke (1948):	Franke, Otto, Geschichte des chinesischen Reiches, 5 Bde., Berlin 1948-1965.
Frisch (1926):	Frisch, Harald, "Die letzten Jahre der Sung. Versuch einer Monographie", in: MSOS 29 (1926), pp. 170-214.
Gardner (1970):	Gardner, Charles S., Chinese Traditional Historiography, 3.Aufl., Cambridge/Mass. 1970.
Graf (1970):	Graf, Olaf, Tao und Jen. Sein und Sollen im sungchinesischen Monismus, Wiesbaden 1970.
Graham (1958):	Graham, Agnus C., Two Chinese Philosophers, Ch'eng ming-tao and Ch'eng Yi-ch'uan, London 1958.
Haenisch (1932):	Haenisch, Erich, "Die Heiligung des Vater- und Fürstennamens in China, ihre ethische Begründung und ihre Bedeutung in Leben und Schrifttum", in: Verh. d. Sächsischen Akademie der Wissenschaften 84 (1932), pp. 1-20.
Han (1955):	Han Yu-shan, Elements of Chinese Historiography, Hollywood 1955.
Hartwell (1971):	Hartwell, Robert M., "Historical Analogism, Public Policy, and Social Science in Eleventh- and Twelfth Century China", in: AHR 76,3, pp. 690-727.
Hartwell (1971):	Hartwell, Robert M., "Financial Expertise, Examinations and the Formulation of Economic Policy in Northern Sung China", in: JAS 30 (1971), pp. 281-314.
Huang (1972):	Huang, C.C., Hai Jui Dismissed from Office, Univ. of Hawai Press 1972.
Jeffcott (1970):	Jeffcott, Colin, "Government and the Distribution System in Sung Cities", in: Australian National University -Papers on Far Eastern History 2 (1970), pp. 119-152.
Jeffcott (1970):	Jeffcott, Colin, Sung Hang-chou: Its Growth and its Governmental Institutions, Canberra 1970. Diss.
Karlgren (1931):	Karlgren, Bernhard, "The Early History of the Chou Li and Tso Chuan Texts", in: BMFEA 3 (1931), pp. 1-59.

Karlgren (1950):	Karlgren, Bernhard, "The Book of Documents", in: BMFEA 22 (1950), pp. 1-81.
Kirby (1955):	Kirby, E. Stuart, Wirtschafts- und Sozialgeschichte Chinas, München 1955.
Kracke (1953):	Kracke, Edward A., Civil Service in Early Sung China, Cambridge/Mass. 1953.
Kracke (1955):	Kracke, Edward A., "Sung Society: Change within Tradition", in: FEQ 14 (1955), pp. 479-488.
Kracke (1957):	Kracke, Edward A., "Region, Family, and Individual in the Chinese Examination System", in: Chinese Thought and Institutions, ed. John K. Fairbank, Chicago 1957.
Kramers (1970):	Kramers, Robert P., K'ung Tzu Chia Yü, The School Sayings of Confucius, Leiden 1970.
Krause (1922):	Krause, F.E.A., Tseng Kung. Ein Beitrag aus der Literatur der Sung-Zeit, Heidelberg 1922.
Latourette (1946):	Latourette, Kenneth S., The Chinese - Their History and Culture, 3.Aufl., New York 1946.
Legge (1968):	Legge, James, The Yi-king. Delhi 1968. rp.
Legge (1966):	Legge, James, The Chinese Classics, 5 Bde., Taipei 1966. Nachdruck.
Li (1967):	Li, Dun J., The Essence of Chinese Civilisation, Princeton-Toronto-London 1967.
Lin (1947):	Lin Yu-tang, The Gay Genius, the Life and Times of Su Tungpo, New York 1947.
Liu (1957):	Liu, J.T.C., "An Early Sung Reformer: Fan Chung-yen", in: Chinese Thought and Institutions, ed. John K. Fairbanks, Chicago 1957.
Liu (1967):	Liu, J.T.C., Ou-yang Hsiu, An Eleventh-Century Neo-Confucianist, Stanford 1967.
Liu (1967):	Liu, J.T.C., "Sung Roots of Chinese Political Conservatism. The Administrative Problems", in: JAS 3 (1967), pp. 457-463.
Liu (1968):	Liu, J.T.C., Reform in Sung China, 2.Aufl., Cambridge/Mass. 1968.
Liu (1969):	Liu, J.T.C., ed., Change in Sung China. Innovation or Renovation?, Boston 1969.

Lo (1970):	Lo, W.W., The Life and Thought of Yeh Shih, Cambridge/Mass. 1970. Diss.
McKnight (1970):	McKnight, Brian E.,"Administrators of Hangchow in the Northern Sung", in: HJAS 30 (1970), pp. 185-211.
Miyakawa (1954):	Miyakawa Hisayuki, "An Outline of the Naitō-Hypothesis and its Effects on Japanese Studies of China", in: FEQ 14 (1954/55), pp. 533-552.
Meskill (1963):	Meskill, John, ed., Wang An-shih, Boston 1963.
Meskill (1968):	Meskill, John, ed., The Pattern of Chinese History, Boston 1968.
Mommsen (1952):	Mommsen, Theodor, Römisches Staatsrecht, 3 Bde., Darmstadt 1952.
Needham (1954):	Needham, Joseph, Science and Civilisation in China, Bd.1, Cambridge 1954.
Olbricht (1957):	Olbricht, Peter, "Die Biographie in China", in: Saeculum 8 (1957), pp. 224-235.
Sariti (1970):	Sariti, A.W., The Political Thought of Ssu-ma Kuang: Bureaucratic Absolutism in the Northern Sung, Georgetown 1970. Diss.
Schwarz-Schilling (1959):	Schwarz-Schilling, Christian, Der Friede von Shanyüan (1005 n.Chr.). Ein Beitrag zur Geschichte der chinesischen Diplomatie, Wiesbaden 1959.
Spencer (1947):	Spencer, J.E., "On Regionalism in China", in: JOG 46 (1947), pp. 123-135.
Sprenkel (1961):	Sprenkel, Otto B. van der, "The Geographical Background of the Ming Civil Service", in: JESHO 4 (1961), p. 302.
Thiele (1971):	Thiele, Dagmar, Der Abschluß eines Vertrages: Diplomatie zwischen Sung- und Chin-Dynastie 1117-1123, Wiesbaden 1971.
Toynbee (1934):	Toynbee, Arnold, A Study of History, 10 Bde., London-New York-Toronto 1934-1954.
Trauzettel (1959):	Trauzettel, Rolf, "Ou-yang Hsius Essays über die legitime Thronnachfolge", in: Sinologica 9, 3/4 (1959), pp. 226-249.
Trauzettel (1964):	Trauzettel, Rolf, Ts'ai Ching (1046-1126), als Typus des illegitimen Ministers, Bamberg 1964. Diss.
Twitchett (1959):	Twitchett, Denis, "The Fan Clan's Charitable Estate, 1050-1760", in: David S. Nivison und Arthur F. Wright,

	ed., Confucianism in Action, Stanford 1959, pp. 97-133.
Twitchett (1962):	Twitchett, Denis, "Problems of Chinese Biography", in: Arthur F. Wright und Denis Twitchett, ed., Confucian Personalities, Stanford 1962, pp. 24-39.
Unger (1970):	Unger, Ulrich, "Das konfuzianische Weltgericht", in: Jahresschrift 1969 der Gesellschaft zur Förderung der Westfälischen Wilhelms-Universität zu Münster, Münster 1970, pp. 63-77.
Williamson (1935):	Williamson, H.R., Wang An-shih, Chinese Statesman and Educationalist of the Sung Dynasty, 2 Bde., London 1935-37.
Yang (1957):	Yang Lien-sheng, "Die Organisation der chinesischen Geschichtsschreibung", in: Saeculum 8 (1957), p. 157 ff.

XIV. ZEICHENINDEX

1. Personennamen

An Hsin-chih	安信之	Chang Tsai	張載
An Min	安民	Chang Tun	章惇
An T'ao	安燾	Chang Wen	張問
An Tun	安惇	Chang Yu	張祐
An Yao-ch'en	安堯臣	Chang Yü	張裕
Ch'ai Kun	柴兗	Chang Yüan	章援
Ch'ang An-min	常安民	Chao An-jen	趙安仁
Chang Chi	張集	Chao Chan	趙瞻
Chang Chi-ku	張知古	Chao Chün-hsi	趙君錫
Chang Chiu-ling	張九齡	Chao Hsi-i	趙希亮
Chang Chü	張居	Chao Hsi-te	趙希德
Chang Hsien	張憲	Chao Hsün	趙峋
Chang Huai-su	張懷素	Ch'ao Kung-wu	晁公武
Chang Ku	張固	Chao Ling-shih	趙令畤
Chang Lei	張耒	Chao Ling-shuo	趙令鑠
Ch'ang Li	常立	Chao Pien	趙抃
Chang Lin	張琳	Ch'ao Pu-chih	晁補之
Chang Mou-tse	張懋則	Chao T'ien-yu	趙天祐
Chang Pao-yüan	張保源	Chao T'ing-chih	趙挺之
Chang P'u	張溥	Chao Wo	趙适
Chang Shang-ying	張商英	Chao Yen-jo	趙彥若
Chang Shih-liang	張士良	Chao Yüeh	趙鉞
Chang Shu	張恕	Chao Yüeh	趙約
Chang Shun-min	張舜民	Ch'en Ang	陳昂
Chang Su	張夙	Ch'en Ch'a	陳槃
Chang Sun	張巽	Ch'en Ch'ang	陳晁
Chang Te-hsiang	章得象	Ch'en Chen-sun	陳振孫
Chang T'ing-chien	張庭堅	Ch'en Ch'eng	陳偁

195

Ch'en Cheng-hui	陳正彙	Chi Shih-hsiung	吉師雄
Ch'en Cheng-t'ung	陳正同	Chia I	賈易
Ch'en Cheng-yu	陳正由	Chia Kung-yen	賈公彥
Ch'en Ch'iung	陳瓊	Chiang Chih-ch'i	蔣之奇
Ch'en Chüeh	陳玨	Chiang Chin	蔣津
Ch'en Fu	陳鄘	Chiang Hsü	江嶼
Ch'en Hsiang	陳相	Chiang Hsün	江恂
Ch'en Hsiang-chiu	岑羲求	Chiang Hsün	江洵
Ch'en Hsün	陳恂	Chiang Kung-wang	江公望
Ch'en K'an	陳侃	Ch'iao Shih-ts'ai	喬世材
Ch'en Kuan	陳瓘	Ch'ien Ching-hsiang	錢景祥
Ch'en Pang-chan	陳邦瞻	Ch'ien Hsi-po	錢希白
Ch'en P'ei	陳佩	Ch'ien Hsieh	錢勰
Ch'en Ping	陳幷	Chien Hsü-chen	蹇序辰
Ch'en Sheng	陳珹	Ch'ien Lo	錢鏐
Ch'en Shih-ch'ing	陳世卿	Ch'ien Sheng	錢盛
Ch'en Shih-hsi	陳師錫	Ch'ien Ta-hsin	錢大昕
Ch'en Ta-fang	陳大方	Ch'ien Yü	錢遹
Ch'en Ta-ying	陳大應	Chin Chi	金極
Ch'en T'ang	陳唐	Ch'in Hsi-fu	秦希甫
Ch'en Tz'u-sheng	陳次升	Ch'in Kuan	秦觀
Ch'en Wei	陳偉	Ch'in Kuei	秦檜
Ch'en Wen-yü	陳文餘	Ch'in-sheng	欽成
Ch'en Yen	陳儼	Chou Fu	周諱
Ch'en Yen	陳衍	Chou I	周誼
Ch'en Yen-mei	陳彥默	Chou O	周諤
Ch'en Yu	陳祐	Chou Ting	周鼎
Cheng Chü-chien	鄭居簡	Chou Tsun-tao	周遵道
Ch'eng Hao	程顥	Chou Yung-hui	周元徽
Cheng Hsia	鄭俠	Chu Fu	朱紱
Ch'eng I	程頤	Chu Hsi	朱熹
Cheng Yung	鄭雍	Chu Hung	朱紘

Chu I-tsun	
Chu Kuang-i	
Chu Kuang-t'ing	
Chu O	
Chu Shih-fu	
Chu Tzu-fa	
Chu Wen	
Chu Yen-chou	
Chung Cheng-fu	
Ch'ung Shih-chi	
Chung Shih-mei	
Ch'ung Shih-tao	
Fan Chen	
Fan Cheng-p'ing	
Fan Ch'eng-ta	
Fan Chih-hsü	
Fan Ch'un-jen	
Fan Ch'un-li	
Fan Ch'un-ts'ui	
Fan Chung-yen	
Fan Jou-chung	
Fan Mou-chu	
Fan Po-lu	
Fan T'ang	
Fan Tsu-yü	
Fang Hui	
Feng Chi	
Feng Ch'i	
Feng Ching	
Feng Ch'un-hsi	
Feng Chüeh-min	
Feng Hsieh	
Feng I	
Feng Meng-te	
Feng Shuo	
Fu Pi	
Fu Yao-yü	
Han Ch'i	
Han Chih	
Han Ch'uan	
Han Chung-yen	
Han P'o	
Han T'o-chou	
Han Wei	
Heng Chün	
Ho Chih-chung	
Ho Ta-cheng	
Ho Ta-shou	
Ho Yen-cheng	
Hou Hsien-tao	
Hsia Sung	
Hsiang Ch'uan-fan	
Hsiang Min-chung	
Hsiang Tsung-hui	
Hsiang Tsung-liang	
Hsiao Wan	
Hsieh Ang	
Hsieh Ch'ien	
Hsieh Liang-tso	
Hsieh Wen-kuan	
Hsien-yü Cho	
Hsien-yü Hsien	

Hsing Ping	邢昺	Hung Po-yao	洪伯樂
Hsing Shu	邢恕	Hung Yü	洪羽
Hsü An-hsiu	許安修	Jao Tsu-yao	饒祖堯
Hsü Ch'ang	徐常	Jen Chün	任濬
Hsü Chi	徐勣	Jen Po-yü	任伯雨
Hsü Chiang	許將	Kao Chien	高漸
Hsü Chih-ch'ang	徐知常	Kao Kung-ying	高公應
Hsü Tuan-ch'ing	許端卿	Kao Mou-hua	高茂華
Hsü Yao-fu	許堯輔	Kao Shih-ch'üan	高士權
Hsüan-jen	宣仁	Kao Shih-yü	高士育
Hu Ch'ien	胡潛	Kao Tsun-k'o	高遵恪
Hu Ch'ung	扈充	Kao Tsun-yü	高遵裕
Hu Fang-p'ing	胡方平	Ko Hui	葛輝
Hu I-kuei	胡一桂	Ko Mou-tsung	葛茂宗
Hu Liang	胡良	K'ou Tsung-yen	寇宗顏
Hu Sou	胡宿	Ku Lin	顧臨
Hu T'ien	胡田	Kun Kung-shih	袞公適
Hu Tsung-yü	胡宗愈	Kung I-cheng	龔頤正
Hu Tuan-hsiu	胡端脩	Kung Kuai	龔夬
Huang An-ch'i	黃安期	K'ung P'ing-chung	孔平仲
Huang Ch'ien	黃邁	K'ung Wen-chung	孔文仲
Huang Ching-ch'en	黃經臣	K'ung Wu-chung	孔武仲
Huang Ch'ing-ts'ung	黃卿從	Kung Yüan	龔原
Huang Kan	黃榦	Kuo Chih-chang	郭知章
Huang K'o-chün	黃克俊	Kuo Chih-chung	郭執中
Huang Lü	黃履	Kuo Tzu-ch'i	郭子旂
Huang T'ing-chien	黃庭堅	Lai Chih-shao	來之邵
Huang Ts'eh	黃策	Lang Ying	郎瑛
Huang Ts'ai	黃才	Li Ch'ang	李常
Huang Yin	黃隱	Li Chao-ch'i	李昭玘
Hung Chi	洪基	Li Chao-liang	李昭亮
Hung Ch'u	洪芻		

Li Ch'eng	李俅之	Liang An-kuo	梁中國
Li Ch'eng-chih	李承基	Liang Chih-hsin	梁知新民
Li Chi	李中	Liang Chün-min	梁俊民
Li Chi-chung	李積亮	Liang huang-hou	梁皇后
Li Chia-liang	李嘉	Liang K'uan	梁寬
Li Chieh	李傑	Liang Pi	梁弼士
Li Chih	李祉	Liang Shih-neng	梁能
Li Chih-ch'un	李之純	Liang Tao	梁壽
Li Chih-i	李之儀	Liang Wei-chien	梁惟簡
Li Chih-kang	李知剛巳	Liao Cheng-i	廖正一
Li Ch'ing-ch'en	李清俚	Lin Chieh	林臣膚
Li Cho	李倬	Lin Fu	林希自
Li Chou	李周	Lin Hsi	林豫
Li Ch'ung	李珫	Lin Tzu	林
Li Chü	李苣鞫	Lin Yü	林世
Li Hsiao-ch'eng	李孝稱壽	Liu An-shih	劉安世
Li Hsiao-shou	李孝壽	Liu Chao	劉摰
Li Hsin	李新	Liu Cheng	劉昱
Li Hsin-ch'uan	李心傳	Liu Cheng-fu	劉正夫
Li Hsiu	李修	Liu Chi	劉極之甫
Li I-hsing	李行直	Liu Ch'i-chih	劉器吉
Li Ko-chih	李革非	Liu Chi-fu	劉吉勲
Li Ko-fei	李格備	Liu Chih	劉勲經國
Li Mu	李穆	Liu Ching-kuo	劉經世
Li Pei	李備貫	Liu Feng-shih	劉奉世
Li Pen	李貫	Liu K'uei	劉逵
Li Ping	李冰	Liu Po	劉勃
Li Shen	李深	Liu T'ang-lao	劉唐老
Li Shih-chung	李師中	Liu Tang-shih	劉當壽
Li Tao	李燾	Liu Tao	劉韜
Li Yung	李永	Liu Wei	劉延
Li Yü	李慤	Liu Yen-ch'ün	劉

Liu Yü	劉昱	Lu Tzu-yeh	陸子爗
Lo Ting-ch'en	羅鼎臣	Lu Tzu-yü	陸子遹
Lu An	陸安	Lu Yen	陸儼
Lu Ch'ang-heng	路昌衡	Lu Yen	陸嚴
Lu Ch'ang-min	陸長民	Lu Yu	陸游
Lu Chao	陸昭	Lu Yüan	陸沅
Lu Chen	陸軫	Lü Chia-wen	呂嘉問
Lu Ch'i	陸琪	Lü Chung-fu	呂仲甫
Lu Chih	陸寅	Lü Hsi-che	呂希哲
Lu Ching-chih	陸靜之	Lü Hsi-chi	呂希績
Lu Chu	陸注	Lü Hsi-ch'un	呂希純
Lu Chü	陸寋	Lü Hui	呂誨
Lu Chün-kuang	魯君貺	Lü Hui-ch'ing	呂惠卿
Lu Hsin-yüan	陸心源	Lü I-chien	呂夷簡
Lu Hsüan	陸晅	Lü Kung-chu	呂公著
Lu Kuang	陸洸	Lü Liang-ch'ing	呂諒卿
Lu Kuei	陸珪	Lü Ta-fang	呂大防
Lu Pi	陸伾	Lü Ta-lin	呂大臨
Lu Piao-min	陸表民	Lü T'ao	呂陶
Lu Shen	陸伸	Lü Tsu-ch'ien	呂祖謙
Lu Shih	陸寀	Lü Yen-tsu	呂彥祖
Lu Te-ming	陸德明	Ma Ch'un	馬純
Lu Tien	陸佃	Ma Chüan	馬涓
Lu Tsai	陸宰	Ma Mei	馬默
Lu Tsung	陸琮	Ma Nien	馬諗
Lu Tzu-hui	陸子黑	Ma Ts'ung	馬琮
Lu Tzu-hsü	陸子虛	Mei Chün-ch'ien	梅君前
Lu Tzu-hsü	陸子骨	Mo-ch'i Cheng	万俟正
Lu Tzu-lung	陸子龍	Ni Chih-ju	倪直儒
Lu Tzu-pu	陸子布	Niu Hsien-k'o	牛仙客
Lu Tzu-t'an	陸子坦	Ou-yang Chung-li	歐陽中立
Lu Tzu-t'an	陸子憺		

Ou-yang Fei	Su Sung	
Ou-yang Hsiu	Sun Chüeh	
P'an Tzu	Sun Ku	
P'ei Yen-ch'en	Sun O	
P'eng Shun	Sun Sheng	
Pi Chung-yu	Sun Ts'ung	
Pi Pao-yu	Sung Pao-kuo	
Shang I	Sung Shou-yüeh	
Shang-kuan Chün	T'an I	
Shao Po-wen	T'an Ku	
Shao Yung	T'an Ying	
Shen Ch'ien	T'ang Chieh	
Shen Kan	T'ang I-wen	
Shen Tso-che	T'ang Kuo	
Shen Wei	Teng Chien	
Sheng Yu	Teng Chung-ch'en	
Shih Chieh	Teng Hsün-wu	
Shih Fang	Teng K'ao-fu	
Shih Hui-chih	Teng Shih-ch'ang	
Shih Kung-pi	Teng Wan	
Shih Yen	Teng Yün-chung	
Shu Min-ch'iu	T'o T'o	
Ssu-ma K'ang	Tou (Kaiserin)	
Ssu-ma Kuang	Tou Wu	
Su Ch'e	Tou Yüeh	
Su Chia	Ts'ai Ching	
Su Hsün	Ts'ai Ch'ung	
Su Hui	Ts'ai Ch'üeh	
Su Ping	Ts'ai I	
Su Shih	Ts'ai K'o-ming	
Su Shun-min	Ts'ai Pien	

Ts'ao Hsing-tsung	曹興宗	Wang Fen	王汾
Ts'ao Jung	曹瑢	Wang Fu	王紱
Ts'ao Kai	曹鎧	Wang Han-chih	王漢之
Ts'ao Kuan	曹瓘	Wang Hsien-k'o	王獻可
Tseng Chao	曾肇	Wang Hua-ch'en	王化臣
Tseng Chi	曾幾	Wang Hua-chi	王化基
Tseng Kung	曾鞏	Wang Hui	王回
Tseng Kung-liang	曾公亮	Wang Ku	王古
Tseng Pu	曾布	Wang Ku	王古
Tseng Tao	曾燾	Wang Kuan	王賈
Tseng Yü	曾紆	Wang Kuei	王珪
Tsou Hao	鄒浩	Wang Kung	王鞏
Ts'ui Ch'ang-fu	崔昌符	Wang Kung-yen	王公彥
Ts'ui T'ai-fu	崔台符	Wang Lü	王履
Tu Ch'un	杜純	Wang Neng-fu	王能甫
Tu K'uang	都貺	Wang Shou	王守
Tung Hsiang	董祥	Wang Tao	王道
T'ung Kuan	童貫	Wang Ti	王覿
Tung Pi	董必	Wang T'ing-ch'en	王庭臣
Tung Tuan-i	董敦逸	Wang Ts'un	王存
Wang An-shih	王安石	Wang Tzu-shao	王子韶
Wang Ch'a	王察	Wang Yang	王楊
Wang Ch'ang-min	王長民	Wang Yen	王衍
Wang Chen	王箴	Wang Yen-sou	王巖叟
Wang Cheng	王拯	Wang Yü-ch'eng	王禹偁
Wang Ch'eng	王偁	Wen I	溫盆
Wang Chiao	王交	Wen Yen-po	文彥博
Wang Ch'in-ch'en	王欽臣	Wang Ying-lin	王應麟
Wang Ch'ung	王克	Wu An-ch'ih	吳安持
Wang Fang	王雱	Wu An-hsün	吳安遜
Wang Fang	王防	Wu An-shih	吳安詩
		Wu Chih	吳植

Wu Ch'ou	吳儔	Yeh Tsu-hsia	葉祖洽
Wu Ch'u-hou	吳處厚	Yen Shou-ch'in	嚴守勤
Wu Chung-fu	吳中復	Yen Shu	晏殊
Wu Chung-yüeh	伍崇曜	Yin Ts'ai	尹材
Wu Chü-hou	吳居厚	Yu Mou	尤袤
Wu Hsiu-fu	吳休復	Yu Tso	游酢
Wu Ming	吳明	Yü Chao	于鼈
Wu-shih	吳氏	Yü Chin	玉普
Wu Ts'eng	吳曾	Yü Fang	虞防
Wu Yü-ch'i	吳玉墀	Yü Pien	虞卞
Yang Ch'eng	楊偕	Yü Shuang	虞爽
Yang Chün-ch'ien	楊居劍		
Yang Fei	楊朏		
Yang Hsiung	揚雄		
Yang K'ang-kuo	楊康國		
Yang Kuei-pao	楊瓌寶		
Yang Kung-fu	楊公輔		
Yang Lin	楊琳		
Yang Lin	楊林		
Yang Shih	楊時		
Yang Ta-ya	楊大雅		
Yang Wan-li	楊萬里		
Yang Wei	楊畏		
Yang Yen-chang	楊彥璋		
Yao Hsiung	姚雄		
Yao Mien	姚勔		
Yao Ssu	姚兕		
Yeh Shen	葉伸		
Yeh Shih	葉適		
Yeh Shih-ying	葉世英		
Yeh T'ao	葉濤		

2. Ortsnamen

An-lu 安陸
Ch'a (Berg) 萊
Ch'ang-chou 常州
Ch'ang-shan 常山
Ch'ang-shu 常熟
Ch'en-chou 陳州
Chen-hai 鎮海
Chen-ning 眞寧
Ch'eng-tu-fu 成都府
Chi-chou (Shan-tung) 濟州
Chi-chou (Chiang-hsi) 吉州
Chi-nan 濟南
Chia-hsing 嘉興
Chiang-chou 江州
Chiang-ling-fu 江陵府
Chiang-lo 將樂
Chien-ch'ang-chün 建昌軍
Chien-chou 建州
Chien-ning-fu 建寗府
Ch'ien-t'ang 錢塘
Chien-te 建德
Chien-yang 建陽
Ch'ih-chou 池州
Chin-chiang 晉江
Ch'in-chou 秦州
Chin-ling 金陵
Ching-chao-fu 京兆府
Ching-chiang-fu 靜江府
Ch'ing-chou 青州
Ch'ing-p'ing 清平
Ch'ing-shen 清神
Chiu-chiang 九江
Ch'iung-chou 邛州
Ch'iung-shan 瓊山
Chu-ch'eng 諸城
Ch'u-chou (Chiang-su) 楚州
Ch'u-chou (Che-chiang) 處州
Chung-shan 鍾山
Chü-jung 句容
Ch'üan-chou 全州
Ch'üan-chiao 泉州
Fen-chou 汾州
Feng-hsiang-fu 鳳翔府
Feng-hsin 奉新
Fu-ch'ing 福清
Fu-chou (Chiang-hsi) 撫州
Fu-chou (Fu-chien) 福州
Hai-chou 海州
Hang-chou 杭州
Hao-chou 濠州
Ho-p'u 合浦
Hsi-an 西安
Hsiang-chou 相州
Hsiang-fu 祥符
Hsiang-i 襄邑
Hsiang-yang 襄揚
Hsien-ch'ing-chien 仙井監
Hsien-p'ing 咸平
Hsien-yu 仙遊
Hsin-ch'ang 新昌
Hsin 蘄

Hsin-yü	新喻		Ling-ching	陵井
Hsing-hua-chün	興化軍		Ling-ch'uan	陵川
Hsin-ting	新定		Ling-piao	靈表
Hsü-ch'eng	須城		Lo-p'ing	樂平
Hsüan-chou	宣州		Lo-yüan	羅源
Hsün-chou	循州		Lu	盧
Hu-chou	湖州		Lu-ling	盧陵
Hua-t'ing	華亭		Lung-ch'i	龍溪
Hua-yang	華陽		Lung-kang	龍岡
Huai	淮		Mei-chou	眉州
Huai-nan	淮南		Mei-shan	眉山
Hui-chou	徽州		Meng-chou	孟州
Hung-chou	洪州		Min	閩
Ju-yin	汝陰		Ming-chou	明州
Jun-chou	潤州		Mu-chou	睦州
K'ai-feng-fu	開封府		Nan-ch'ang	南昌
Kao-yu-chün	高郵軍		Nan-ch'eng	南城
K'uai-chi	會稽		Nan-chien-chou	南劍州
Kuan-ch'eng	筦城		Nan-feng	南豐
Kuang-an-chün	廣安軍		Nan-k'ang	南康
Kuang-ling	廣陵		Nan-ling	南陵
Kuang-tse	光澤		Nan-pu	南部
Kuei-an	歸安		Pa-min	八閩
Kuei-ch'i	貴溪		P'i-ling	毘陵
Kao-chou	果州		Pin-chou	邠州
Lang-chou (Ssu-ch'uan)	閬州		P'ing-chiang-fu	平江府
Lang-chou (Hu-nan)	朗州		P'ing-hsiang	萍鄉
Lien-chou	廉州		Po-chou	亳州
Lin-an-fu	臨安府		P'u-chiang	浦江
Lin-chiang-chün	臨江軍		P'u-chou	濮州
Lin-ch'uan	臨川		P'u-t'ien	莆田

205

P'u-yin	蒲陰	T'ung-chou (Shen-hsi)	同州
Sha	沙	Tzu-chou	梓州
Sha-men (Insel)	沙門	Tzu-ch'uan	淄川
Shan-chou	陝州	Wan-tsai	萬載
Shan-yang	山陽	Wei	魏
Shan-yin	山陰	Wei-chou	衛州
Shao-chou	邵州	Wei-chün	魏軍
Shao-hsing-fu	紹興府	Wen-chou	溫州
Shao-wu	邵武	Wu-ch'eng	武城
Shou-chou	壽州	Wu-chin	武進
Shu-chou	蜀州	Wu-chou	婺州
Shuang-liu	雙流	Wu-kung	武功
Ta-ming-fu	大名府	Wu-ning	武寧
Ta-yü	大庾	Wu-yüan	五原
Tai-chou	代州	Ya-chou	雅州
T'ai-chou	泰州	Yang-chai	陽翟
T'ai-p'ing-chou	太平州	Yang-chou	楊州
T'ai-yüan-fu	太原府	Yang-wu	陽武
Tan-chou	單州	Yen-chou	嚴州
T'an-chou	潭州	Yen-shih	偃師
Tao-chiang	導江	Ying-chou (An-hui)	潁州
T'ao-chu	陶朱	Ying-chou (Ho-pei)	瀛州
Teng-chou	登州	Ying-t'ien-fu	應天府
Ting-chou	鼎州	Yung-ching-chün	永靜軍
T'ing-chou	汀州	Yüan-chou	袁州
Ts'ai-chou	蔡州	Yüeh-chou	越州
Ts'ang-chou	滄州	Yün-chou	鄆州
Tse-chou	澤州		
Tuan-chou	端州		
T'ung-an	同安		
T'ung-chou (Chiang-su)	通州		

以人物為己任在閩薦處士陳烈在淮南薦孝子徐積每行部至必造之特以
畔歐陽修之故為清議所薄子堦至侍從曾孫蒂別有傳
陸佃字農師越州山陰人居貧苦學夜無燈映月光讀書躡屩從師不遠千里
過金陵受經於王安石熙寧三年應舉入京適安石當國首問新政佃曰法非
不善但推行不能如初意還為擾民如青苗是也安石驚曰何為乃爾吾與呂
惠卿議之又訪外議佃曰公樂聞善古所未有然外間頗以為拒諫安石笑曰
吾豈拒諫者但邪說營營顧無足聽佃曰是乃所以致人言也明日安石謂
之曰惠卿云私家取債亦須一難半豚已遣李承之使淮南質究矣既而承之
還詭言於民無不便佃說不行禮部奏名為舉首方廷試賦邃發策題士皆愕
然佃從容條對擢甲科授蔡州推官初置五路學選為鄆州教授召補國子監
直講安石以佃不附己專付之經術不復容以政安石子雱用事好進者塗集
其門至崇以師禮佃待之如常同王子韶修定說文入見神宗問大喪襲衰佃
考禮以對神宗悅用為詳定郊廟禮文官時同列皆侍從佃獨以光祿丞居其

間有所議神宗輒曰自王鄭以來言禮未有如佃者加集賢校理崇政殿說書進講周官神宗稱善始命先一夕進藁同修起居注元豐定官制擢中書舍人給事中哲宗立太常請復太廟牙盤食博士呂希純少卿趙令鑠皆以爲當復佃言太廟用先王之禮於俎豆爲稱景靈宮原廟用時王之禮於牙盤爲稱不可易也卒從佃議是時更先朝法度去安石之黨士多諱變所從安石禮部數與史官范祖禹黃庭堅爭辨大要多是安石之晦隱庭堅曰公卒佃率諸生供佛哭而祭之識者嘉其無向背遷吏部侍郎以修撰神宗實錄徙禮部佃曰盡用君意豈非謗書乎進權禮部尚書鄭雍論其穿鑿附會言蓋佞史也佃曰史官范祖禹黃庭堅堅爭辨大要多是安石之晦隱庭堅曰公改龍圖閣待制知頼州佃以歐陽修守頴有遺愛爲建祠宇實錄成加直學士又爲韓川朱光庭所議詔止增秩徙知鄧州未幾知江寧府甫至祭安石墓句容人盜嫂害其兄别誣三人同謀既訊服一囚以冤訴通判以下皆曰彼怖死耳獄已成不可變佃爲閱實三人皆得生紹聖初治實錄罪坐落職知秦州改海州朝論灼其情復集賢殿修撰移知蔡徽宗卽位召爲禮部侍郎上疏

曰人君踐祚要在正始正始之道本於朝廷近時學士大夫相領競進以善求事為精神以能許人為風采以忠厚為重遲以靜退為卑弱相師成風莫之或止正而救之實在今日神宗登真儒立法制治而元祐之際悉肆紛更紹聖以來又皆稱頌前人者不必因所為否者蘷之善者揚焉元祐紛更是知蘷之而不知揚之之罪也紹聖稱頌是知揚之而不知蘷之過也願咨謀人賢惟考政事報聘于遼大中之期亦在今日也徽宗遂命修哲宗實錄遷吏部尚書惟其當之為貴洪基送伴者赴臨而返詣佃曰國哀如是漢使殊無弔唁之儀何也佃徐應曰始意君匍匐哭踊而相見即行弔禮今偃然如常時何所弔伴者不能荅尚書右丞將祀南郊有司欲飾大裘匦用黃金多佃請易以銀徽宗曰匦尚質後世加飾焉非禮也徽宗然則罷之可乎數日來豐稷屢言之矣佃因贊曰陛下及此盛德之舉也徽宗欲親祀北郊大臣以為盛暑不可徽宗意甚確朝退皆曰上不以為勞當遂行之李清臣不以為然佃曰元豐非合祭而是北郊公之議也今

反以為不可耶清臣乃止御史中丞趙挺之以論事不當罰金佃曰中丞不可罰罰則不可為中丞諫官陳瓘上書曾布怒其專私史而壓宗廟佃曰瓘上書雖無不必深怒若不能容是成其名也佃執政與曾布比而持論多近怨每欲參用元祐人才尤惡奔競嘗曰天下多事須不次用人苟安寧時人之才無大相遠當以資歷序進少緩之則士知自重矣又曰今天下之勢如人大病向愈當以藥餌輔養之須其安平苟為輕事改作是使之騎射也轉左丞御史論呂希純劉安世復職太驟請加鐫抑且欲更懲元祐餘黨佃為徽宗言不宜窮治乃下詔申諭揭之朝堂讒者用是詆佃名在黨籍不欲窮治正恐自及耳遂罷為中大夫知亳州數月卒年六十一追復資政殿學士佃著書二百四十二卷於禮家名數之說尤精如埤雅禮象春秋後傳皆傳於世

吳居厚字敦老洪州人第嘉祐進士熙寧初為武安節度推官奉行新法盡力核閱田以均給梅山猺計勞得大理丞轉補司農屬元豐間提舉河北常平增損役法五十一條賜銀緋為京東轉運判官升副使天子方興鹽鐵居厚精心

欽定四庫全書總目卷四十　經部　小學類一

羣經音辨七卷　通行本

宋賈昌朝撰昌朝字子明獲鹿人天禧初賜同進士出身慶歷中同中書門下平章事典宗初加左僕射封魏國公諡文元事蹟具宋史本傳此書其侍講天章閣時所上凡羣經之中一字異訓音從而異者彙集爲四門卷一至卷五曰辨字同音異卷七附辨字訓得失一門所辨論者僅九字書中沿襲舊文不免誤者如卷二言部謙慊也下云鄭康成說謙爲慊憾也此解正文自謙註又曰慊讀爲慊慊厭也此解正文厭然與上註厭足之曰謙讀爲慊慊厭也此解正文厭然與上註厭足之爲饜饜閉藏貌謂閉藏貌禮記註日厭讀如厭冠之厭絕不相蒙昌朝混而一之殊爲失考又卷二元

仿唐張守節史記正義發字例依許愼說文解字部目次之卷六曰辨字音清濁曰辨彼此異音曰辨字音疑混皆即經典釋文序錄所舉分立名目

部典堅刃貌也據考工記輈欲頎典註曰頎堅刃貌以順典爲形容之辭不得單舉一典字卷三巾部幨頭括髮也幨本幨字之譌據儀禮註註曰以解婦人之髽以麻免而以布申之曰幨以麻者如著幨狀如今著帩頭矣是括髮免鬠皆如著幨頭自是吉服揚雄方言帩頭自河以北趙魏之閒日幧頭劉熙釋名帩頭又曰齎帶鬠帶等名皆可以括髮鬠之是皆疎於考證之故然釋文散見各經頗難檢核昌朝會集其音義絲牽繩貫同異粲然俾學者易於尋省不爲無益小學家至今不廢亦有以自序云編成七卷凡五門紹興中王觀國後序亦云凡五門七卷惟宋史藝文志作三卷此本爲康熙中蘇州張士俊從宋槧翻雕實爲七卷則宋史所載爲字畫之誤明矣

埤雅二十卷　浙江巡撫採進本

宋陸佃撰佃字農師越州山陰人少從學於王安石熙寧三年擢進士甲科授蘇州推官選爲鄞州

欽定四庫全書總目卷四十　經部　小學類一

一卷釋木二卷釋草四卷釋鳥二卷釋天之
凡釋魚二卷釋獸三卷釋蟲二卷釋馬
句誦闕亦不能排纂成帙傳於世者惟此書而已
今者皆竝佚其爾雅新義僅散見永樂大典中文
解字其子宰作此書序又稱其有詩講義爾雅註
類凡二百四十二卷王應麟玉海又記其修傳之
精於禮家名數之學所著埤雅禮象春秋後傳之
大夫出知亳州卒於官事蹟具宋史本傳稱其
教授召補國子監直講歷轉至左丞末幾罷爲中

末註後闕字然則此書亦有佚脫非完本矣宰
序稱佃於神宗時召對言及物性因進說木
二篇後乃並加筆削初名物性門類後註爾雅畢
更修爾雅之助也其說諸
大抵略於形狀而詳於名義尋究偏旁比附形聲
務求其得名之所以然又推及諸經曲證則
稽假物理以明其學說蓋佃以
附安石行新法故入元祐黨籍其學問淵源則
實出安石見公武讀書志謂其說不專主王氏亦

似特立殆未詳檢是編也論其人者論其書歟
觀其開卷說啎一條至於謂曾公亮得釋之斧王
安石得龍之晭是豈不尊公亮得釋諸
經頗據在義其所援引多今所未見之書其推闡
名理亦往往精鑿謂之駁雜則可要不能不謂之
博奧也

爾雅翼三十二卷　浙江巡撫採進本

宋羅願撰元洪焱祖音釋願字端良號存齋歙
人以蔭補承務郎乾道二年登進士第通判贛州
宣熙中知南劍州事遷知鄂州卒於官事蹟附載
宋史羅汝楫傳焱祖字潛夫亦歙縣人天歷中官
遂昌縣主簿以休甯縣尹致仕是書卷端有願自
序有王應麟後序方回跋及焱祖自跋應麟後
序稱以咸淳庚午刻此書郡齋而玉海自跋廬氏
名末乃不著於錄於見郡守朱霽重刻
諸本見其書回訪得副本於其從孫裳蓋其出在玉
海後也越五十年為元延祐庚申郡守朱霽重刻
乃屬焱祖為之音釋而願序及應麟後序輩事稍

全集蓋其著作在當日極為世重而自明以來久
佚不傳惟永樂大典尚間載之計其篇什雖不及
什之一二然零璣斷璧倍覺可珍謹蒐輯排比釐
為八卷用存崖略其郴行錄乃譎監酒稅時紀行
之書體例頗與歐陽修于役志相似於山川古蹟
往往足資考證今亦並附集末焉

陶山集十四卷 永樂大典本

宋陸佃撰佃有埤雅已著錄此集據書錄解題本
二十卷歲久散佚今以永樂大典所載裒為十四
卷葢僅存十之七矣佃本受學於王安石故埤雅
及爾雅新義 案爾雅新義久佚今散見永樂大典
中譌脫斷爛始不可讀 獨斷然與安石爭後竟以祐
字說然新法之議獨斷斷與安石爭後竟八元祐
黨籍安石之沒佃在金陵為文祭之推崇頗過然
但欲師友淵源而無一字及國政元祐初預修神
宗實錄亦頗為安石諱歎與史官辨爭坐是外補
然徽宗初召遷復用佃巧欲參用元祐舊恩與
時宰齟齬而罷葢其初誤從安石遊故率於舊
文字之間不能不有所假借至於事關國計則教

然不以私廢公亦可謂剛直有守者矣佃既以新
法忤安石不復問以政事惟以經術任之神宗命
詳定郊廟禮文佃實主其議今集中所載諸篇是
也其他文字勘以史傳所紀亦皆相符惟元豐大
襃議集稱佃為集賢校理史乃稱佃紹聖初
獨以光祿丞居其開當為宋史之譌又佃紹聖初
落職知泰州故到任謝表有海陵地僻侍郎近
語史乃稱知泰州亦為宇誤殆當未史時其集已
不甚顯歟佃所著有禮象諸書當時以知禮名集
中若元豐大襃議諸篇大抵宗王而黜鄭理有可
通以及各伸其說惟其中自出新意穿鑿附會者
如以特牲饋食禮饌在西壁主婦視饎爨於西
堂下為在廟外引爾雅門側之堂謂之藝饎爨在
廟門外之西堂下今以儀禮考之燕禮曰小臣師
一人在東堂下大射儀日賓之弓矢與中籌豐皆
止於東堂下小臣東堂下之矢則以授矢人於西堂下公食
大夫禮日小臣東堂下士喪禮日饌於東堂下既
夕禮曰設棜於東堂下少牢饋食禮曰司宮奠豆

3071

邊勾嚮瓠牌几洗於東堂下凡此諸條俱未有以
東西堂爲東西塾之堂者士冠禮曰具饌於西塾
聘禮曰擯者退負東塾而立又曰擯者退負東塾
又曰出門西面於東塾南士虞禮曰卜人及執燋
者在塾西士虞禮曰乃席於西塾又聘禮曰卜人
禮曰筵人取俎於東塾又士昏禮曰適東壁東西
塾爲東西堂者又士冠禮曰適東壁士昏禮曰退
適東壁亦無以爲在廂門外者佃之說殊爲牽合
佃又謂北堂有北壁考大射儀工人士與梓人升
自北階註曰位在北堂下旣有北階明知其無
下壁佃弗及考詳而輕詆賈疏亦爲未允至謂錫
襲之襲從龍龍衣爲襲則又附和字說而爲之九
無足深詰矣方回瀛奎律髓稱胡儵與佃詩格相
似窗詩傳者稍多佃詩則不槪見詩林萬選載
其送人之澗州一首瀛奎律髓載其贈別吳與太
守中父學士一首能改齋漫錄載其韓子華挽詩
一聯而已今考永樂大典所載篇什頗夥大抵與
宿䟦以七言近體見長故回云然厥後佃之孫游
所自來矣
以詩鳴於南宋與尤袤楊萬里范成大並稱雖得
法於茶山曾幾然亦喜作近體家學淵源殆亦有

欽定四庫全書總目卷一百五十四　集部　別集類七

倚松老人集二卷　兩淮馬裕家藏本
宋饒節撰節字德操撫州人嘗爲曾布客與布
書論新法不合乃祝髮爲浮屠更名如壁挂錫靈
隱晚主襄陽之天寧寺作偈云閒攜經卷倚松
立試問客從何處來遂號倚松道人集中詩大半
爲僧後所作呂本中紫微詩話稱其蕭散似潘邠
老陸游老學菴筆記亦稱爲當時詩僧第一宋史
藝文志載倚松集十四卷今止存鈔本二卷末有
慶元巳未校官黄汝嘉重刊一行益猶沿宋刻之
舊又今所傳本與謝邁韓駒二集行欵相同卷首
標目下俱別題江西詩派四字與他詩集不同或
卽宋人所編江西詩派集一百三十七卷內之三
種舊本殘闕後八析出單行歟
長興集十九卷　浙江巡撫採進本
宋沈括撰括有夢溪筆談已著錄陳振孫書錄解

考焉

春秋集傳十九卷提要

宋張洽撰洽有春秋集注及綱領

四庫全書已著錄洽為朱子門人宋史載道學傳伏讀

四庫全書總目云集注遺本僅存而所謂集傳則佚

之久矣是編元本二十六卷元祐中李教授薰敝刻于臨江路學洽曾孫庭堅校正著於卷首有朱端平二年繳進狀經義考戴庭堅後序云副使臧公移文本路總府下學刊刻集傳沿革二書集傳雖成而草卷倒亂文字差訛追癸丑延祐江南諸道行御史臺行移各路購求張用一傳延祐庚寅詔與科目惜此本缺卷十八至卷二十又卷二十三至二十六其七卷然全書崖畧尚可推尋如云魯公朝聘之禮不行于王宝及論眾仲言樂之失當以劉氏之說為宗論聖人書初之旨當以公羊程氏之說為公不會伯主以取晉怒云侯不得越境親迎辯殷梁言恒事之非能集眾家所長討論歸于至當固春秋家所不廢也

經義考列之經疑宋末人是編千頭堂書目經義考亦作十卷此從澹生堂鈔本依樣過錄僅總序及易詩書二經閒佚自序云嘗取五經三禮與夫孟家其夫概乎平日得于先儒之議論者胸中雖其書專為場屋而設然唐宋諸儒說經之文招拾不少可以廣見博聞足資考訂也

爾雅新義二十卷提要

宋陸佃撰佃有埤雅二十卷

四庫全書已著錄伏讀

四庫全書總目云爾雅新義案朱彝尊經義考則云末見陳振孫書錄解題云頭在城南傳寫凡十八卷其曾孫子適刻于嚴州者為二十卷是編從宋刻樣影抄凡二十卷爾雅新義乃其父作叶雅序云注爾雅者為爾雅之輔然此書名埤雅言為爾雅之輔諸書旁通曲證也而自序以為雖使郭璞權隻清

九經疑難四卷提要

宋張文伯撰文伯字正夫蕉陽人時代未詳朱彝尊

羣經室外集 卷二

道跂望廡蹋可也陳振孫云以愚觀之大率不出王氏之學至句逗亦多不同如釋木樸枹者謂櫰采薪佴則以謂字絶句注云謂之而後知釋蟲蚍蜉蠶蠶佴則以蠽字連下莫粉爲句注云蠽老而後眠不知經典釋文讀蠶爲他典切又莫粉蟏蛸佴則連下文虹字爲句雖本之方言然邢昺已引說文辨其失指惟所據經文乃當時至善之本如釋言楷柱也則作楷柱也皇華也釋華皇也釋天四時和謂之王燭則作四氣和鼓謂之辛牛則作何鼓釋邱堂梧邱則作富途釋水河水清且瀾漪則作瀾漪釋草萍藻則作苹蓱芉麻母則作莩麻母蕭荻則作蕭萩卷施草則作卷施草檴桑舍則作檴木座接慮李則作座接慮李釋鳥楊鳥白鷢則作鶨白鷢鳥鶋醜則作烏龍醜並足以資考訂赤讀經者所不廢也

集篆古文韻海五卷提要

宋杜從古撰從古字唐稽里居未詳陶宗儀云從古官至禮部郎自序稱朝請郎尚書職方員外郎蓋指其作書時而言是編藏書家未見著錄此依舊鈔影墓從古以郭忠恕汗簡夏竦古文四聲韻二書闕佚

羣經室外集 卷二

未備更廣搜博采以成之序云此集韻韻則不足較韻署則有餘視竦所集增數十倍矣書會要云宣和中從古與米友仁徐競同爲書學博士高宗解先皇帝嘉書設學養士獨得杜唐稽一人今觀其書所舉良不虛也

太常因革禮一百卷提要

宋歐陽修等奉敕撰案宋自太祖始命儒臣約唐之舊爲開寶通禮至仁宗初年禮官王皥復論次太宗真宗兩朝已行之事名曰禮閣新編止于天禧五年其後賈昌朝等復加編定名曰太常新禮止于慶歷三年嘉祐中修奉敕重定此書至治平中上之于朝英宗賜名太常因革禮見于修之自序如此然書後有淳熙十五年李壁跋以爲此老蘇先生奉詔所修故歐公爲老泉墓誌云太常修纂建隆以來禮書乃以霸州文安縣主簿使食其祿與陳州項城縣令姚闢同修禮爲太常因革禮一百卷則此書雖爲修所上其體裁出于蘇洵居多書中分總例二十八卷吉禮二十三卷嘉禮九卷軍禮三卷凶禮三卷廢禮一卷新禮二十一卷廟議十二卷總例內子目二十八吉禮子目三十七軍禮子目十七軍禮子目

三岑象求王觀買易上章乞錄其子恤其家以獎勸忠義詔除子澥老郊社齋郎蔡京爲相奪之仍列名黨籍

誕公亮從孫也孟后之廢誕三與浩書勸力請復后浩不報及浩以言南遷誕著玉山主人對客問以譏之其略曰客問鄒浩可以爲有道之士乎主人曰浩安得爲知道雖然予於此時議浩是天下無全人也言之尙足爲來世戒易曰知幾其神乎又曰知進退存亡而不失其正者其惟聖人乎方孟后之廢人莫不知劉氏之將立至四年之後而冊命未行是天子知清議之足畏也使當其時浩力言復后能感悟天子則無今日劉氏之事貽朝廷於過舉再三言而不聽則義亦當矣使是時得罪必不若浩以貽老母之憂矣嗚呼若浩者雖不得爲知幾之士然之下頑夫廉懦夫有立志尙不失爲聖人之清也其書旣出識者或以比韓愈諫臣論誕任亦不顯

陳瓘字瑩中南劍州沙縣人少好讀書不喜爲進取學父母勉以門戶事乃應舉一出中甲科調湖州掌書記簽書越州判官守蔡卞察其賢每事加禮而瓘

測知其心術常欲遠之屢引疾求歸章不得上檄攝通判明州卜素敬道人張
懷素謂非世間人時且來越卜留瓘小須之瓘不肯止曰子不語怪力亂神斯
近怪矣州牧旣信重民將從風而靡不識之未爲不幸也後二十年而懷素誅
明州職田之入厚瓘不取盡棄於官以歸章惇入相瓘謁惇聞其名獨
邀與同載詢當世之務瓘曰請以所乘舟爲喻偏重可行乎移左置右其偏一
也明此則可行矣天子待公爲政敢問將何先惇曰司馬光姦邪所當先辨勢
無急於此瓘曰公誤矣此猶欲平舟勢而移左以置右果然將失天下之望惇
厲色曰光不務纘述先烈而大改成緒誤國如此非姦邪而何瓘曰不察其心
而疑其迹則不爲無罪若指爲姦邪又復改作則誤國益甚矣爲今之計唯消
朋黨持中道庶可以救弊意雖忤惇亦驚異頗有兼收之語至都用爲太學
博士會卜與惇合志正論遂絀卜黨薛昂林自官學省議毀資治通鑑瓘奏哲
士題引神宗所製序文以問昂自意沮遷祕書省校書郎紹述之說盛瓘因策
宗言堯舜禹皆以若稽古爲訓若者順而行之稽者考其當否必使合於民情

所以成帝王之治天子之孝與士大夫之孝不同帝反復究問意感悅瓘再入見執政聞而憾之出通判滄州知衛州徽宗卽位召爲右正言遷左司諫瓘論議持平務存大體不以細故藉口未嘗及人腌昧之過嘗云人主託言者以耳目誠不當以淺近見惑其聰明惟極論蔡卞章惇安惇邢恕之罪御史龔夬擊蔡京朝廷將逐夬瓘言紹聖以來七年五逐言者常安民孫諤董敦逸陳次升鄒浩五人者皆與京異議而去今又罷夬將若公道何遂草疏論京未及上時皇太后已歸政瓘言外戚向宗良兄弟與侍從希寵之士交通使物議籍籍謂皇太后今猶預政由是罷監楊州糧料院瓘出都門繳四章奏之幷明宣仁誣謗事帝密遣使賜以黃金百兩后亦命勿遽去卽十僧牒爲行裝改知無爲軍明年還爲著作郞遷右司員外郞兼權給事中宰相曾布使客告以將卽眞瓘語子正彙曰吾與丞相議事多不合今若此是欲以官爵相餌也若受其薦進復有異同則公議私恩兩有愧矣吾有一書論其過將投之以決去汝能不介於心乎正彙願得書曰其書之但郊祀不遠彼不相容則澤不及汝矣

持入省布使數人邀相見甫就席遽出書布大怒爭辯移時至箕踞詈語瓘色
不為動徐起白曰適所論者國事是非有公議公未可失待士禮布翯然改容
信宿出知泰州崇寧中除名竄袁州廉州移郴州稍復宣德郎正彙在杭告蔡
京有動搖東宮迹杭守蔡嶷執送京師先飛書告京俾為計事下開封府制獄
併逮瓘尹李孝稱逼使證其妄瓘曰正彙聞京將不利社稷傳於道路瓘豈得
預知以所不知忘父子之恩而指其為妄則情有所不忍挾私情以符合其說
又義所不為京之姦邪必為國禍瓘固嘗論之於諫省亦不待今日語言間也
內侍黃經臣蒞鞫聞其辭失聲歎息謂曰主上正欲得實但如言以對可也獄
具正彙猶以所告失實流海上瓘亦安置通州瓘嘗著尊堯集謂紹聖史官專
據王安石日錄改修神宗史變亂是非不可傳信深誣妄以正君臣之義張
商英為相取其書既上而商英罷瓘又徙台州宰相編令所過州出兵甲護送
至台每十日一徙告且命凶人石悈知州事執至庭大陳獄具將脅以死瓘揣
知其意大呼曰今日之事豈被制旨邪悈失措始告之曰朝廷令取尊堯集爾

瓘曰然則何用許使君知尊堯所以立名乎蓋以神考爲堯主上爲舜助舜尊堯何得爲罪時相學術淺短爲人所愚君所得幾何乃亦不畏公議干犯名分乎慨憤揖使退所以窮辱之百端終不能害宰相猶以慨爲怯而罷之在台五年乃得自便繞復承事郞帝批進目以所擬未當令再敍一官仍與差遣執政持不行卜居江州復有譖之者至不許輒出城旋令居南康繞至又移楚平生論京卞皆披擿其處心發露其情愿最所忌恨故得禍最酷不使一日少安宣和六年卒年六十五瓘謙和不與物競閒居矜莊自持語不苟發通於易數言國家大事後多驗靖康初詔贈諫議大夫召官正彙紹興二十六年高宗謂輔臣曰陳瓘昔爲諫官甚有讜議近覽所著集明君臣之大分合於易天尊地卑及春秋尊王之法王安石號通經術而其言乃謂道隆德駿者爲當北面而問焉其背經悖理甚矣瓘宜特賜諡以表之諡曰忠肅

任伯雨字德翁眉州眉山人父孜字遵聖以學問氣節推重鄕里名與蘇洵埒仕至光祿寺丞其弟汲字師中亦知名嘗通判黃州後知瀘州當時稱大任小

生還幸矣尚何言升感之爲文紀其事少警敏爲文立成以親老不可遠遊盡以所學付其子弟由是弟升子世勳皆擢進士顯於時遭靖康之變章痛哭一目喪明時世勳爲禮部侍郎數以書勉其忠義故世勳當僭僞時力起之不從至不食幽憤而死訃聞嘆曰吾子得死所矣不勝父子之情一已之私也爲國盡節死天下之公也吾何恨哉乃雪涕自慶不復戚戚於懷以世勳恩累封右朝議大夫後無疾而終壽八十六墓志
汪藻撰
陳正彙瓘子福建沙縣人流海島十餘年靖康初赦

還授太僕寺丞時瓘已前卒正彙痛不及見父遂得心疾高宗聞其名召見上殿已不能對除直祕閣主管亳州明道宮擢正彙子大方右迪功郎後為建州通判弟正由紹興中提點廣西路刑獄弟正同歷添差通判婺州直歲饑賑濟有方詔下其法於諸路二十六年為中書門下省檢正諸房公事入對言縣令之職最為近民今懲戒旣嚴而不旌異循良望令諸路監司采訪拔擢一二庶幾咸惠兼行人知勸沮高宗嘉納之尋權刑部侍郎遷敷文閣待制樞密院都承旨數月出知平江府移知太平州終知建寧府閩八

元祐黨籍碑考 序

元祐黨碑宋立於文德殿之東壁蔡京書之也偽學逆籍作惡於韓侂胄頒行於天下者也然皆一時賢人君子遭厄被誣豈知實所以顯揚諸君子之名於千萬世矣惜史未能全收人未盡知今參考道命錄、陶朱新錄等書分門共錄載之於左使後學之士一覽可知庶不至善善惡惡之顛倒也然元祐之黨劉元城謂止七十八人慶元之黨黃勉齋謂非黨者甚多此又不知何據而云熟史者證之海瑞識

元祐黨籍碑考 附慶元僞學逆黨籍

明　瓊山海　瑞汝賢撰

皇帝嗣位之五年旋別淑慝明信賞罰黜元害政之臣靡有佚罰乃命有司夷考罪狀第其善惡與其附麗者以聞得三百九人皇帝書而刊之石置於文德殿門之東壁永爲萬世臣子之戒又詔臣京書之將以頒之天下臣竊惟陛下仁聖英武遵制揚功彰善癉惡以昭先烈臣敢不對揚休命仰承陛下孝悌繼述之志司空尙書左僕射兼門下侍郞臣蔡京謹書

文臣曾任宰臣執政官二十七人

司馬光　　　　　文彥博
呂公著　　　　　呂大防
劉摯　　　　　　韓忠彥
曾布　　　　　　梁燾
王巖叟　　　　　蘇轍
王存　　　　　　范純仁
鄭雍　　　　　　傅堯兪

楊偰　　　　　梁彥
陳恂　　　　　張茂則
張琳　　　　　裴彥臣
李偁　　　　　嚴守懃
王紱　　　　　李穆
蔡克明　　　　王化基
王道　　　　　鄧世昌
鄭居簡　　　　張祐
王化臣
竝元符人

為臣不忠曾任宰臣二人

王珪　　　　　章惇

士大夫處亂世未有獲免者也倜儻如子瞻或觸時忌而長厚如君實猶且賈罪他可知已然予有疑焉韓琦富弼歐陽脩范鎮趙抃程顥皆以議新法罷去李師中謂安石眼白似王敦呂誨唐介馮京亦忤安石而不列黨籍呂公著韓維初時為安石延譽者也曾布章惇阿權膴仕李清臣首倡紹述之說

以開國釁黃履訐垂簾之事擊呂大防劉摯而去之安燾依違蔡確章惇無所匡正葉祖洽對策言祖宗多因循苟且之政陛下革而新之遂擢第一而皆得與黨人之林是非何矛盾歟以今擋之置韓富歐范于度外者蔡京之公評也不貸章惇羣小者蔡京之私怨也則夫漢有恥不與黨之徒未必皆賢而超然評論之外未必皆不肖矣元祐黨議云亙億萬年矛盾互馳此脈終不可亂欲勢力變置之有是哉然則予所疑者卽蔡京亦自知其矛盾矣石工安民當鐫碑泣曰願免鐫安民二字於石末恐得罪後世嗚呼豈以蔡京而不及一石工耶

元祐黨籍碑考跋

右元祐黨籍碑考一卷附慶元僞學逆黨籍明瓊山海瑞汝賢撰按先生勝朝骨鯁之臣直聲振朝野粵人至今尸祝之街談巷議無不知有海剛峯者是書四庫提要已著錄稱其專以李心傳道命錄爲主其闕者則以他書補之故所錄人數較他書爲多今以馬純陶朱新錄互勘之餘官一百七十八人內缺孫諤而多錢希白一人外武臣二十五人內臣二十九人俱缺豈所據陶朱新錄爲明人所刊非足本耶又郎瑛七修類稿所載亦與是書同而獨缺蔡京之言及先生跋語至序則仍錄之而獨缺先生名若瑛所撰者郎瑛著撰頗多亦何至掠美殆不可解先生所著備忘集淳安政事稿流傳者絕鮮原書是書刻於曹溶學海類編集餘行詣册中爰校正而重刊之昔襲頣正曾采三百九人專迹成元祐黨籍列傳補述一百卷與是書詳略殊則固大輅之椎輪屑冰之積水也跋語謂儻如子瞻或觸時忌而長厚如君實猶且賈罪先生亦豈畏賈罪者而亦作此言良可慨已乙巳端陽令節後學伍崇曜謹跋

欽定四庫全書總目卷六十一 史部 傳記類存目三

逸民傳二卷 浙江巡撫採進本

若末務焉訓之此殆其亦浸淫於習俗而不自覺
歟

萬本題明少元山人皇甫濂浮撰考明史藝文志載
皇甫濂逸民傳二卷江南通志亦同則舊本傳寫
誤也濂字子約一字道隆長洲人嘉靖甲辰進士
除工部主事謫河南布政司理問稍遷典化同知
明史文苑傳附見其兄涍傳中是編採歷代逸民
事迹人各為傳起晉孫登訖於林逋凡百人其去
取義例不甚可解如鄧郁一傳乃純述白日冲舉
之事則萬洪神僊傳以下可勝收其他表在
耳目者乃或不載殆偶然奇意可求詳備如皇甫
謐高士傳例歟即其託始於晉亦以頌諡書中
庚易明僧紹二人有錄無書其為傳寫者佚之為
當時失於檢校則均不可知矣

元祐黨人碑考一卷 編修程晉芳家藏本

明海瑞撰瑞字汝賢號剛峰瓊山人由舉人官至
南京右都御史諡忠介事蹟具明史本傳案元祐
黨人碑載於李心傳道命錄馬純陶朱新錄者五
有異同茲則專以道命錄為主其闕者則以他書
補之故所錄人數較他書為多如曾任待制之黃
履張商英蔣之奇曾任執政之張畏景象求周鼎
以下十餘人皆他本所未載者搜採可謂博矣至
所附慶元學黨籍與他書無所同異固不及水
樂大典所載慶元黨禁之詳備也

續宋先賢贊十五卷 浙江巡撫採進本

明劉楠撰楠字咸長洲人嘉靖甲辰進士官至
河南按察使僉事鳳撰述意奧僻或至於餖
飣堆橫晦昧詰屈不可句讀是編論贊亦復如是
所錄皆明人自六卷以前不分門目七卷以下分
節義死事孝友儒林文學辭命隱逸藝文道術奇
寓十門自序謂自節義以上不為題目者所以敦
於用也各因時或未可以矯之也然開卷即為高
啟概以文學有何不可

辜忠備遺錄二卷 江蘇巡撫採進本

明羅汝鑑撰汝鑑字朗夫新喻人是書記建文殉

欽定四庫全書總目卷二　經部　易類二

義不涉術數故光有不泥陰陽不涉怪妄之薦至
其時用書之類言占卜之法故伯溫辭而岡
之其兼易測言之者不過憎及儲寫之意耳朱蔡嘗
經義者載此書注曰未見此本自永樂大典錄出
蓋明初猶存宋史藝文志但題辨惑一卷無易學
字永樂大典則有之與書錄解題相合故今仍以
易學辨惑著錄焉

了翁易說一卷（浙江巡撫採進本）

宋陳瓘撰瓘字瑩中了翁其自號也延平人元豐
二年進士甲科建中靖國初為右司諫嘗移書責
曾布及言蔡京瑩下之姦章數十上除名編隷合
浦以死事蹟具宋史本傳此本為紹興中其孫正
同所刊馮椅謂嘗從其孫大應見了翁有易全解
不止一卷多本卦變與朱子發之說相類胡一桂
則謂尚見其初刊本題云了翁易說茲未分卷此
本蓋即一桂所見也邵伯溫聞見錄稱瓘說得康
節之學沈作喆寓簡則曰陳瑩中嘗以邵康節說
易講解彖數一切屏絕賓之劉器之曰易固

經世之用可若講解象數一切屏絕則聖人設卦立
爻復將何用惟知其在象數者皆說然後可以
論易故曰得意忘象得象忘言方其未得之際而
遽絕之則吉凶與民同忠之理將何以兆恐非全
踣之意云云然則瓘之易學又嘗質之劉安世不
全出邵子矣其造語頗詘故陳振孫書錄解題
病其辭旨深晦然晁公武讀書志謂其以易數言
天下治忽多驗則瓘於易實有所得非徒以艱深
文淺易者正未可以難讀廢矣

吳園易解九卷（湖北巡撫採進本）

宋張根撰根字知常德興人年二十一登進士第
大觀中官至淮南轉運使以朝散大夫終於家事
蹟具宋史本傳是書末有其孫垓稱為先祖太
師者其子燾孝宗時為參知政事追贈官也根所
撰逸甚多垓跋稱有宋朝編年數百卷五經諸子
皆為之傳注見晁公武讀書志載有春秋指南十卷
今亦未見惟此易解僅仔明祁承㸁家有其本此
為徐氏傳是樓所鈔自說卦傳乾健也節以下

欽定四庫全書總目卷八十九 史部 史評類存目一

史通訓故補二十卷 編修厲守謙家藏本

國朝黃叔琳撰叔琳有硏北易鈔已著錄是書補王維儉註黃叔琳浦起龍有硏北易通釋同時而成雜俗註所未及與浦起龍史通釋同時而成此本之出略前故起龍亦閟捂用所稱北平本者即此書也浦本註釋較精核而失之於好改原文又評註夾雜儻如坊刻古文之例是其所短此本註釋不及起龍而不甚改竄猶屬謹嚴其圈點批語不出時文之式則與起龍同惟其囿於知見原書多所迴護疑古惑經之類亦不以為非此書頗有糾正差為勝之耳

四明會要集十一卷 浙江范懋柱家天一閣藏本

朱陳垲撰垲有了翁易說已著錄是書書錄解題著錄止一卷此本十一卷乃後人并其原表序跋

欽定四庫全書總目卷八十九 史部 史評類存目一

合而編之者也垲以紹聖史官撰王安石日錄改修神宗實錄變亂是非不可傳信因作是書以辨其妄其初寓廉州時所著名合浦耆舊集但十論猶未直攻安石及北歸後乃作此書分為八門曰聖訓論獻替理財邊機論兵處已離言始力斥王安石之誣嘗錄原文而各著駁論其下共六十五條此編管白州時所云安石退居鍾山著此訕書以授葉子卞嘗几席之時增損潤色九年筆削云云大抵主於抵擊卞故其有所避就未能直中安石隱微云

讀史管見三十卷 內府藏本

朱胡寅撰寅字明仲號致堂崇安人官至禮部侍郎諡文忠事蹟具宋史本傳是編乃其謫居之時讀司馬光資治通鑑而作前有嘉定丙寅其子大壯序稱書成於紹興乙亥又稱其父安國受知高宗奉詔修春秋傳宏綱大義日月著明二百四十二年之後至於五代司馬光所述資治通鑑事